POLYPHEM

Antike Konzepte für ein modernes Europa

Die Klassische Philologie und die
Zukunft eines Jahrhundertprojekts

Herausgegeben von
Stefan Freund und Nina Mindt

STUDIA MONTANA

Bibliografische Infomationen der Deutschen Nationalbibliothek

Die Deutsche Nationalbibliothek verzeichnet diese Publikation in der Deutschen Nationalbibliografie; detaillierte bibliografische Daten sind im Internet über dnb.d-nb.de abrufbar.

Einbandgestaltung und Satz: Patrick Leiverkus, Wuppertal

Titelbild: Kartenausschnitt aus Gerhard Mercator, Tabulae geographicae Cl. Ptolemaei ad mentem autoris restitutae et emendatae, Köln 1578. VD16 P 5223. Bibliothek des Wilhelm-Dörpfeld-Gymnasiums, Wuppertal. Wir danken für die Abruckgenehmigung.
Foto: Peggy Leiverkus, Wuppertal

Druck und Bindung: Books on Demand, Norderstedt

ISBN 978-3-96954-000-8

Besuchen Sie uns im Internet: www.polyphem-verlag.de.

Inhaltsverzeichnis

Einleitung

Die Einigung Europas hat unserem Kontinent die längste Friedensperiode und den größten Wohlstand seiner Geschichte beschert. Trotzdem stellt sich gerade heute oft die bange Frage: Was hält dieses Projekt eigentlich noch zusammen? Was sind die gemeinsamen Grundlagen Europas? Unter den Antworten werden Aussagen wie die folgenden sein: Das Gemeinsame in Europa geht zurück auf die griechisch-römische Antike, wie Literatur, Theater, Kunst und Architektur, aber auch Philosophie, Recht und Staatsdenken zeigen. Auch das Christentum, das Europa kulturell und historisch geprägt hat (und in weiten Teilen noch immer prägt), verbreitet sich in der Antike und lässt sich in sehr vielen seiner Texte, Rituale und Institutionen auf die Antike zurückführen. Außerdem verbindet die lateinische Sprache Europa: Wichtige Sprachen wie Französisch, Spanisch, Italienisch oder Rumänisch sind direkt daraus entstanden, andere Sprachen wie das Englische übernehmen aus dem Lateinischen überwiegende Teile ihres Wortschatzes. Überhaupt stammt aus dem Griechischen und Lateinischen gemeinsames Vokabular in allen europäischen Sprachen – so ist ‚Europa' griechisch und ‚Union' lateinisch. Von der Antike bis ins 18. Jahrhundert war Latein die gemeinsame Sprache, die den Gelehrten Europas den lebendigen Austausch ermöglichte. Nur so konnten sich etwa die Ideen des Humanismus in ganz Europa verbreiten und damit den Eintritt in die Moderne einleiten. Viele grundlegende Ideen der

Neuzeit – man denke etwa an den Briten Thomas Morus, den aus dem heutigen Polen stammenden Nikolaus Kopernikus, den Italiener Galileo Galilei, den Franzosen René Descartes, den Briten Isaac Newton oder den Deutschen Gottfried Wilhelm Leibniz – sind daher in lateinischer Sprache formuliert, publiziert und diskutiert worden. In der humanistischen Bildung leben Latein und Griechisch also als Fächer in den Schulen Europas fort, teils mehr, teils weniger verbreitet. – Die Wissenschaft, die sich mit den Sprachen Latein und Griechisch, mit den darin abgefassten Texten und mit ihrer Vermittlung, aber auch mit der Rezeption der Antike beschäftigt, ist die Klassische Philologie. Sie hat deswegen eine besondere Verantwortung, wenn es darum geht, das Gemeinsame in Europa sichtbar zu halten, es noch besser zu verstehen und sich verkürzenden Vereinnahmungen abendländischer Denktraditionen differenzierend entgegenzustellen. Gerade in Deutschland und Italien hat die Klassische Philologie eine Jahrhunderte zurückreichende, von lebendigem Austausch geprägte Geschichte. Auch spielt im Schulsystem beider Länder historisch betrachtet die humanistische Bildungstradition eine besondere Rolle in der Entwicklung des Schulwesens. Wenn sich nun Europa in einer Krise befindet, die viel zu tun hat mit einem Konflikt zwischen Nord und Süd, dann dürfen die Klassischen Philologinnen und Philologen in Italien und Deutschland dazu nicht schweigen. Vielmehr müssen sie sich ihrer Verantwortung bewusstwerden und die Ergebnisse ihrer Forschungen in angemessener Weise in den gesellschaftlichen Diskurs einbringen.

Dieser Gedanke stand hinter zwei Tagungen unter dem Motto „Antike Konzepte für ein modernes Europa" (kurz: AKME), die 2018 an der Bergischen Universität Wuppertal und an der Università degli Studi di Napoli Federico II in Neapel stattfanden. Gefördert wurden die Veranstaltungen vom Deutschen Akademischen Austauschdienst im Programm „Hochschuldialog mit Südeuropa 2018–2019".

Dabei ist AKME nicht nur bequeme Abkürzung für ein Projekt namens „Antike Konzepte für ein modernes Europa". Das griechische Wort *akme* (ἀκμή) bedeutet Höhe- oder Wendepunkt. Ein solcher scheint in der derzeitigen Debatte um die Zukunft Europas erreicht. Dessen gemeinsame Geschichte spielt eine große und sehr ambivalente Rolle in der Diskussion der Gegenwart: Zum einen bricht sich in vielen Ländern eine Europaskepsis Bahn. Ein wichtiger Anlass hierfür war die Wirtschafts- und Finanzkrise des Jahres 2008, die die Länder Südeuropas (Griechenland, Italien, Spanien und Portugal) besonders hart getroffen hat. Die Bemühungen, diese Folgen zu bewältigen, haben in den Staaten des nördlichen Europa, insbesondere in Deutschland, Zweifel am Sinn ökonomischer Solidarität innerhalb des Euro-Raumes ausgelöst, in den Staaten des südlichen Europa hingegen Angst vor Fremdbestimmung in wirtschafts-, sozial- und haushaltspolitischen Fragen. Die Corona-Pandemie des Jahres 2020 mit ihren katastrophalen wirtschaftlichen Folgen vor allem für Italien und Spanien führt dabei zu einer erneuten Zuspitzung. Zum anderen haben die Flucht- und Migrationsbewegungen aus dem nördlichen und zentralen Afrika sowie aus den Staaten des Nahen Ostens eine Rückbesinnung auf die kulturelle Eigenheit und Besonderheit der europäischen Kultur herbeigeführt. Diese beschränkt sich freilich oft auf die höchst oberflächliche Verhüllung eines tumben, teilweise offen nationalistischen oder chauvinistischen Überlegenheitsgefühls gegenüber außereuropäischen Migrantinnen und Migranten. Klar erkennbar wird das beispielsweise, wenn sich ausländerfeindliche Strömungen in Deutschland gemäß ihrer Selbstbezeichnung „gegen die Islamisierung des Abendlandes" wenden und damit einen kulturgeschichtlichen Terminus aufgreifen, der die komplexe Synthese antiker und christlicher Tradition bezeichnet. Doch auch im Zentrum des politischen Diskurses ist durch die Migrationsbewegungen die Frage nach dem Wesen nationaler und europäischer Identität von höchster Aktualität, wie etwa die in Deutschland geführte, erregte Diskussion um die Begriffe ‚Leitkultur' und ‚Multikulturalität' unterstreicht.

Vor diesem Hintergrund stellt sich eine doppelte Aufgabe: Die Klassische Philologie muss im Rahmen ihrer Disziplin zeigen, was Europa verbindet, und sie muss, obwohl die ökonomischen Prozesse insbesondere seit der europäischen Finanzkrise durch Einsparungen im Bildungsbereich und durch eine wachsende Fokussierung auf unmittelbare Wertschöpfung eine Tendenz zur Marginalisierung der Klassischen Philologie als universitärer Disziplin und im öffentlichen Diskurs Vorschub geleistet haben, sich im aktuellen gesamteuropäischen Kultur- und Wertediskurs wieder Gehör verschaffen.

Die im vorliegenden Buch zusammengestellten Beiträge sind eine Auswahl der auf den beiden AKME-Tagungen gehaltenen Vorträge.[1] Sie werden hier in vier inhaltlichen Abschnitten dargeboten. Im ersten davon („Die Identität Europas aus seinen Anfängen – Konzepte und Impulse für das Europa der Gegenwart") richtet sich der Blick auf die Antike. Zunächst zeigt *Valerio Petrucci* („Die Personenfreizügigkeit und der Aufbau einer gemeinsamen europäischen Identität. Ein Beispiel aus der Antike: Marcus Valerius Martialis") am Beispiel des Dichters Martial auf, wie sich das den ganzen Mittelmeerraum umfassende Imperium Romanum in seiner Blütezeit, also im ersten Jahrhundert nach Christus, durch seine Reisefreiheit, seine Mehrsprachigkeit und seine Multikulturalität als offener Lebensraum darbietet. *Stefan Freund* („Laktanz und die Grundlagen Europas. Überlegungen zum Begriff des christlichen Abendlandes") legt anhand des Laktanz dar, unter welch komplexen Aneignungs- und Transformationsprozessen in der Zeit der Konstantinischen Wende das entsteht, was man später als christliches Abendland bezeichnet.

Im zweiten Abschnitt („Antikerezeption als Kontinuum Europas in Mittelalter und Neuzeit bis in die Gegenwart") beschäftigen sich die Beiträge mit den großen Linien der Kontinuität aus der Antike, die europäisches Denken in unterschiedlichster Weise prägen: *Jochen Johrendt* („Der Europagedanke des Mittelalters. Kontinuitäten und Diskontinuitäten im Spiegel der Universalchroniken") verfolgt die Entstehung eines Begriffs von Europa in der lateinischsprachigen Geschichtsschreibung des Mittelalters. *Antonietta Iacono* („*Territorium, voluptas* und *pulchritudo* in der Literatur am aragonischen Hof von Neapel: die Ursprünge eines Mythos") zeigt am Beispiel der Umgebung von Neapel auf, wie in der lateinischen Literatur der Frühen Neuzeit aus politischen Erwägungen Landschaften zu gesamteuropäischen Sehnsuchtsorten stilisiert werden. *Giuseppe Germano* („Vom aragonischen Hof von Neapel bis zum modernen Europa: Ein fruchtbarer Mythos unserer kulturellen Identität") vollzieht die Weiterwirkung dieses Sehnsuchtsortes im europäischen Denken nach und belegt damit die Wirkung literarischen Konstrukte im Bewusstsein eines ganzen Kontinents. *Stefan Weise* („Gespräche auf Augenhöhe. Deutsch-griechischer Dialog im Humanismus und heute") verfolgt die Spuren des

---

1 In italienischer Sprache sind alle Beiträge in einem Sonderband der Zeitschrift Atene & Roma 12 (2018) erschienen.

Austauschs mit dem griechisch geprägten östlichen Mittelmeerraum, wie er sich als Ost-West-Dialog vom Humanismus an etabliert. *Katharina Pohl* („Seltene Vögel und ihre Netze in Europa. Eine motivgeschichtliche Studie zur *rara auis*") zeigt am Beispiel einer Redewendung auf, wie und auf welchen Traditionswegen die römische Literatur in zahlreichen europäischen Sprachen nachwirkt.

Der dritte Abschnitt („Antike und Europa in der Fachdidaktik der Alten Sprachen heute") beschäftigt sich mit dem Latein- und Griechischunterricht und seiner Rolle dabei, das gemeinsame kulturelle Erbe Europas wach und im Bewusstsein zu halten. *Leoni Janssen* („Mit Latein kulturelle Grenzen überschreiten: Ideen für eine transkulturelle Akzentuierung der Europabildung im Lateinunterricht") stellt Konzepte für einen Lateinunterricht vor, wie in kulturell heterogenen Klassenzimmern das Bewusstsein für die kulturelle Vielfalt und die Gemeinsamkeit Europas aus seinen antiken Grundlagen gefördert werden kann. *Rossana Valenti* („Landschaften: neue Leitlinien für die Bildung") zeigt auf, wie eine an den landschaftlich-historischen Gegebenheiten der Heimatregion orientierte Didaktik zugleich das Bewusstsein für das Eingebundensein in gesamteuropäische Denktraditionen wecken kann. *Rosaria Luzzi* („Die Alten Sprachen und die Schule. Ein Blick in die europäische Gegenwart") skizziert die Situation des altsprachlichen Unterrichts in Italien und zeigt, insbesondere vor dem Hintergrund der Entwicklungen an den humanistischen Gymnasien in Italien, dessen konkrete Perspektiven für eine zukunftsorientierte Europabildung auf.

Der vierte Abschnitt schließlich („Europa und die Klassische Philologie heute") fragt nach den Aufgaben der Klassischen Philologie und der Aktualität ihrer Forschungsgegenstände jenseits der Fachgrenzen: *Nina Mindt* („Antike übersetzen: eine zentrale Aufgabe der Klassischen Philologie für Europa") legt die Bedeutung dar, die der Übersetzung altsprachlicher Texte als deren Erschließung für die Gegenwart zukommt. *Hans J. Lietzmann* („Dionysos in Athen. Die politische Tragödie und die ‚Nüchternheit zweiter Ordnung'") legt aus politikwissenschaftlicher Sicht die Relevanz dar, die einem Modell wie der athenischen Demokratie in den Diskussionen um Politikverdrossenheit und Bürgerbeteiligung zukommen kann. Und *Klaus Meier* („Wissenschaft und Öffentlichkeit. Die Klassische Philologie und die Diskussionen um Europa") weist als

Kommunikationswissenschaftler die Chancen und Herausforderungen der Klassischen Philologie auf, sich als Wissenschaft in den öffentlichen Diskurs um die Zukunft Europas einzubringen.

Die Herausgeber danken allen Beiträgerinnen und Beiträgern, die sich auf dieses Wagnis eingelassen haben, und allen, die am Zustandekommen der Tagungen und dieses Bandes mitgewirkt haben. Für die Finanzierung sorgte der Deutsche Akademische Austauschdienst, die Durchführung in Wuppertal und Neapel wurde zudem durch das Rektorat der Bergischen Universität Wuppertal und die Accademia Pontaniana unterstützt. Frau Anna Stöcker, Frau Alina Hund und Frau Dr. Peggy Leiverkus halfen, die Ergebnisse zum vorliegenden Buch werden zu lassen. Möge dieses zur Verwirklichung des Europamottos *in variete concordia* („in Vielfalt geeint") einen Beitrag leisten!

Die Herausgeber　　　Wuppertal/Foiano della Chiana im Juni 2020

Teil I:
Die Identität Europas aus seinen Anfängen. Konzepte und Impulse für das Europa der Gegenwart

Die Personenfreizügigkeit und der Aufbau einer gemeinsamen europäischen Identität. Ein Beispiel aus der Antike: Marcus Valerius Martialis

Valerio Petrucci

1. Die kulturelle Identität des vereinigten Europas: Realität oder Utopie?

Gewiss ist das Konzept von *kultureller Identität* eins derer, über die am häufigsten in der kontemporären sozio-anthropologischen Forschung debattiert wird.[1]

Vornehmlich bemüht sich eine solche Forschung darum, zu verstehen, wie die Begriffe von Nation und Kultur miteinander im Aufbau der personellen Identität des Einzelnen in der heutigen globalisierten Gesell-

---

1 Aus den grundlegenden Werken der sozio-anthropologischen Forschung über die kulturelle Identität vgl. Fairclough 2006; Kumaradivelu 2007; Schudson 1994 sowie Holliday 2010b. Zunehmend beschäftigen sich auch die Altertumswissenschaften mit dem Problem des Aufbaus der kulturellen Identität in der Antike, vgl. z.b., Goldhill 2001 sowie Petrucci 2017.

schaft interagieren. Im letzten Jahrhundert hat die strukturfunktionalistische Kritik an Durkheim[2], Parsons[3] und Theodorson[4], um nur einige Wissenschaftler zu nennen, die Konzepte von kultureller und nationaler Identität auf nahezu unauflösliche Weise miteinander verflochten, wobei sie die Teilhabe an einer nationalen Gruppe als wesentlich für die Bildung einer bestimmten kulturellen Realität ansieht. Das funktionalistische Modell ist inspiriert von Modellen aus der Biologie: Jeder Aspekt der Gesellschaft arbeitet an der Schaffung einer spezifischen Struktur mit, deren Bewegungen und Entwicklungen auf der Grundlage der Beobachtung der Wechselbeziehungen zwischen ihnen vorhersehbar sind. Unterschiedliche, aber verwandte menschliche Ideologien, Religionen, Werte und Verhaltensweisen sind als Zahnräder eines Körpers an sich erklärt, dessen Gesundheit vom perfekten Gleichgewicht zwischen den verschiedenen Teilen abhängt, wie in der Biologie. Jede menschliche Haltung innerhalb einer bestimmten Gesellschaft trägt dazu bei, ein bestimmtes kulturelles Modell zu schaffen und gleichzeitig davon beeinflusst zu werden. Während für die funktionalistische Kritik einerseits der Begriff der Nation von grundlegender Bedeutung für die Entwicklung einer kulturellen Identität ist, ist andererseits sicherlich anzumerken, dass in den letzten Jahrzehnten mit der Entwicklung der globalisierten Gesellschaft der Begriff der Nation selbst in eine Krise geraten ist.[5] Nationale Identität reicht nicht mehr aus, um die kulturelle Zugehörigkeit eines Einzelnen zu definieren. Der Besitz eines bestimmten Reisepasses ermöglicht es nicht mehr, eine Person eindeutig zu identifizieren und in eine bestimmte Kultur einzubinden. Wenn wir unter Kultur ein System von Verhaltensweisen und Ideen verstehen, die von einer bestimmten Gruppe von Menschen unabhängig von ihrem Herkunftsland geteilt werden, dann müssen wir unbedingt postulieren, dass bei der Konstruktion einer kulturellen Identität größere Komplexität ins Spiel kommt. Kulturelle Identität geht über die nationalen Grenzen

2 Insbesondere s. Durkheim1970, der die programmatische Bedeutung eines funktionalistischen Ansatzes im Studium der Sozialwissenschaften verdeutlicht. Dazu ebenfalls Durkheim 2016.
3 Insbesondere s. Parsons 1951.
4 Theodorson 1969.
5 Auch dank der „Theorie des sozialen Handelns" von Max Weber, der glaubte, dass die nationalen Sozialstrukturen keine Führer bei der Definition einer kulturellen Realität sind. In diesem Zusammenhang s. Weber 1964.

hinaus und wird zur kulturellen Realität einer Gruppe von mehr oder weniger zahlreichen Individuen, die sich in einer bestimmten Kultur wiedererkennen, obwohl sie aus verschiedenen Nationen kommen. Wie Holliday kürzlich in seiner Forschung in Bezug auf Identitätszugehörigkeit feststellte, bleibe das Herkunftsland eines Individuums als eine Art Bildungsgut im Hintergrund, auf das Erfahrungen übertragen werden könnten.[6] Das Sozialverhalten des Einzelnen werde nicht durch seine Herkunftskultur bestimmt, sondern durch die kulturelle Realität, zu der er sich gehörig fühle und in der er sich identifiziere. Auf Grundlage dieser Argumente könnte man sich fragen, wie die Idee einer gemeinsamen kulturellen Identität innerhalb eines Organs, wie in einem vereinigten Europa, das von Wesen her nach darauf abzielt, nationale Unterschiede zu überwinden, berücksichtigt werden sollte. Wenn wir uns bei dem Versuch, die Identitätssituation der Union zu verstehen, nur auf die Geschichte des Kontinents beziehen würden, würden wir sicherlich eine endlose Abfolge von Ereignissen finden, die nicht das gemeinsame Gefühl der Bewohner der 28 Mitgliedstaaten vereinen, sondern ihr Schicksal trennen würden. Zwei Weltkriege und eine endlose Reihe von Konflikten, die in den letzten Jahrhunderten die Staaten der Gemeinschaft heimgesucht haben, sind nicht leicht zu vergessen. In einem weit gefächerten kulturellen Umfeld wie der Europäischen Union ist es eine sehr schwierige Aufgabe, sich mit einer über die üblichen nationalen Kategorien hinausgehenden Kulturgruppe zu identifizieren und sich als Teil eines überstaatlichen Organs zu fühlen, insbesondere wenn diese Identitätszugehörigkeit ausschließlich darauf zurückzuführen ist, als europäischer Bürger Teil des Organs der Europäischen Union zu sein. Bürger eines Mitgliedstaates dieser Union zu sein, garantiert nicht automatisch, dass der Einzelne eine gemeinsame kulturelle Identität besitzt. Identitätsbildung ist ein komplexes Phänomen, das durch den Austausch von Erfahrungen und gemeinsamen Zielen entsteht. Identität, das heißt das Gefühl von Teilhabe an einer größeren Gemeinschaft, ist ein artikulierter Diskurs, der Zeit und Wahrnehmung seitens derjenigen erfordert, die in ihn eingetaucht sind, um in einer gemeinsamen kulturellen Realität zu leben. Diese muss erhalten und genährt werden und darf gewiss nicht durch Ad-hoc-Gesetze aufgezwun-

6 Holliday 2010a.

gen werden, die darauf abzielen, eine Gemeinschaft zu schaffen, in der es anscheinend nicht einmal einen Schatten davon gibt. Was haben Italiener und Schweden, Spanier und Bulgaren, Deutsche und Griechen gemeinsam, wenn nicht gar die Tatsache, ein Gebiet zu teilen, das wir Europa nennen? Wenn also der Begriff der Nation in der Kulturzugehörigkeit überwunden werden soll und der Einzelne zunehmend mehr eine aktive Rolle bei der Entscheidung über sein eigenes Verhalten auf Grundlage der kulturellen Realität, zu der er oder sie gehört, spielt, ist es ebenso wahr, dass es im konkreten Fall der Europäischen Union noch ein langer Weg ist, um einen gesunden Menschenverstand aufzubauen, der nationale und regionale, wenn nicht gar provinzielle Unterschiede überwindet.

2. Die Freizügigkeit der Menschen als Mittel zum Aufbau einer europäischen kulturellen Identität: eine Brücke zwischen Moderne und Antike

Ein Element, das die Entwicklung einer gemeinsamen europäischen Identität stets begünstigte, ist sicherlich der Grundsatz der Freizügigkeit der Menschen auf dem Gebiet der Union. Der Austausch von Menschen, der das Zusammentreffen von Kulturen, Denk- und Sichtweisen auf die Welt mit sich bringt, stellt eine Konstante in der Geschichte Europas dar. Die Gründe für diesen Austausch waren immer hauptsächlich wirtschaftlicher Natur, ebenso wie die Gründung der Europäischen Union selbst, die als Europäische Wirtschaftsgemeinschaft (EWG) entstanden ist. Der Austausch zur Erleichterung der Wirtschaftsbeziehungen führte zu einem Meinungs- und Gedankenaustausch, in dem der authentische Charakter des modernen Europas wirklich zu finden ist. Die Kenntnis und Koexistenz verschiedener Lebensstile und Kulturen nebeneinander stellt ein grundlegendes Element der europäischen Identität dar. Im Unterschied zum Anderen erkennt man seine Identität ex negativo, aber durch diese Gegenüberstellung verschiedener Elemente entsteht eine Osmose, die jedes nationale Element mit Bräuchen bereichert, die ursprünglich zu anderen Kulturen gehörten. Unsere Identität als Europäer ist daher nicht als etwas zu betrachten, was die verschiedenen nationalen Identitäten ersetzt und in gewissem Sinne die kulturelle Vielfalt des europäischen Konti-

Die Personenfreizügigkeit und der Aufbau einer gemeinsamen europäischen Identität.
Ein Beispiel aus der Antike: Marcus Valerius Martialis

21

nents abflacht, sondern als eine bereicherte Version der tatsächlichen nationalen Identität von jedem Bürger. Gemäß der Formulierung Hollidays sei die Europäische Union heute eine echte kulturelle Arena, in der jeder europäische Bürger die Möglichkeit hat, frei zu interagieren, um seine eigene kulturelle Realität zu schaffen.[7] Heute vergessen Italiener, Franzosen, Deutsche, Rumänen oder Portugiesen sicherlich nicht ihre eigene Kultur, ihre Traditionen und Bräuche, sondern verfügen über die Möglichkeit, ihr Gepäck zu erweitern, indem sie frei mit Ideen und Kulturen der anderen Mitgliedsländer der Union in Kontakt kommen. Diese Freizügigkeit ist eines der Gründungselemente der Europäischen Union und wird als solches in all ihren grundlegenden Dokumenten geregelt. Unter ihnen erscheint es notwendig, hier zunächst Titel III des „Vertrags zur Gründung der Europäischen Wirtschaftsgemeinschaft" (auch bekannt als „Vertrag von Rom", 1957) zu nennen, über „Die Freizügigkeit, den freien Dienstleistungs- und Kapitalverkehr" und insbesondere die Artikel 52 und 53 über das Recht auf Niederlassung der Bürger:[8]

Art. 52: Die Beschränkungen der freien Niederlassung von Staatsangehörigen eines Mitgliedstaates im Hoheitsgebiet eines anderen Mitgliedstaates werden während der Übergangszeit nach Maßgabe der folgenden Bestimmungen schrittweise aufgehoben. Das gleiche gilt für Beschränkungen der Gründung von Agenturen, Zweigniederlassungen oder Tochtergesellschaften durch Angehörige eines Mitgliedstaates, die im Hoheitsgebiet eines Mitgliedstaates ansässig sind. Vorbehaltlich des Kapitels über den Kapitalverkehr umfaßt die Niederlassungsfreiheit die Aufnahme und Ausübung selbständiger Erwerbstätigkeiten sowie die Gründung und Leitung von Unternehmen [...]

Art. 53: Soweit in diesem Vertrag nicht etwas anderes bestimmt ist, führen die Mitgliedstaaten in ihrem Hoheitsgebiet für Angehörige

---

7 Holliday 2010a, 176.
8 Der vollständige Wortlaut des Vertrags ist online verfügbar unter: https://eur-lex.
europa.eu/legal-content/DE/TXT/PDF/?uri=CELEX:11957E/TXT&from=DE [Stand:
30.09.2019].

der anderen Mitgliedstaaten keine neuen Niederlassungsbeschränkungen ein.

In diesem Zusammenhang sind auch die ersten drei Punkte der „Richtlinie 2004/58/EG des Europäischen Parlaments und des Rates vom 29. April 2004"[9] anzuführen, über das Recht der Unionsbürger und ihrer Familienangehörigen, sich im Hoheitsgebiet der Mitgliedstaaten frei zu bewegen und aufzuhalten:

(1) Die Unionsbürgerschaft verleiht jedem Bürger der Union das elementare und persönliche Recht, sich im Hoheitsgebiet der Mitgliedstaaten […];

(2) Die Freizügigkeit von Personen stellt eine der Grundfreiheiten des Binnenmarkts dar, der einen Raum ohne Binnengrenzen umfasst, in dem diese Freiheit gemäß den Bestimmungen des Vertrags gewährleistet ist.

(3) Die Unionsbürgerschaft sollte der grundsätzliche Status der Staatsangehörigen der Mitgliedstaaten sein, wenn sie ihr Recht auf Freizügigkeit und Aufenthalt wahrnehmen. Daher müssen die bestehenden Gemeinschaftsinstrumente, die Arbeitnehmer und Selbstständige sowie Studierende und andere beschäftigungslose Personen getrennt behandeln, kodifiziert und überarbeitet werden, um das Freizügigkeits- und Aufenthaltsrecht aller Unionsbürger zu vereinfachen und zu verstärken.

Die Europäische Union garantiert dadurch die Freizügigkeit der Menschen in ihrem eigenen Hoheitsgebiet und schafft zudem eine neue Kategorie, nämlich die Unionsbürgerschaft, die die nationale Staatsbürgerschaft jedes Einzelnen flankiert und die auf theoretischer Ebene auch dazu bestimmt war, Garant der Union auf Ebene der Identität der verschiedenen Bürger der Union zu werden. Wenn also die Freizügigkeit von

---

9 Wie der vorherige Vertrag ist auch der vollständige Text dieser Richtlinie online verfügbar unter: https://eur-lex.europa.eu/legal-content/DE/TXT/PDF/?uri=CELEX: 32004L 0038&from=bg [Stand: 30.09.2019].

Die Personenfreizügigkeit und der Aufbau einer gemeinsamen europäischen Identität. Ein Beispiel aus der Antike: Marcus Valerius Martialis

23

Personen ein Eckpfeiler der *modernen* Europäischen Union zu fungieren scheint, wie können wir dann dieses Recht mit der *Antike* verbinden? Wie kann die Antike uns helfen, den Begriff der europäischen Identität auch heute noch zu definieren?

Die Freizügigkeit der Menschen wurde in der Römerzeit durch das sogenannte *ius gentium* gewährleistet, dessen Definition uns der Jurist Gaius (2. Jh. n.Chr.) gibt (Gai. Inst. 1,1–4):

Omnes populi, qui legibus et moribus reguntur, partim suo proprio, partim communi omnium hominum iure utuntur: Nam quod quisque populus ipse sibi ius constituit, id ipsius proprium est vocaturque ius civile, quasi ius proprium civitatis; quod vero naturalis ratio inter omnes homines constituit, id apud omnes populos peraeque custoditur vocaturque ius gentium, quasi quo iure omnes gentes utuntur. Populus itaque Romanus partim suo proprio, partim communi omnium hominum iure utitur.

Alle Völker, die durch Gesetze oder Gewohnheiten geleitet werden, befolgen teilweise ihr eigenes, teilweise das allen Menschen gemeinsame Recht. Denn das Recht, das ein Volk sich selber gibt, ist ihm allein eigen und heißt *ius civile*, das bedeutet etwa: das einem Staat (*civitas*) eigentümliche Recht; das Recht aber, das die natürliche Vernunft unter allen Menschen begründet, wird in völlig gleicher Weise bei allen Völkern befolgt und heißt *ius gentium*, das bedeutet etwa: das Recht, das alle Völker befolgen. Das römische Volk befolgt also teilweise sein eigenes, teilweise das gemeinsame Recht aller Menschen.[10]

Das *ius gentium* bildete demnach eine Art natürliches Recht, das die Grundrechte aller Menschen mit Wohnsitz im kaiserlichen Gebiet garantierte, im Gegensatz, aber ergänzend zum *ius civile*, dem eigentlichen Rechtssystem, das die Verhandlungen der römischen Bürger regelte. Um zu verstehen, wie das Migrationssystem innerhalb des Römischen Reiches reguliert wurde, ist es notwendig, zwischen den verschiedenen Graden

---

10 Übersetzung von Huchthausen 1991.

von Staatsbürgerschaft zu unterscheiden, die ein Mensch mit Wohnsitz innerhalb der kaiserlichen Grenzen haben konnte. Neben den eigentlichen römischen Bürgern, d.h. denjenigen, die in Provinzen oder Gemeinden nach römischem Recht lebten, und den *peregrini*, d.h. freien Menschen, die innerhalb den kaiserlichen Grenzen lebten, jedoch nicht die Privilegien der römischen Staatsbürgerschaft genossen, gab es einen Zwischenstatus, den des *latinus*, d.h. einer Person, die dem *ius Latii* unterlag, einer Rechtsform, in der republikanischen Ära nach dem Zweiten Lateinkrieg (340–338 v. Chr.) eingeführt. Zu den Rechten der dem *ius Latii* unterliegenden Bürger gehörten das sogenannte *ius migrandi*[11] nämlich das unbestreitbare Recht, dass Bürger mit dem latinischen Status nach Rom einwandern und die römische Staatsbürgerschaft erwerben konnten, sofern sie direkte Nachkommen in ihrer Herkunftsgemeinschaft hinterließen. Demnach hatten die römischen Bürger das Recht, sich innerhalb des kaiserlichen Territoriums frei zu bewegen, und dasselbe Recht wurde gleichermaßen genau durch das *ius migrandi* auch denjenigen garantiert, die dem *ius Latii* unterlagen. In der republikanischen Ära nach dem Sozialkrieg (91–88 v. Chr.) wurde die römische Staatsbürgerschaft durch die *Lex Plautia Papiria* (89 v. Chr.) auf alle Bürger mit Wohnsitz auf der italienischen Halbinsel südlich des Po ausgedehnt, die sich danach frei auf den Halbinseln bewegen konnten. Im selben Jahr erhielten die Gebiete nördlich des Po durch die *Lex Pompeia de Transpadanis* die lateinische Staatsbürgerschaft: Da sie nun dem *ius Latii* unterlagen, konnten die dort ansässigen Bürger neben dem Recht auf Handel und rechtmäßige Eheschließung mit römischen Bürgern auch in Gemeinschaften unter römischem Recht einreisen und dank des *ius migrandi* die römische Staatsbürgerschaft erlangen. Später, in der Kaiserzeit, wurde die Verleihung des *plenum ius* und des *ius Latii* und damit die von diesen gewährten Privilegien zu einem Instrument, mit dem die verschiedenen Kaiser die Unterstützung der verschiedenen Provinzgemeinschaften sicherten. Immer mehr Gemeinschaften erhielten

---

11 Das *ius migrandi* war zusammen mit dem *ius conubii* und dem *ius commercii* eines der Privilegien, die den Bürgern mit dem Status von *latini* garantiert wurden. Obwohl die Existenz der letzten beiden sicher ist, wurde viel über die tatsächliche Existenz des *ius migrandi* gesprochen, für das allein Livius an einer einzigen Stelle (Liv. 41,8,6–12) einen Beleg liefert, was einige Zweifel an der Existenz eines solchen Rechts im Sinne von Bürger mit lateinischem Status aufwirft. Zur Debatte über die Existenz des *ius migrandi* vgl. u.a. Broadhead 2001 sowie Barbati 2012.

den Status von Gemeinschaften nach latinischem Recht, wodurch für deren Einwohner die Bewegungsfreiheit innerhalb des kaiserlichen Territoriums legitim wurde. Es ist sicherlich anzunehmen, dass diejenigen, die aus einer Gemeinschaft unter dem *ius Latii* stammten, geneigt waren, in eine Gemeinschaft unter römischem Recht umzuziehen, um die römische Staatsbürgerschaft zu erlangen. Folglich gab es in römischer Zeit mit den notwendigen Einschränkungen der Staatsbürgerschaft eine gewisse Bewegungsfreiheit auf dem Boden des kaiserlichen Territoriums.[12] Das *ius civile* und das *ius Latii* garantierten in gewisser Weise das Grundrecht des Menschen, das unter die Regeln der *ius gentium* fallen würde, sich frei zu bewegen, um wirtschaftlichen Interessen zu folgen und seine soziale Lage zu verbessern. Trotz selbstverständlicher Unterschiede und ohne die enorme Zeitspanne zu vergessen, die zwischen den beiden hier untersuchten Einrichtungen vergeht, erkennen wir in diesem Recht auf Freizügigkeit innerhalb der Grenzen des Imperiums dieselben Grundsätze, die wir in den Gründungsverträgen der modernen Europäischen Union finden, durch die allen Unionsbürgern die Freiheit garantiert wird, sich auf dem Gebiet der verschiedenen Mitgliedsstaaten frei zu bewegen und niederzulassen. Wie in der Vergangenheit, bildet auch heute die Freizügigkeit der Menschen die Grundlage für wirtschaftlichen und kulturellen Austausch. Dieses Recht auf Migration, das *ius migrandi*, das im Laufe der Jahrhunderte in seinem Variantenreichtum zurückgegangen ist, stellt demgemäß ein wesentliches Instrument zur Schaffung der Identität des Bürgers des europäischen Kontinents dar. Durch dieses Mittel war es bereits seit antiker Zeit möglich, in freien Kontakt mit anderen kulturellen Realitäten als denen, in denen man gebildet wurde, zu treten und eine eigene kulturelle Identität zu schaffen, die durch Verknüpfung der verschiedenen kulturellen Realitäten entsteht, in denen jeder Einzelne leben soll und sich selbst erkennt.

---

12   Die Einschränkungen durch die Staatsbürgerschaft nahmen mit der *Constitutio Antoniniana* von 212 n. Chr. ab, mit der der Kaiser Caracalla allen an den kaiserlichen Grenzen lebenden Bürgern die römische Staatsbürgerschaft gewährte.

3. Ein Beispiel aus der Antike: Marcus Valerius Martialis

In diesem letzten Abschnitt werden wir die Situation des Dichters Marcus Valerius Martialis erörtern, der mit seiner Biographie und seinem poetischen Schaffen noch immer ein gutes Beispiel für den Zustand derjenigen liefern kann, die sich damals so innerhalb des Reiches wie heute innerhalb der Union bewegen, um ihre Bestrebungen und Ambitionen zu verfolgen, unter rechtmäßiger Befähigung sich in einem großen Gebiet frei zu bewegen, das fast den gesamten europäischen Kontinent umfasst. Martial, gebürtiger Spanier, Römer durch Adoption, hegte immer widersprüchliche Gefühle über seine Identitätszugehörigkeit. Er war zwar stolz auf seine poetische Karriere, die außerhalb Roms nicht in gleicher Weise gedeihen konnte, aber äußerst kritisch gegenüber den Bedingungen für seine dichterische Tätigkeit, bei der er beinahe dazu gezwungen war, um seine Gönner zu betteln. Die Größe und Pracht der Stadt bewundernd, die ihn willkommen hieß und ihm erlaubte, seinen poetischen Bestrebungen nachzugehen, war er gleichzeitig akuter Beobachter und Kritiker der moralischen Niederträchtigkeit der römischen Bürger. Stolz auf seine keltiberischen Ursprünge, so sehr, dass er sich nostalgisch an Spanien als idealisierten Ort erinnert, an dem er hoffentlich zu seinen Ursprüngen und dem Kontakt mit der Authentizität von Orten und Menschen zurückkehrt, taucht er aber gleichzeitig tief in die Realität der Stadt Rom ein, die ihm trotz aller Mängel aus menschlicher und beruflicher Perspektive so viel gewährte. Wir wissen nicht, mit welchem Grad an poetischer Fiktion der Dichter seine biografische Geschichte dargestellt hat und mit welchem Grad an literarischer Fiktion Spanien und seine Ursprünge in den Epigrammen beschrieben sind, aber was wir aus dem Text entnehmen können, ist das Bild Martials als einer Figur, die beinahe eine Identitätskrise erlebt hat, gespalten zwischen hispanischen Wurzeln und dem erlangten Stolz darauf, ein *civis* der *Urbs* zu sein.[13] Das Gefühl, in jeder Hinsicht Römer zu sein, hinderte ihn keineswegs daran, gleichzeitig stolz auf seine eigene Herkunft zu sein und die Zeit der spanischen Jugend in gewissem Sinne zu bedauern. Wir wissen gut, wie zahlreiche Epigramme im 12. Buch belegen, dass bei seiner Rückkehr nach Spanien nach der

---

13 Zum Bild Spaniens und zur poetischen Selbstdarstellung in den Epigrammen vgl. Citroni 2002.

Die Personenfreizügigkeit und der Aufbau einer gemeinsamen europäischen Identität.
Ein Beispiel aus der Antike: Marcus Valerius Martialis

27

Thronbesteigung Trajans nicht all seine Erwartungen erfüllt werden und dass er im Gegenteil eine harte Konfrontation mit der spanischen Realität erlebt, geschlossen und eng, ganz anders als er seine Heimat idealisiert hatte, und sich enorm von der römischen Umgebung unterscheidend, in der er vierzig Jahre seines Lebens gelebt hatte. Diese Doppelzüngigkeit der Empfindungen über die eigene Identität erweist sich als thematischer Dreh- und Angelpunkt des ersten Epigramms, in dem Martial konkret von seiner Rückkehr in sein Heimatland Spanien spricht (Mart 10,13):

Ducit ad auriferas quod me Salo Celtiber oras,
Pendula quod patriae visere tecta libet,
Tu mihi simplicibus, Mani, dilectus ab annis
Et praetextata cultus amicitia,
Tu facis; in terris quo non est alter Hiberis
Dulcior et vero dignus amore magis.
Tecum ego vel sicci Gaetula mapalia Poeni
Et poteram Scythicas hospes amare casas.
Si tibi mens eadem, si nostri mutua cura est,
In quocumque loco Roma duobus erit.

Wenn mich der keltiberische Salo zu seinen goldführenden Ufern zieht, wenn es mich lockt, von meiner Heimatstadt die Dächer am Berghang zu sehn, dann bringst du, Manius, das zuwege, den ich seit unserer Kinderzeit zu schätzen weiß und mit dem ich schon in der purpurverbrämten Knabentoga Freundschaft pflegte. In hiberischen Landen gibt es keinen, der liebevoller ist, keinen, der echte Zuneigung mehr verdient hätte. Mit dir zusammen könnte ich die gätulischen Zelte der durstigen Punier und Skythiens Hütten als Gast liebgewinnen. Wenn du so wie ich denkst, wenn unsere Zuneigung gegenseitig ist, wird an jedem beliebigen Ort Rom für uns beide sein.[14]

In diesem Epigramm umschließt Martial all seinen inneren Kontrast in Bezug auf seine Identität. Einerseits ist festzuhalten, wie der Dichter bei

---

14 Die Übersetzung dieses und der folgenden Epigramme sind von Barié/Schindler 2013 entnommen.

der Mitteilung seiner Rückkehr nach Spanien an seinen Freund Manius
die *pendula tecta patriae*, „die Dächer an den Hängen der Heimat", mit
jenem gemeinsam sehen möchte, andererseits muss man den einzigartigen
Abschluss des Epigramms beachten: „wird an jedem beliebigen Ort Rom
für uns beide sein". Obwohl Martial über die Rückkehr in seine Heimat
spricht, wird diese Heimat in seiner Seele die Merkmale Roms tragen.
Wir sehen hier die innere Spaltung des Dichters, der in seine eigentliche Heimat Spanien zurückkehrt, aber gleichzeitig die Stadt Rom, die
als seine „Heimat des Herzens" definiert werden könnte, als Konzept von
Heimat überträgt. Trotz dieser Anerkennung für die Bedeutung Roms
erhebt Martial zugleich seine Heimatstadt, die spanische Bilbilis, die in
seinen Darstellungen zu einer Art *locus amoenus* wird (Mart. 1,49,1–12):

Vir celtiberis non tacende gentibus
nostraeque laus Hispaniae,
uidebis altam, Liciniane, Bilbilin,
equis et armis nobilem,
senemque Caium niuibus, et fractis sacrum
Vadaueronem montibus,
et dilicati dulce Boterdi nemus,
Pomona quod felix amat.
Tepidi natabis lene Congedi uadum
mollesque Nympharum lacus,
quibus remissum corpus adstringes breui
Salone, qui ferrum gelat.

Licinianus, den die keltiberischen Völker stets im Munde führen
sollen, du Ruhm unseres Spaniens, bald wirst du das hohe Bilbilis wiedersehen, das berühmt ist durch Pferde und Waffen, den
altehrwürdigen, schneebedeckten Caius, den heiligen Vadavero in
zerklüfteter Berglandschaft und den süßen Hain des reizenden Bo-
terdum, den die Segen spendende Pomona liebt. Du wirst dann im
sanft strömenden, flachen Wasser des warmen Congedus schwim-
men und in den milden Nymphenseen; bist du davon entspannt,
wirst du alsbald den Leib im Salo straffen, der das Eisen stählt.

Die Schönheit und Authentizität des spanischen Territoriums haben nichts mit der Lust und dem Geruch von Rom zu tun.[15] Hispania Tarraconensis, wie Martial uns sagt, ist ein fast magischer Ort, an dem der Dichter einen Teil seines Herzens hinterlassen hat. Diese Spaltung der Seele des Dichters zwischen Rom und Spanien erzählt uns von einer komplexen Konstruktion von Identität. Wie betrachtete Martial sich selbst? Als Spanier? Als Römer? Oder als beides zugleich? Sicherlich war sich der Dichter seiner Herkunft bewusst und von gewissem Stolz auf sie erfüllt (Mart. 10, 65):

Cum te municipem Corinthiorum
Iactes, Charmenion, negante nullo,
Cur frater tibi dicor, ex Hiberis
Et Celtis genitus Tagique civis?
An voltu similes videmur esse?
Tu flexa nitidus coma vagaris,
Hispanis ego contumax capillis;
Levis dropace tu cotidiano,
Hirsutis ego cruribus genisque;
Os blaesum tibi debilisque lingua est,
nobis filia fortius loquetur:
Tam dispar aquilae columba non est,
Nec dorcas rigido fugax leoni.
Quare desine me vocare fratrem,
Ne te, Charmenion, vocem sororem.

Da du dich als Landsmann der Korinther rühmst, Charmenion, was keiner bestreitet, weshalb nennst du mich dann »Bruder«, wo ich doch von Keltiberern stamme und Bürger des Tagus bin? Sehen wir uns etwa im Gesicht ähnlich? Du läufst pomadisiert mit onduliertem Haar herum, ich widerspenstig mit meinem spanischen Schopf; du glatt von der täglichen Enthaarungsprozedur, ich mit

---

15 Das Motiv des Kontrasts zwischen Stadt und Land nimmt in den Epigrammen von Zeit zu Zeit unterschiedliche Konnotationen und Töne an. In der Entwicklung des Werkes können wir eine Reihe von Veränderungen in der Perspektive wahrnehmen, wie glänzend hervorgehoben wurde von Merli 2006.

stachligen Beinen und Wangen; dein Mund lispelt, und schwach
ist deine Zunge, bei mir reden kräftiger selbst die Gedärme noch:
So unähnlich ist nicht die Taube dem Adler oder die flüchtende
Gazelle dem grausamen Löwen. Hör' daher auf, mich „Bruder" zu
nennen, sonst nenn' ich dich, Charmenion, „Schwester"!

Martial skizziert sich in diesem Epigramm bewusst als Nachkomme der
Keltiberer, der Ureinwohner von *Hispania Tarraconensis*, und hebt so
noch mehr seine Verbundenheit mit dem Land hervor: Dieses Land verleiht ihm seine Herkunft, und in diesem Epigramm betont er seine Zugehörigkeit zu Spanien. Er definiert sich selbst als *civis Tagi*, als „Bürger des
Tagus", und bezeichnet sich als *genitus ex Hiberis et Celtis*, als „Nachkomme der Kelten und der Iberer". Seine Verbindung mit dem spanischen
Land, mit seinen Wurzeln, ist daher viszeral. Er führt sie sogar auf die
indigene Bevölkerung der *Tarraconensis* zurück, beinahe um zu betonen,
dass vor einem *civis Romanus*, wie er legal tatsächlich war, weil Bilbilis ein
Gemeindegebiet mit römischer Staatsbürgerschaft war, woran uns bereits
Plinius erinnert,[16] Martial sich selbst als Bürger des Tagus und damit als
Spanier betrachtete. Martial verfügt demnach über eine klare Vorstellung
von seiner Heimat und nennt sie mit Stolz. Mit ebenso viel Stolz jedoch
betont Martial, wie fundamental die Stadt Rom für ihn ist und und dass
er ein Römer ist. Das von anderen beschimpfte und für Martial in dieser
Form wahrlich fremde Rom bleibt für ihn immer der Ort, der es ihm ermöglichte, menschlich und beruflich zu wachsen, und der so für ihn zu
einer zweiten Heimat wurde.

Dieser Aspekt wird am deutlichsten im 12. Buch der Epigramme, das
Martial schrieb, als er schließlich nach Bilbilis zurückgekehrt war. Em-
blematisch ist in diesem Zusammenhang gerade das Vorwort des Buches 12, in dem sich der Dichter bei seinem Freund Priscus für die drei
Jahre des literarischen Schweigens entschuldigt, die durch den Mangel
an Inspiration verursacht wurden, den die kleine spanische Provinzstadt
verursacht hatte. Martial bekennt Nostalgie nach Rom, dessen Bürgern
und Umgebung zu verspüren. Er vermisst alles, als wäre er zum Exil ver-

---

16 Plin. nat. 3, 24: *Caesaraugusta colonia immunis, amne Hibero adfusa, ubi oppidum
antea vocabatur Salduba, regionis Edetaniae, recipit populos LV: ex his civium Romanorum
Bilbilitanos* […].

urteilt worden, als würde ihm all dies gewaltsam vorenthalten (Mart. 12 praef., 1–3):

Scio me patrocinium debere contumacissimae trienni desidiae; quo absolvenda non esset inter illas quoque urbicas occupationes, quibus facilius consequimur, ut molesti potius, quam ut officiosi esse videamur; nedum in hac provinciali solitudine, ubi nisi etiam intemperanter studemus, et sine solacio et sine excusatione secessimus. Accipe ergo rationem. In qua hoc maximum et primum est, quod civitatis aures, quibus adsueveram, quaero et videor mihi in alieno foro litigare; si quid est enim, quod in libellis meis placeat, dictavit auditor: illam iudiciorum subtilitatem, illud materiarum ingenium, bibliothecas, theatra, convictus, in quibus studere se voluptates non sentiunt, ad summam omnium illa, quae delicati reliquimus, desideramus quasi destituti.

Ich weiß, daß ich dir eine Verteidigungsrede für meine dreijährige Faulheit schulde, ohne daß ich allerdings dabei auf einen Freispruch hoffen dürfte, nicht einmal unter Berücksichtigung jener hauptstädtischen Beschäftigungen, bei denen wir leichter erreichen, daß wir lästig als daß wir pflichteifrig erscheinen; um wieviel weniger dann in dieser Abgeschiedenheit der Provinz, wo ich, wenn ich nicht gerade hemmungslos studiere, ohne Trost und ohne Ausrede zurückgezogen lebe. Vernimm also eine Begründung! Der erste und wichtigste Punkt ist der, daß ich die Ohren der Bürgerschaft, an die ich gewöhnt war, vermisse und mir vorkomme, als prozessierte ich auf einem fremden Forum; wenn es nämlich etwas gibt, was in meinen Büchlein Anklang findet, dann hat es der Hörer diktiert: Jene Feinheit des Urteils, jene Inspiration durch die Themen, all die Bibliotheken, Theater und Gesellschaften, wo das Vergnügen gar nicht merkt, daß es dabei auch etwas lernt, kurz: alles was ich, verwöhnt wie ich war, aufgegeben habe, das wünsche ich mir zurück, so als hätte man mich beraubt.

Bereits anhand dieses Vorwortbriefes vom 12. Buch lässt sich die Umkehrung in der Beschreibung der Orte feststellen: Rom, dem Martial wegen seiner Unlebbarkeit entkommen wollte, wird zu einem Ort der Erinnerung und Nostalgie, seiner Inspirationsquelle schlechthin; Spanien hingegen enttäuscht die Erwartungen des Dichters und verwandelt sich vom *locus amoenus* in eine Art Ort der selbst verursachten und erzwungenen Gefangenschaft.[17]

Zusammenfassend können wir sagen, dass Martial perfekt die Rolle des bürgerlichen Bürgers verkörpert, der sein Studium zu Hause abgeschlossen hat, „ins Ausland" zieht, um seinen Ambitionen zu folgen und das System der Freizügigkeit genießt, das seit der Antike per Gesetz erlaubt war. Am Ende empfindet er Hassliebe zu dem Ort, an den er gezogen ist. Einerseits hält ihn die große Stadt Rom von seiner geliebten Heimat fern und entzieht ihm seine Kraft mit der ständigen Atemnot, die seine *clientela* mit sich bringt, andererseits wird sie zu einer neuen Heimat, die, wenn einmal verloren, ständig und schmerzhaft vermisst wird. Die Konstruktion von Identität bei Martial bildet einen komplexen Diskurs, der auf Duplizität basiert, auf der Seele, die zwischen zwei Feuern aufgeteilt ist, und der nie zu einem Abschluss kommt. Sicherlich können wir sagen, dass Martial sowohl römisch als auch spanisch war und dass für ihn das Konzept von Identität zu einem fließenden Konzept wurde. Und so wie es ihm erging, so betraf es sicherlich ebenfalls viele andere Bürger der kaiserlichen Provinzen, die ihr Heimatland verließen, um in andere Gebiete des kaiserlichen Territoriums zu ziehen.

4. Fazit

Schon in der Antike wurde dem Menschen das naturgemäße Recht zugesprochen, sich innerhalb der Grenzen einer super-territorialen Organisation wie dem Römischen Reich frei zu bewegen. Noch heute wird dieses Recht den Bürgern der supranationalen Struktur, die wir die Europäische Union nennen, gewährt. Dieses Recht auf Bewegung bedeutet sicherlich, dass sie, wenn sie sich bewegen, mit Traditionen, Kulturen und Denkweisen leben werden, die sich von denen ihres Herkunftsgebiets unterscheiden. Kann dies als Bremse für die Schaffung einer gemeinsamen europäischen Identität wirken? Können diese Unterschiede ein unüberwindbares

---

17 Vgl. Sparagna 2014.

Hindernis für die Schaffung einer Europäischen Union darstellen, deren Bürger sich als integraler Bestandteil eines supranationalen Systems fühlen, das sie ihre Heimat nennen können? Wie wir bisher gesehen haben, ist die Schaffung einer persönlichen Identität innerhalb einer größeren Gruppe, von uns heute als Staat bezeichnet, ein komplexes Phänomen, und Martial mit seinen Schwankungen zwischen Spanisch und Römisch bildet dafür ein antikes Paradebeispiel. Noch heute sehen wir solche Phänomene, noch heute sehen wir nämlich, wie die Mischung mehrerer Seelen innerhalb von Staaten, die durch die von der Europäischen Union garantierte Freizügigkeit entsteht, zu Unsicherheit über ihre nationalen Identitäten führt. Sind wir Italiener oder Europäer? Sind wir Deutsche oder Europäer? Schweden, Franzosen, Rumänen, Tschechen, Esten oder Europäer? Was bedeutet es, Europäer zu sein? Europäer zu sein bedeutet, nach antikem Beispiel, dem des Martial und derjenigen, die wie er aus den kaiserlichen Provinzen ausgewandert sind, Stolz auf die eigenen Wurzeln zu fühlen und die eigene Zugehörigkeit zu erkennen, ohne sich jedoch abzuschotten und die Einflüsse aus anderen Ländern der Union zu ignorieren. Es bedeutet, das eigene Land zu lieben, aber auch mit Neugierde das Land der anderen zu entdecken und vielleicht die Einflüsse aufzunehmen, um den eigenen Zustand zu verbessern. Wenn Martial sich zugleich als spanisch wie auch als römisch fühlen konnte, können wir (alle) uns heute dank der von der Union garantierten Freiheit, sich in ihr zu bewegen und somit kulturelle Erfahrungen und Gedanken auszutauschen, sowohl als Italiener, Deutsche, Franzosen, Spanier und so weiter als auch als Europäer fühlen. Dahinter verbirgt sich das alte Konzept, das wir dem modernen Europa anpassen können, indem wir es den Menschen mit ihrem kulturellen Gepäck und ihren Erfahrungen ermöglichen, sich weiterhin frei zu bewegen und ihre Identität als Europäer frei aufzubauen, ohne unnötige Barrieren zu schaffen, wie es in letzter Zeit versucht wurde. Wenn es diese Barrieren in der Antike gegeben hätte, hätten wir mit ziemlicher Gewissheit nie einen solchen Martial, einen solchen Seneca oder einen solchen Lukan gehabt. Wollen wir uns wirklich dieser Talente berauben, und einem Nationalismus nachgeben, indem wir Mauern und Grenzen errichten?

Literaturverzeichnis

Barbati, Stefano (2012), Gli studi sulla cittadinanza romana prima e dopo le ricerche di Giorgio Luraschi, RDR 12, 1–46.

Barié, Paul/Schindler, Winfried (³2013), Martial. Epigramme, Gesamte Ausgabe, Berlin.

Broadhead, William (2001), Rome's migration policy and the so-called ius migrandi, Cahiers du Centre Gustave Glotz 12, 69–89.

Citroni, Mario (2002), L'immagine della Spagna e l'autorappresentazione del poeta negli epigrammi di Marziale, in: Gianpaolo Urso (Hrsg.), *Hispania terris omnibus felicior*. Premesse ed esiti di un processo d'integrazione. Atti del convegno internazionale, Cividale del Friuli (27–29 Settembre 2001), Pisa, 281–301.

Durkheim, Émile (1970), La science sociale et l'action, Paris.

– (2016) La divisione del lavoro sociale, italienische Übersetzung von Fulvia Airoldi Namer, Milano [Original: Émile Durkheim, De la division du travail social, Paris 1893].

Fairclough, Norman (2006), Language and globalization, London.

Goldhill, Simon (2001), Being Greek under Rome, Cambridge.

Holliday, Adrian (2010a), Complexity in cultural identity, Language and Intercultural Communication 10, 165–177.

– (2010b), Intercultural communication and ideology, London.

Huchthausen, Liselot (⁴1991), Römisches Recht, Berlin.

Kumaradivelu, Balasubramanian (2007), Cultural globalization and language education, Yale.

Merli, Elena (2006), Martial between Rome and Bilbilis, in: Ralph M. Rosen/Ineke Sluiter (Hrsg.), City and countryside in the ancient imagination, Leiden, 327–347.

Parsons, Talcott (1951), The Social System, London.

Petrucci, Valerio (2017), Hellenization and Romanization: the dialogue between the Greek and Roman Cultures in the 1st and 2nd centuries, in: Carmen Ulrich (Hrsg.) Dialog und Dialogizität: Interdisziplinär, interkulturell, international, München, 160–175.

Schudson, Michael (1994), Culture and the integration of national societies, in: Diana Crane (Hrsg.), The sociology of culture, Oxford, 21–43.

Sparagna, Sara (2014), Il XII libro di Marziale e la metapoetica dei luoghi, La Biblioteca di CC 1, 4–15.

Theodorson, George A. (1969), A modern dictionary of sociology, New York.

Weber, Max (1964), The theory of social and economic organizations, New York.

Laktanz und die Grundlagen Europas. Überlegungen zum Begriff des christlichen Abendlandes

Stefan Freund

> Es gibt drei Hügel, von denen das Abendland seinen Ausgang ge-
> nommen hat: Golgatha, die Akropolis in Athen, das Capitol in
> Rom. Aus allen ist das Abendland geistig gewirkt, und man darf
> alle drei, man muss sie als Einheit sehen.[1]

Dieses Zitat des damaligen Bundespräsidenten Theodor Heuss aus dem
Jahr 1950 zeigt: In den Jahrzehnten nach dem Zweiten Weltkrieg stand
der Begriff ‚Abendland' hoch im Kurs und beinhaltete das, was man auch
als grundlegende Gemeinsamkeit bei der Einigung Europas ansah. Ganz
unumstritten war der Begriff nie, impliziert er doch auch immer die Abgrenzung vom Morgenland, dem Orient.[2] Da in jüngerer Zeit rechts-
populistische Kräfte das ‚christliche Abendland' zum Vorwand nehmen,
gegen alles Fremde und insbesondere gegen den Islam zu polemisieren,
haben sich viele intellektuelle Stimmen gegen den Ausdruck und das ver-

---

1 Heuss 1956, 32.
2 Gollwitzer 1972, 825f.

Laktanz und die Grundlagen Europas.
Überlegungen zum Begriff des christlichen Abendlandes

37

einfachte Konzept dahinter gewandt: ‚Müll‘[3], ‚Fiktion‘[4] oder ‚eine Chimäre‘[5] sei ein ‚christliches Abendland‘ als von der islamischen Welt zu scheidender, in seinen Werten homogener und überlegener Kulturraum. Was ist das aber eigentlich, das ‚Abendland‘? Will man den Begriff nicht rein geographisch, sondern auch kulturgeschichtlich fassen, dann wird man sagen können: Das ‚Abendland‘ ist dasjenige kulturelle Grundsubstrat, das im lateinischen Westen in der Spätantike aus der Christianisierung der antiken Welt entsteht und eine der Grundlagen für die (historische, kulturelle, literarische, sprachliche und politische) Entwicklung Europas im Mittelalter und in der Frühen Neuzeit darstellt. Entscheidend für das Werden des ‚Abendlands‘ ist damit die Christianisierung der Antike. Nun sind die Konstantinische Wende und der religiöse Wandel im Imperium Romanum höchst komplexe Vorgänge, die in der Forschung in kaum zu überblickender Fülle diskutiert werden. Daher soll hier eine Persönlichkeit im Mittelpunkt stehen, die exemplarisch zu verstehen helfen kann, was passierte, als die Antike christlich wurde – und zwar der als christlicher Cicero bekannte Caecilius Firmianus Lactantius, zu Deutsch Laktanz.

Zunächst soll eine kleine biographische Skizze zeigen, wie die Gestalt des Laktanz die Geschehnisse um die Konstantinische Wende widerspiegelt. Dann wird ein Blick auf das Werk zeigen, wie der Christ den Umgang mit der klassisch-paganen Literatur gestaltet, wie sich das Verhältnis zwischen Orient und Okzident darstellt und welche Impulse für das Verhältnis von Religion und Gesellschaft er gibt. Nach einem kurzen Blick darauf, wie diese Positionen des Autors nachwirken, kommen wir dann im Fazit noch einmal auf das zurück, was der Blick auf den Autor über das ‚Abendland‘ lehren kann.

---

3 Wolffsohn 2018.
4 Becker-Huberti 2016a.
5 Becker-Huberti 2016b.

1. Die Person

Laktanz wird um das Jahr 250 in der Provinz Africa geboren – in dieser Zeit das Zentrum des lateinischsprachigen Christentums.[6] Er erfährt eine rhetorische Ausbildung bei Arnobius von Sicca (heute El Kef in Tunesien) und wird selbst Redelehrer. Dabei hat er anscheinend so viel Erfolg, dass Kaiser Diokletian ihn als Lehrer der lateinischen Rhetorik in Nikomedien (heute das türkische İzmit) beruft, das aber 293 zur Kaiserresidenz für den Osten ausgebaut wird. Schon in Africa scheint Laktanz zu dichten – möglicherweise ist das ‚Gastmahl der zwölf Weisen' (*Symposium XII sapientium*) aus der Anthologia Latina (bestehend aus 143 Epigrammen, 495–638 R[2]) ihm zuzuweisen[7] – und auch seine Reise nach Nikomedien schildert er in einem verlorenen Gedicht. Dort könnte Laktanz in den nächsten Jahren auch den späteren Kaiser Konstantin kennengelernt haben, der am Hof des Diokletian im Osten seine Ausbildung erfuhr.[8] Am 23. Februar 303 beginnt die Diokletianische Christenverfolgung. Laktanz erlebt in Nikomedien die Auftritte antichristlicher Propandisten mit, die das Vorgehen gegen die Christen begleiten. Dies wird für Laktanz, so schildert er es selbst,[9] zum Schlüsselerlebnis: Um sich gegen die Ungerechtigkeit, die er in den Verfolgungsmaßnahmen sieht, zu wenden, will er selbst Anwalt der christlichen Sache werden. Kurz nach Beginn der Verfolgung entstehen daher zwei Werke, die die christliche Botschaft zwar in der Sache verkünden, sich aber noch nicht offen zu erkennen geben. Es handelt sich um die Elegie über den Vogel Phönix (*De ave Phoenice*), in den der sich

---

6 Zur Vita: Bowen/Garnsey 2003, 1–6; Heck 2009. – Diese Literaturangaben sowie die folgenden verstehen sich eher als Hinweise für ein *further reading* denn als Bibliographie zum jeweiligen Thema.
7 So Friedrich 2002.
8 Vgl. Barnes 1981, 73f.
9 Lact. inst. 5,2: (2) *Ego cum in Bithynia oratorias litteras accitus docerem contigissetque, ut eodem tempore dei templum everteretur, duo extiterunt ibidem qui iacenti atque abiectae veritati nescio utrum superbius an inportunius insultarent.* (3) *Quorum alter antistitem se philosophiae profitebatur* [...]. (4) *tres libros evomuit contra religionem nomenque Christianorum* [...]. (12) *Alius* [...] *erat tunc e numero iudicum* [...]. (13) *Composuit* [...] *libellos duos* [...] *ad Christianos.* [...] 4 (1) *Hi ergo de quibus dixi cum praesente me ac dolente sacrilegas suas litteras explicassent, et illorum superba inpietate stimulatus et veritatis ipsius conscientia et, ut ego arbitror, deo, suscepi hoc munus, ut omnibus ingenii mei viribus accusatores iustitiae refutarem, non ut contra hos scriberem qui paucis verbis obteri poterant, sed ut omnes qui ubique idem operis efficiunt aut effecerunt, uno semel inpetu profligarem.*

Laktanz und die Grundlagen Europas.
Überlegungen zum Begriff des christlichen Abendlandes

39

der christliche Auferstehungsglaube widerspiegelt, und um eine Schrift über das Schöpfungswerk Gottes (*De opificio dei*). Die Sinnhaftigkeit der Welt und insbesondere des Menschen werden auf die Vernunft des Schöpfergottes hin gedeutet. Am Ende deutet Laktanz dann den Plan für sein Hauptwerk an: Die sieben Bücher der ‚göttlichen Unterweisungen‘ (*Divinae institutiones*) sind eine apologetisch ausgerichtete Gesamtdarstellung des christlichen Glaubens. Das etwa 600 moderne Druckseiten umfassende Werk verfasst Laktanz sukzessive Buch für Buch. Das fünfte Buch dürfte ins Jahr 306 oder kurz danach fallen, im Jahr 310 scheint das Gesamtwerk abgeschlossen zu sein. Außerhalb dieses Befundes, den die Werke nahelegen, ist die persönliche Glaubensgeschichte des Autors nicht ganz klar: Vielleicht kommt er noch in Afrika mit christlichen Schriften in Kontakt, seine gemeindliche Sozialisation scheint eher in Kleinasien zu erfolgen. Wo sich Laktanz während der Christenverfolgung aufhält, als er diese enorme literarische Produktivität entfaltet, ist unklar. Wahrscheinlich kann er sich in Nikomedien oder Umgebung verstecken und findet dort trotz der Umstände gute Arbeitsbedingungen vor. Auch das Ende der Verfolgungen im Jahr 311 scheint er in Nikomedien zu erleben. Zwischen der Mailänder Vereinbarung 313 und 316 schreibt Laktanz dann ‚Über die Todesarten der Verfolger‘ (*De mortibus persecutorum*). Es handelt sich um eine Geschichte der Christenverfolgungen; wichtiges Motiv darin ist die Bestrafung, die alle Kaiser letztlich erfahren, die gegen die Christen vorgegangen waren. In etwa gleichzeitig, also zwischen 313 und 315, beruft Kaiser Konstantin Laktanz als Erzieher für seinen Sohn Crispus an den Hof nach Trier. Dort bleibt Laktanz für den Rest seines Lebens, dort entstehen ein Werk, das die theologische Notwendigkeit von Gottes Zorn begründet (*De ira dei*), und eine Kurzfassung der ‚Göttlichen Unterweisungen‘ (*Epitome divinarum institutionum*, von 600 auf 100 Seiten). Zuletzt beginnt Laktanz eine Neuauflage der ‚Göttlichen Unterweisungen‘: In zwei Passagen vertieft er seine Argumentation durch dualistische Zusätze. Außerdem widmet er das Werk nun Konstantin. Das zeigt sich in knappen namentlichen Anreden des Kaisers und zwei längeren Apostrophen. Diejenige im ersten Buch passt zur politischen Lage vor der Schlacht von Chrysopolis am 18. September 324, diejenige im siebten Buch zur Situation kurz danach. Da die zweite Auflage anscheinend nicht fertiggestellt wird, kann man den Tod des etwa 75-jährigen Laktanz auf den Herbst 324 oder den Winter 324/325 ansetzen.

Vieles in dieser Biographie ist unsicher. Und doch lassen sich an ihm viele wichtige Charakteristika dieser Wendezeit von der paganen zur christlichen Antike erkennen. Zwei Perspektiven sind dabei besonders aufschlussreich für ein Verständnis dessen, was das Konzept eines christlichen Abendlands beinhaltet:

Die geographisch-kulturelle Perspektive: Sein Lebensweg führt Laktanz einmal um das ganze Mittelmeer und in drei Kontinente: Geboren wird er im heutigen Tunesien oder Algerien, dort erfährt er auch seine Ausbildung. Dann beruft ihn Kaiser Diokletian, in unseren Tagen würden wir ihn übrigens als gebürtigen Kroaten bezeichnen, in die heutige Türkei. Die nächste fassbare Station ist dann das rheinland-pfälzische Trier – damals Hauptstadt einer Provinz, zu der Teile Deutschlands, Frankreichs, Belgiens, der Schweiz und Luxemburg gehören. Überall kann sich Laktanz lateinisch verständlich machen, doch in seiner afrikanischen Heimat spricht man auch Griechisch, Punisch (eine späte Form des Phönizischen) und verschiedene Berbersprachen.[10] In Kleinasien, der nächsten Station, herrscht das Griechische vor – so weit, dass dem lateinischen Redelehrer angeblich die Schüler fehlen[11] –, daneben scheinen Phrygisch, Galatisch (also eine keltische Sprache) und Mysisch vorzukommen.[12] In Trier schließlich ist neben dem Lateinischen auch das Gallische lebendig.[13] Die Lebenswelt des Laktanz innerhalb des Imperium Romanum überschreitet also vielfach die Grenzen moderner Nationalstaaten und Sprachkulturen, sie verbindet auch Orient und Okzident.

Die religiöse und die politische Perspektive: Laktanz wächst, soweit wir wissen, als Nichtchrist in der religiösen Pluralität des römischen Nordafrika auf:[14] Im Zentrum des öffentlichen Lebens stehen römischen Staatskult um die Kapitolinische Trias Jupiter, Juno und Minerva sowie der Kaiserkult.[15] Doch auch der Alltag des Einzelnen ist tiefgreifend von re-

10 Bardy 1946, 52–54.
11 Hier. vir. ill. 80,1.
12 Neumann 1974.
13 Schmidt 1974, 37.
14 Baratte 2012, 72–82.
15 Vgl. etwa Gordon 2011, 37–70.

ligiösen Handlungen geprägt: Berufsständische und kultische Vereine sichern das Individuum ab, die Teilnahme an Spielen und Prozessionen zu Ehren verschiedener Götter ist selbstverständlich.[16] Hinzu kommen Kulte wie der des Serapis oder Mithras, die den Gläubigen mystische Erfahrung und Erlösungshoffnungen bieten.[17] Auch das Judentum ist präsent, das Christentum breitet sich seit der Valerianischen Christenverfolgung (253–260), die in die Kindheit des Laktanz fallen dürfte, gerade weitgehend ungehindert aus. Unser Autor scheint diese neue Religion schon in Nordafrika kennenzulernen und sich dafür zu interessieren – den genauen Zeitpunkt seiner Konversion kennen wir nicht.[18] Als Laktanz dann am Kaiserhof in Nikomedien tätig ist, wird er Zeuge einer restaurativen Neuausrichtung der Religionspolitik,[19] die 303 in der Christenverfolgung ihren Höhepunkt erreicht. Nun wechselt er gewissermaßen die Seiten, indem er vom Bediensteten des Herrschers, der systematisch gegen die Christen vorgeht, zu deren Verteidiger und damit wohl selbst zum Gefährdeten wird. Auch das Ende der Verfolgungen und den Beginn einer pro-christlichen Religionspolitik erlebt Laktanz, und letzteres in der Umgebung des Kaisers. Sein letztes Zeugnis geht auf Umstände zurück, in denen Konstantins siegreicher Kampf gegen den Mitherrscher Licinius als bewaffneter Kampf gegen Christenverfolger stilisiert wird.[20] Bemerkenswert daran ist nicht nur, dass Laktanz sich zumindest zeitweise in der weiteren Umgebung der beiden Hauptakteure Diokletian und Konstantin befindet, sondern auch, dass die Wandlungen der Konstantinischen Wende aus unterschiedlichen Perspektiven erlebt: Zunächst nimmt er die Christen von außen wahr, dann teilt er ihre Perspektive in der Verfolgung, schließlich erlebt er als Christ, wie seine Religion zu derjenigen wird, auf die sich der Herrscher stützt. All das vollzieht sich in einer nach wie vor multireligiösen Gesellschaft.

---

16 Vgl. etwa Rüpke 2016, 335–370.
17 Rüpke 2016, 270–302.
18 Laktanz kennt die afrikanischen christlichen Autoren Tertullian, Minucius Felix und Cyprian (inst. 5,1,22–28); sie waren wohl am Kaiserhof in Nikomedien weniger leicht verfügbar als in Nordafrika, daraus kann man folgern, dass sich Laktanz bereits in seiner Zeit dort dafür interessiert hatte.
19 Brandt 1998, 24f.
20 So ist die sogenannte zweite Kaiseranrede Lact. inst. 7,26,11–17 zu verstehen, dazu Freund 2009, 591–599.

Somit lässt schon ein Blick auf das Leben des Laktanz erkennen, in welcher Komplexität und Heterogenität sich der Übergang von der paganen zur christlichen Antike und damit die Grundlegung des christlich-abendländischen Kultursubstrats vollzieht.

2. Das Werk

Das, was sich beim Blick auf die Biographie des Autors schon andeutet, vertieft sich, wenn wir seine Schriften betrachten. An vielen Aspekten im Werk des Laktanz können wir den Übergang von paganen zur christlichen Denkkonzepten fassen. Ich möchte mich hier auf einen literarischen, einen historisch-geopolitischen und einen sozial-religionspolitischen Gesichtspunkt beschränken.

　　Ein erster Punkt dabei ist die *Aneignung der paganen Literaturtradition durch die Christen*. Hier spielt nun das Werk des Laktanz eine besondere Rolle:[21] Zunächst einmal sind uns bei Laktanz Passagen aus zahlreichen Werken der römischen Literatur tradiert, die ansonsten verloren sind: Ausschnitte aus den *Antiquitates rerum divinarum* des Varro, aus der *Consolatio* und dem *Hortensius* des Cicero, um nur einige Beispiele zu nennen. Am bekanntesten sind vielleicht die Zitate aus *De re publica*,[22] mit deren Hilfe sich die Rede des Philus und Laelius um dritten Buch des ciceronischen Werks rekonstruieren lassen. Noch wichtiger ist ein anderer Faktor: Indem Laktanz klassische Texte wie etwa Cicero oder Seneca zitiert, um anhand ihrer christliche Aussagen zu untermauern oder zu veranschaulichen, bietet er ein Modell dafür, dass und wie diese Autoren auch in christlichem Kontext genutzt werden können. Unser Autor trägt

21　Der Umgang des Laktanz mit der paganen Literatur gehört zu den wichtigsten Forschungsfeldern im Zusammenhang mit dem Autor, erste Orientierung bieten etwa Ogilvie1978; Heck 1988, 160–179; Bryce 1990; Walter 2006; das Material findet sich, für die *Divinae institutiones*, in der neuen Ausgabe Heck/Wlosok, 2005, 2007, 2009, 2011.
22　Einige Beispiele nach den Ausgaben von Ziegler 1969 und Powell 2006: Cic. rep. 3,26/3,12 Powell = Lact. inst. 6,12,11; Cic. rep. 3,27 Ziegler/3,13 Powell = Lact. inst. 5,12,5f.; 18,9 Cic. rep. 3,29f. Ziegler/3,15f. Powell = Lact. inst. 5,16,5–11; Cic. rep. 3,33 Ziegler/3,27 Powell = Lact. inst. 6,8,6–9; 24,29; Cic. rep. 3, 40 Ziegler/3,28f. 31 Powell = Lact. inst. 5,18,4–8; 22,7; 6,11,14; Cic. rep. 4,1 Zieger/frg. dub. 4 Powell = Lact. inst. 5,11,2; Cic. rep. 6,13 Ziegler/6,17 Powell = Lact. inst. 1,15,23; Cic. rep. 6,14 Ziegler/6,18 Powell = Lact. inst. 3,19,13; Cic. rep. 6,27 Ziegler/6,31 Powell = Lact. inst. 7,8,4.

Laktanz und die Grundlagen Europas.
Überlegungen zum Begriff des christlichen Abendlandes

43

also dazu bei, dass pagane Autoren auch von späteren Christen gelesen, abgeschrieben und damit tradiert wurden. Damit deutet sich ein Grundphänomen der Kontinuität in der europäischen Geistesgeschichte an: Antike Texte erscheinen so relevant für christliche Diskurse, dass sie in diese aufgenommen und auf diese Weise bewahrt werden. Dies zeigt sich hier in einer Sekundärüberlieferung, ist aber letztlich auch der Grund für die Primärüberlieferung nichtchristlicher antiker Literatur im Mittelalter und der Frühen Neuzeit.

Bei den bisher genannten Beispielen ging es um philosophische Prosatexte, deren Gedanken, Beispiele und Argumente in einem neuen Kontext verwendet werden. Laktanz eröffnet aber auch für dichterische Texte die Möglichkeit eines christlichen Verständnisses: In der Art eines eigenen poetologischen Ansatzes spricht er poetischen Texten einen Wahrheitsgehalt zu, der dann lediglich durch die poetische Darstellung überformt sei. So heißt es wörtlich:

> Die Dichter haben sich also nicht die Geschehnisse als solche ausgedacht – wenn sie das täten, wären sie haltlose Lügner –, sondern den Geschehnissen eine gewisse Färbung hinzugefügt. Denn sie sagten jene Dinge nicht in herabsetzender, sondern in schmückender Absicht.[23]

Dieses Verständnis ermöglicht es dem Autor auch, Spuren christlicher Glaubenswahrheiten in der paganen Dichtung zu finden – diese sind dann zwar durch die poetische Stilisierung und Irrtümer bei der Überlieferung ein wenig entstellt, aber im Kern richtig tradiert. So sieht Laktanz in den Unterweltsrichtern der Mythologie das christliche Jenseitsgericht angedeutet.[24] Das Tausendjährige Gottesreich auf Erden, von dem die Johannesoffenbarung spricht, ist seiner Darstellung nach nichts anderes als das Goldene Zeitalter, das man aus der Dichtung kennt – so etwa aus Vergil in seiner vierter Ekloge.[25] Noch einen weiteren Schritt in diese

---

23 Lact. inst. 1,11,23: *Non ergo res ipsas gestas finxerunt poetae, quod si facerent, essent vanissimi, sed rebus gestis addiderunt quendam colorem. Non enim obtrectantes illa dicebant, sed ornare cupientes.*
24 Lact. inst. 7,22,1–19.
25 Lact. inst. 7,24,9–11

Richtung tut Kaiser Konstantin in seiner berühmten ‚Rede an die Versammlung der Heiligen' (*Oratio ad sanctorum coetum*) am Karfreitag des Jahres 314:[26] Er identifiziert bekanntlich das Kind, mit dessen Geburt die paradiesische Zeit anbrechen soll, mit Christus.[27] Impulsgeber für diese Deutung ist zweifellos Laktanz.[28] Diese christologische Lektüre paganer Dichtertexte findet sich auch in den *Divinae institutiones*. Gegen deren Ende preist Laktanz das Erlösungshandeln Christi und bezieht auf ihn Lob Epikurs aus dem Lehrgedicht des Lukrez:

> Diesem [sc. Christus] wollen wir alle folgen, auf diesen wollen wir hören, diesem wollen wir aller ergebenst gehorchen, weil er ja allein, wie Lukrez sagt,
> 'mit wahrhaftigen Worten die Herzen der Menschen gereinigt hat, der Begehrlichkeit und Furcht ein Ende gesetzt und vor Augen geführt hat, was das höchste Gut sein werde, nach dem wir alle streben, und den Weg gezeigt hat, auf dem wir in kurzem Pfad dahin in geradem Lauf eilen können.'
> Und er hat ihn nicht nur gezeigt, sondern er ist ihn auch vorangegangen, damit niemand wegen der Schwierigkeit vor dem Pfad der Tugend zurückschreckt. Man soll, wenn es möglich ist, den Weg des Verderbens und der Täuschung verlassen, auf dem der Tod verborgen unter den Lockungen der Lust lauert.[29]

Laktanz zeigt also nicht nur, wie sich die mythologischen Inhalte paganer Literatur für die Erläuterung christlicher Glaubenssätze nutzen lassen, son-

---

26 Datierung nach Girardet 2013, 30–38.
27 Const. or. coet. sanct. 19,4–8.
28 Zum Einfluss des Laktanz s. Brocca 2011, 202–207.
29 Lact. inst. 7,27: (6) *Hunc sequamur omnes, hunc audiamus, huic devotissime pareamus, quoniam solus, ut ait Lucretius* [6,24–28],
„*veridicis hominum purgauit pectora dictis*
et finem statuit cuppedinis atque timoris
exposuitque bonum summum, quo tendimus omnes,
quid foret, atque viam monstravit, limite parvo
qua possemus ad id recto contendere cursu."
(7) *Nec monstravit tantum, sed etiam praecessit, ne quis difficultatis gratia iter virtutis horreret.* Vgl. Gatzemeier 2013, 266–274.

Laktanz und die Grundlagen Europas.
Überlegungen zum Begriff des christlichen Abendlandes

45

dern auch, wie sich die christliche Botschaft wirkungsvoll mit den sprachlichen Mitteln der Dichtung formulieren lässt. Zudem spricht der Autor der dichterischen Form auch einen ästhetischen Reiz (*voluptas*) zu, der in seiner Verführungskraft gefährlich sein kann; daraus ergibt sich, dass man diesen Reiz mit den richtigen Inhalten, also christlichem Gotteslob, verbinden müsse.[30] Wörtlich heißt es:

> Wenn es daher ein ästhetischer Reiz ist, Gesänge und Lieder zu hören, dann soll es etwas Unterhaltsames sein, das Lob Gottes zu singen und zu hören.[31]

Damit ist der Grund gelegt für eine christliche Poetologie. In seinem Gedicht ‚Über den Vogel Phönix' (*De ave Phoenice*) setzt Laktanz dieses Konzept auch beispielhaft um. Bei Sonnenaufgang nämlich erhebt der Vogel zu Ehren des einzigen Gottes einen Gesang, den der Dichter folgendermaßen schildert:

> Jener [sc. Vogel] beginnt, die Melodie des heiligen Gesangs zu verströmen und den neuen Tag anbrechen zu lassen mit seiner wunderbaren Stimme, die weder die Stimme der Nachtigall noch Flötenmusik mit apollinischen Weisen ähnlich hervorbringen kann, die aber auch nicht, so meint man, der sterbende Schwan nachahmen kann noch die klingende Saite der von Hermes erfundenen Leier.[32]

Der mythische Vogel tritt hier in einen Wettstreit mit der paganen Dichtungstradition und übertrifft diese. Laktanz begründet also eine christli-

---

30 Lact. inst. 6,21,1–8; van der Nat 1977, 218–225.
31 Lact. inst. 6,21,9 *itaque si voluptas est audire cantus et carmina, dei laudes canere et audire iucundum sit.*
32 Lact. Phoen. 45–50:
Incipit illa sacri modulamina fundere cantus
  et mira lucem voce ciere novam,
quam nec aedoniae voces nec tibia possit
  musica Cirrhaeis assimulare modis,
sed neque olor moriens imitari posse putetur
  nec Cylleneae fila canora lyrae.

che lateinische Dichtungstradition, die an klassische Vorbilder anknüpft. Sowohl poetologisch als auch in seiner klassizistischen Form weist er der späteren Dichtung – das nächste Beispiel wäre die Bibelepik des Iuvencus – den Weg.[33] Kurzum: Laktanz baut mit an der Brücke, die die antike Literatur und ihre Tradition ins christliche Mittelalter und das frühneuzeitliche Europa führt.

Das Christentum zwischen Orient und Okzident – auch hier muss Laktanz Gräben überwinden: Will sich das Christentum durchsetzen – und darum geht es unserem Autor letztlich –, so müssen sich die Römer einer Religion anschließen, die aus dem Osten zu ihnen kommt. In diesem Zusammenhang eröffnet Laktanz nicht nur einen klaren Antagonismus zwischen Orient und Okzident, sondern er erklärt auch klar die Überlegenheit der Weltgegend, die näher am Sonnenaufgang liegt. Zunächst deutet er dies knapp anhand der referierten paganen Vorstellung an, dass Jupiter den Orient und Pluto den Okzident als Herrschaftsgebiet bekommen habe,[34] dann führt der Autor im Zusammenhang mit seiner auf einer klaren Gegenüberstellung von Gut und Böse basierenden Sicht auf die Schöpfung aus:

Auch auf der Erde selbst setzte er [gemeint ist Gott] je zwei entgegengesetzte und untereinander verschiedene Richtungen fest, nämlich den Osten und den Westen. Von diesen wird der Osten (*oriens*) Gott zugeordnet, weil er selbst die Quelle des Lichts und der Erleuchter der Welt ist und weil er uns zum ewigen Leben auferstehen (*oriri*) lässt. Der Westen aber wird jenem verwirrten und verderbten Geist zugeschrieben, weil er das Licht verbirgt, weil er immer die Dunkelheit herbeiführt und weil er bewirkt, dass die Menschen durch ihre Sünden zugrunde gehen und umkommen. Denn wie das Licht kennzeichnend für den Osten ist, im Licht aber das Wesen des Lebens steckt, so ist die Dunkelheit für den

---

33 Zur literaturgeschichtlichen Einordnung etwa Wlosok 1990; Hose 2007.
34 Lact. inst. 1,11,31: *ergo illud in uero est, quod regnum orbis ita partiti sortiti que sunt, ut orientis imperium Ioui cederet, Plutoni, cui cognomen Agesilao fuit, pars occidentis optingeret, eo quod plaga orientis, ex qua lux mortalibus datur, superior, occidentis autem inferior esse uideatur. sic ueritatem mendacio uelarunt, ut ueritas ipsa persuasioni publicae nihil derogaret.*

Laktanz und die Grundlagen Europas.
Überlegungen zum Begriff des christlichen Abendlandes

47

Westen kennzeichnend, in der Dunkelheit aber der Tod und der Untergang enthalten.[35]

Dem misst Laktanz dann auch konkrete historische und heilsgeschichtliche Folgen bei: Immer wieder betont der Autor, dass sich das Christentum, in Judäa entstanden, als Heilsbotschaft an *alle* Völker wendet.[36] Unter den Belegen, die Laktanz aus mantischen Quellen anführt (also unter den *testimonia divina*), finden sich neben Apoll- und Sibyllenorakeln auch Texte aus dem in Ägypten angesiedelten *Corpus Hermeticum* und aus der persischen Hystaspesapokalypse. Das entspricht zwar einer Tendenz einer verunsicherten Zeit, tiefe Wahrheiten im Orient zu suchen, überschreitet aber doch den Horizont des griechisch-römischen Kulturraums.[37] Die Abkehr von einer Romzentrierung gehört aber auch zum Kern der heilsgeschichtlichen Botschaft, die Laktanz verkündet: Sein dualistisch strukturiertes Denken sieht den Orient als die Weltregion, aus der das Licht und das Heil kommt.[38] Und eine unausweichliche Episode in den kommenden Endzeitereignissen ist der Untergang Roms und eine Übertragung der Herrschaft nach Asien:

Dann wird das Schwert die Erde durchmessen und dabei alles abmähen und alles wie eine Mahd niederstrecken. Der Grund dieser Verwüstung und Verwirrung wird sein, dass das Römertum, von dem nun die Welt beherrscht wird, – mich schaudert, es auszusprechen, aber ich will es sagen, weil es so sein wird – von der Erde beseitigt werden und die Herrschaft nach Asien zurückkehren und wieder der Osten herrschen und der Westen dienen wird. [...] So sind früher auch andere Reiche, nachdem sie länger in Blüte gestanden hatten, nichtsdestoweniger doch zugrunde gegangen.

---

35 Lact. inst. 2,9,5: *Ipsius quoque terrae binas partes contrarias inter se diuersasque constituit, orientem scilicet occidentemque. ex quibus oriens deo adcensetur, quia ipse luminis fons et inlustrator est rerum et quod oriri nos faciat ad uitam sempiternam: occidens autem conturbatae illi prauae que menti adscribitur, quod lumen abscondat, quod tenebras semper inducat et quod homines faciat occidere atque interire peccatis. nam sicut lux orientis est, in luce autem uitae ratio uersatur, sic occidentis tenebrae sunt, in tenebris autem mors et interitus continetur.*
36 Lact. inst. 4,11,7f.; 12,20; 14,1; 26,14; 6,8,8.
37 Dazu beispielsweise Nicholson 2001.
38 Lact. inst. 2,9,5–11; Phoen. 1.

Denn die Überlieferung besagt, dass die Ägypter, die Perser, die Griechen und die Assyrer die Weltherrschaft innehatten: Nach der Zerstörung all derer gelangte die höchste Macht auch zu den Römern. Diese werden, je mehr sie die übrigen Reiche an Größe übertreffen, in desto tieferem Fall stürzen, weil dasjenige mehr Gewicht zu einem Sturz hat, was höher ist als das Übrige.[39]

Zwar argumentiert der Christ hier aus der Sicht des Westens, aber die heilsgeschichtliche Relevanz des Orients bleibt eine unumstößliche Tatsache, die sich höchstens klug vermitteln lässt. Anders formuliert: Ein christliches Abendland ohne die Erlösung aus dem Morgenland ist nicht denkbar.

Ein letzter Bereich, in dem unser Autor in seinem Werk neue Konzepte entwerfen muss, ist derjenige von *Religion und Gesellschaft*: Ausgangspunkt der Diokletianischen Christenverfolgung, während derer Laktanz seine *Divinae institutiones* verfasst, war die Überzeugung, dass die Restauration des römischen Staates auch die Wiederherstellung des Staatskultes umfassen müsse und dass dem die Christen im Wege stünden. Der Autor muss also zunächst ganz grundlegend aufzeigen, dass die Existenz der christlichen Religion sehr wohl mit der Wohlfahrt des römischen Staates vereinbar ist, und später, unter Konstantin, gelangt er in die Position, Konzepte für einen sich dem Christentum öffnenden römischen Staat zu entwickeln. In diesem Zusammenhang bemüht sich Laktanz darum, zwischen römischer Tradition und dem Christentum in zentralen Fragen des Zusammenlebens zu vermitteln: Ein immer wiederkehrendes Denkmodell bei Laktanz ist die Überformung römischer Begriffe durch christliche – so wird ‚Gerechtigkeit‘ (*iustitia*) geradezu zum Synonym für das Christentum, ‚fromme Gottesfurcht‘ (*pietas*) zur christlichen Grundhal-

---

39 Lact inst. 7,15: (11) *Tum peragrabit gladius orbem metens omnia et tamquam messem cuncta prosternens. Cuius vastitatis et confusionis haec erit causa, quod Romanum nomen, quo nunc regitur orbis – horret animus dicere, sed dicam, quia futurum est – tolletur e terra et inperium in Asiam revertetur ac rursus oriens dominabitur atque occidens serviet.* [...] (13) *Sic et alia prius regna cum diutius floruissent, nihilominus tamen occiderunt. nam et Aegyptios et Persas et Graecos et Assyrios proditum est regimen habuisse terrarum: quibus omnibus destructis ad Romanos quoque rerum summa peruenit. Qui quanto ceteris omnibus regnis magnitudine antistant, tanto maiore decident lapsu, quia plus habent ponderis ad ruinam quae sunt ceteris altiora.*

Laktanz und die Grundlagen Europas.
Überlegungen zum Begriff des christlichen Abendlandes

49

tung und Religiosität (*religio*) zum Ausdruck für das Christentum.[40] Dies prägt auch das Christentum, das Laktanz verkündet, und romanisiert es in gewisser Weise. Ein Beispiel hierfür ist das Gottesbild des Laktanz, das ganz deutliche Züge vom Konzept des römischen Hausvaters (*pater familias*) trägt.[41]

Eine andere Technik, die der Autor anwendet, um die Brücke vom paganen zum christlichen Denken zu schlagen, ist eine vernunftbegründete Naturrechtsethik als Grundlage des Zusammenlebens: In der rationalen Betrachtung der Naturgesetze soll sich ein Konsens ergeben[42] – auch wenn daraus unerhörte (und von Laktanz auch nicht durchgehaltene) Positionen wie die Ablehnung der Todesstrafe oder des Militärdienstes ergeben.[43] Von besonderer Brisanz ist die Frage, wie sich Laktanz das Zusammenleben von Christen und Nichtchristen vorstellt. Manche seiner Aussagen lassen sich als Programm einer religiösen Toleranz verstehen,[44] doch letztlich wendet sich dies vor allem gegen die Christenverfolgung und es gelingt dem nicht, seine Forderung nach Toleranz für das Christentum auf

40 Lact. inst. 5,19: (11) *Non est opus vi et iniuria, quia religio cogi non potest, verbis potius quam verberibus res agenda est, ut sit voluntas. destringant aciem ingeniorum suorum: si ratio eorum vera est, adseratur. parati sumus audire, si doceant: tacentibus certe nihil credimus, sicut ne saevientibus quidem cedimus.* (22) *Defendenda enim religio est non occidendo sed moriendo, non saevitia sed patientia, non scelere sed fide: illa enim malorum sunt, haec bonorum, et necesse est bonum in religione versari, non malum.* (23) *Nam si sanguine, si tormentis, si malo religionem defendere velis, iam non defendetur illa, sed polluetur atque violabitur. nihil est enim tam voluntarium quam religio, in qua si animus sacrificantis aversus est, iam sublata, iam nulla est.* Vgl. zu diesem ganzen Komplex Colot 2016.
41 Dazu jetzt etwa Palomo Pinel 2017; ein weiteres Beispiel Freund 2017.
42 Dazu grundlegend Winger 1999.
43 Lact. inst. 6,20: (16) *Ita neque militare iusto licebit, cuius militia est ipsa iustitia, neque vero accusare quemquam crimine capitali, quia nihil distat utrumne ferro an verbo potius occidas, quoniam occisio ipsa prohibetur.* (17) *Itaque in hoc dei praecepto nullam prorsus exceptionem fieri oportet, quin occidere hominem sit semper nefas, quem deus sacrosanctum animal esse voluit.*
44 Lact. inst. 5,19: (11) *Non est opus vi et iniuria, quia religio cogi non potest, verbis potius quam verberibus res agenda est, ut sit voluntas. destringant aciem ingeniorum suorum: si ratio eorum vera est, adseratur. parati sumus audire, si doceant: tacentibus certe nihil credimus, sicut ne saevientibus quidem cedimus.* (22) *Defendenda enim religio est non occidendo sed moriendo, non saevitia sed patientia, non scelere sed fide: illa enim malorum sunt, haec bonorum, et necesse est bonum in religione versari, non malum.* (23) *Nam si sanguine, si tormentis, si malo religionem defendere velis, iam non defendetur illa, sed polluetur atque violabitur. nihil est enim tam voluntarium quam religio, in qua si animus sacrificantis aversus est, iam sublata, iam nulla est.*

andere Religionen auszudehnen und denkerisch mit dem Wahrheitsanspruch seines Glaubens in Einklang zu bringen.[45]

3. Die Wirkung

Wenn wir hier auf Laktanz geblickt haben, dann rechtfertigt sich dies nicht nur dadurch, dass der Autor einen vorzüglichen Einblick bietet, wie sich die christliche Antike formiert. Der Autor wirkt auch unmittelbar weiter, als Modell für eine Zusammenführung christlichen und antiken Denkens. Hieronymus und Augustinus lesen Laktanz[46] – und mag er auch nicht als Bibelphilologe oder theologischer Denker auf deren Niveau in die Geschichte eingegangen sein, so werden seine Konzepte doch zur Kenntnis genommen. Späteren Zeiten gelten manche seiner Aussagen als heterodox,[47] gleichwohl zieht sich eine breite handschriftliche Überlieferung durch das Mittelalter. Und vor allem der Humanismus kann der integrativen Kraft des *Cicero Christianus* – diesen Titel scheint er schon vor Pico della Mirandola zu tragen[48] – viel abgewinnen. So ist Laktanz in einer Inkunable von Konrad Sweynheim und Arnold Pannartz aus Subiaco im Jahr 1465 (neben einer Donat-Grammatik, Ciceros *De oratore* und Augustinus' *De civitate Dei*) das erste in Italien gedruckte Buch. Wie Laktanz den Blick Europas auf die Antike geprägt hat und prägt, das muss weitere Forschung noch zeigen – dass dazu genügend Raum und Gelegenheit war, weil Laktanz vom 15. bis zum 18. Jahrhundert viel gelesen wurde, das liegt auf der Hand.

---

45 DePalma Digeser 2000 schreibt Laktanz ein Konzept der Toleranz zu, dagegen Walter 2006, Kahlos 2009; Colot 2016.
46 Hier. vir. ill. 80; chron. ad 317 p. Chr.; epist. 70,5,2; Aug. doctr. 2,61; civ. 18,23.
47 Vgl. Rutherford 1998.
48 Erasmus, Epistolae 1,163 Allen (November 1496) *Qui* [sc. Baptista ille Mantuanus] *mihi non alio iure Christianus Maro videtur appellandus quam qua Firmianum Lactantium Agricola* [Rudolph Agricola] *Christianum Ciceronem solebat appellare.* Iohannes Franciscus Pico della Mirandola, *De studio divinae et humanae philosophiae* 1,7 (1496) *Quis apud nos non videat esse Ciceronem sed Christianum, hoc est, aliquem qui eum ad lineam unguemque expresserit? Quis enim non advertit, Lactantium Firmianum aequasse ipsum et forte praecelluisse in eloquendo?*

Laktanz und die Grundlagen Europas.
Überlegungen zum Begriff des christlichen Abendlandes

51

4. Fazit

Kommen wir zurück zur eingangs aufgeworfenen Frage nach dem ‚christlichen Abendland‘. Die Ausführungen zu Laktanz haben exemplarisch gezeigt, wie sich die Christianisierung der Antike vollzieht, wie sie sich in literarischen Zeugnissen niederschlägt und wie diese Zeugnisse in der weiteren Geistesgeschichte Europas prägend fortwirken. Dabei wird vor allem eines deutlich: Die christliche Antike ist kein monolithischer Block, nichts Festgefügtes, Ganzes, Fertiges. Es zeigen sich in jedem Fall komplexe Prozesse einer Öffnung, einer Auseinandersetzung, einer Synthese, einer Überwindung von Grenzen und Gegensätzen. Was sich bei Laktanz bietet, ist kein festes Konzept einer christianisierten Antike, sondern ein stetes Ringen um überzeugende und integrierende Deutungen auf der Basis eigener Überzeugung. In der gegenwärtigen Diskussion dürfen also die Traditionen Europas, die Antike, das Christentum und die Rezeption der Antike, wenn man so will also das Konzept des christlichen Abendlands, nicht ausgeklammert und nicht einem denkfaulen Populismus überlassen werden. Vielmehr muss zu Bewusstsein kommen, dass und wie Europa immer um seine Werte und Überzeugungen gerungen, Grenzen definiert und überwunden, Einflüsse von außen aufgegriffen, Eigenes und Fremdes immer wieder neu gedeutet hat. Wer auch immer den Begriff Abendland verwendet oder ablehnt, muss sich diesen mühevollen Prozess eines ständigen Ringens vor Augen führen. Ihn und die antiken Denkmodelle immer neu und anregend zu erschließen, das sind keine geringen Aufgaben der Klassischen Philologie im gegenwärtigen Europa.

Literaturverzeichnis

Baratte, François (2012), Die Römer in Tunesien und Libyen. Nordafrika in römischer Zeit, Darmstadt.

Bardy, Gustave (1946), La question des langues dans l'église ancienne, Paris.

Barnes, Timothy (1981), Constantine and Eusebius, Cambridge.

Becker-Huberti, Manfred (2016a), Das christliche Abendland ist Fiktion, in: katholisch.de, Artikel vom 22.06.2016, online unter: https://www.katholisch.de/aktuelles/aktuelle-artikel/das-christliche-abendland-ist-fiktion [Stand: 03.01.2020].

– (2016b), Das christliche Abendland ist eine Chimäre, in: Deutschlandfunk online, Artikel vom 12.09.2016, online unter https://www.deutschlandfunk.de/religion-und-zuwanderung-das-christliche-abendland-ist-eine.886.de.html?dram:article_id=365609 [Stand: 03.01.2020].

Bowen, Anthony/Garnsey, Peter (2003), Lactantius: Divine Institutes, Liverpool.

Brandt, Hartwin (1998), Geschichte der römischen Kaiserzeit. Von Diokletian und Konstantin bis zum Ende der konstantinischen Dynastie (284–363), Berlin.

Brocca, Nicoletta (2011), Lattanzio, Agostino e la *Sibylla maga*. Ricerche sulla fortuna degli *Oracula Sibyllina* nell'Occidente latino, Roma.

Bryce, Jackson (1990), The library of Lactantius, New York.

Colot, Blandine (2016), Lactance. Penser la conversion de Rome au temps de Constantin, Firenze.

DePalma Digeser, Elizabeth (2000), The making of a Christian empire: Lactantius and Rome, Ithaca.

Freund, Stefan (2009), Laktanz, *Diuinae institutiones*, Buch 7: *De uita beata*. Einleitung, Text, Übersetzung und Kommentar, Berlin.

– (2017), When Romans become Christians … The „Romanisation" of Christian doctrine in Lactantius' *Divine institutes*, in: Studia Patristica 80, 63–77.

Friedrich, Anne (2002), Das Symposium der XII Sapientes: Kommentar und Verfasserfrage, Berlin.

Laktanz und die Grundlagen Europas.
Überlegungen zum Begriff des christlichen Abendlandes

53

Gatzemeier, Susanne (2013), *Ut ait Lucretius* … Die Lukrezrezeption in der lateinischen Prosa bis Laktanz, Göttingen.

Gordon, Richard (2011), Roman imperial cult and the question of power, in: John A. North/Simon R.F. Proce (Hrsg.), The religious history of the Roman Empire, Oxford, 37–70.

Heck, Eberhard (1988), Lactanz und die Klassiker. Zu Theorie und Praxis der Verwendung heidnischer Literatur in christlicher Apologetik bei Lactanz, Philologus 132, 160–179.

– (2009), Constantin und Lactanz in Trier: Chronologisches, Historia 58, 118–130.

–/Wlosok, Antonie (2005), Lactantius, Divinarum institutionum libri septem, Fasc. 1: Libri I et II, München.

–/Wlosok, Antonie (2007), Lactantius, Divinarum institutionum libri septem, Fasc. 2: Libri II et IV, Berlin.

–/Wlosok, Antonie (2009), Lactantius, Divinarum institutionum libri septem, Fasc. 3: Libri V et VI, Berlin.

–/Wlosok, Antonie (2011), Lactantius, Divinarum institutionum libri septem, Fasc. IV: Liber VII, Appendix, Indices, Berlin.

Heuss, Theodor (1956), Reden an die Jugend, Tübingen.

Girardet, Klaus Martin (2013), Rede an die Versammlung der Heiligen. *Oratio ad Sanctorum Coetum*, Freiburg.

Gollwitzer, Heinz (1972), Europa, Historisches Wörterbuch der Philosophie 2, 824–828.

Hose, Martin (2007), Konstantin und die Literatur oder Gibt es eine Konstantinische Literatur?, Gymnasium 114, 535–558.

Kahlos, Maijastina (2009), Forbearance and compulsion. The rhetoric of religious tolerance and intolerance in late antiquity, London.

M. Tulli Ciceronis De re publica, herausgegeben von Jonathan G. F. Powell, Oxford 2006.

M. Tulli Ciceronis De re publica librorum sex quae manserunt, herausgegeben von Konrat Ziegler, Leipzig 1969.

Nat, Pieter van der (1977), Zu den Voraussetzungen der christlichen lateinischen Literatur, in: Manfred Fuhrmann (Hrsg.), Christianisme et formes littéraires de l'Antiquité tardive en occident, Vandoeuvres-Genève 1977, 191–234.

Nicholson, Oliver (2001), Broadening the Roman Mind: Foreign Prophets in the Apologetic of Lactantius, Studia Patristica 36, 364–374.

Neumann, Günter (1974), Kleinasien, in: ders./Jürgen Untermann, Die Sprachen im römischen Reich der Kaiserzeit, Köln, 167–185.

Ogilvie, Robert Maxwell (1978), The Library of Lactantius, Oxford.

Palomo Pinel, Carmen (2017), Nec inmerito paterfamilias dicitur. El paterfamilias en el pensamiento de Lactancio, Madrid.

Rüpke, Jörg (2016), Pantheon. Geschichte der antiken Religionen, München.

Rutherford, David (1998), Antonio da Rho on Patristic Authority. The Status of Lactantius, in: Leif Grane/Alfred Schindler/Markus Wriedt, Auctoritas Patrum II. New Contributions on the reception of the Church Fathers in the 15th and 16th Centuries, Mainz, 171–186.

Schmidt, Karl Horst (1974), Gallien und Britannien, in: Günter Neumann/Jürgen Untermann, Die Sprachen im römischen Reich der Kaiserzeit, Köln, 19–44.

Walter, Jochen (2006), Pagane Texte und Wertvorstellungen bei Lactanz, Göttingen.

Winger, Wolfram (1999), Personalität durch Humanität. Das ethikgeschichtliche Profil christlicher Handlungslehre bei Lactanz, Frankfurt.

Wlosok, Antonie (1990), Die Anfänge christlicher Poesie in lateinischer Sprache: Laktanzens Gedicht über den Vogel Phönix, in: dies., Res humanae – res divinae. Kleine Schriften, Heidelberg, 250–278.

Wolffsohn, Michael (2018), Der Begriff „christliches Abendland" ist geistiger Müll, in: Süddeutsche Zeitung online, Artikel vom 03.04.2018, online unter: https://www.sueddeutsche.de/politik/geschichte-europas-der-begriff-christliches-abendland-ist-geistiger-muell-1.3926979 [Stand: 03.01.2020].

Teil 2:
Antikerezeption als Kontinuum Europas in Mittelalter und Neuzeit bis in die Gegenwart

Der Europagedanke des Mittelalters. Kontinuitäten und Diskontinuitäten im Spiegel der Universalchroniken[1]

Jochen Johrendt

Auf den ersten Blick scheint das Mittelalter die eigentliche Geburtsstunde Europas gewesen zu sein. Lange wurde das Mittelalter vor der Öffnung zu einer Globalgeschichte als die Verschmelzung von Antike, Christentum und Germanentum verstanden. Nicht nur den Kolleginnen und Kollegen aus Polen und Tschechien kam zumal das letzte Element dieser groben Definition immer etwas sonderbar vor, denn nach dieser Definition hat es das Mittelalter nur im lateinischen Europa und den von der Expansion dieses Europas betroffenen Gebieten gegeben. Osteuropa fiel in dieser Perspektive bei einer sehr engen Fassung heraus, ebenso der gesamte byzantinische Raum. Kurzum: Die Definition des Mittelalters war und ist in Teilen noch heute unweigerlich an einen sprachlich bedingten Kulturraum gebunden, an den lateinischen Kulturraum.

Der durch die Humanisten geprägte Begriff „Mittelalter" ist mithin *per se* nicht auf das gesamte geographische Europa ausgerichtet, sondern nur auf das lateinische Europa, auf die lateinische Kultur. Spätestens der Fall des eisernen Vorhangs hat dieses in der Mittelalterforschung vorherr-

---

1 Die Redeform des Beitrags wurde beibehalten und Literatur nur punktuell ergänzt.

schende Europabild hinterfragt. Denn bei diesem handelt es sich eben nicht um das Europabild oder gar den Europagedanken des Mittelalters, sondern um einen modernen Forschungsbegriff.[2]

Die folgenden äußerst knappen Bemerkungen wollen in sehr groben Strichen den Europagedanken des Mittelalters skizzieren. Es liegt auf der Hand, dass trotz aller Kontinuitäten und der unverändert zentralen Stellung des Lateinischen im gesamten Mittelalter in der Zeit des 511 gestorbenen Frankenreichgründers Chlodwig andere Faktoren auf die Entwicklung einer Europaidee einwirkten – oder auch nur der Verwendung des Begriffs Europa – als im ausgehenden Mittelalter, als nach der Eroberung Konstantinopels im Jahre 1453 durch Sultan Mehmed II. neue Konflikte am Horizont aufleuchteten, die Auswirkungen für das gesamte geographische Gebiet Europas zu haben schienen.[3] Dabei ist immer mitzudenken, dass Mittelalter ohne Antike nicht vorstellbar ist – die Antike wurde durch das Mittelalter nicht verdrängt, sondern transformiert. Der Großteil der klassischen Autoren ist uns nur deshalb überliefert, weil zumal in der karolingischen Epoche Abschriften dieser Werke entstanden, wodurch sie eine Überlieferungschance erhielten. Der Blick auf die Antike und ihre Werke ist letztlich bis auf wenige, direkt überlieferte Zeugnisse erst durch das Mittelalter möglich – und daher auch durch das Mittelalter geformt.

Dabei war sich das Mittelalter immer der lebendigen Verbindung mit der Antike bewusst. Der 1124 verstorbene Frühscholastiker Bernhard von Chartres drückte das mit Blick auf die mittelalterlichen Gelehrten so aus: „Wir seien gleichsam Zwerge, die auf den Schultern von Riesen sitzen, um mehr und Entfernteres als diese sehen zu können – freilich nicht dank eigener scharfer Sehkraft oder Körpergröße, sondern weil die Größe der Riesen uns emporhebt."[4] Im eigenen Verständnis baut das Mittelalter folglich auf der Antike auf, kann jedoch durch die wahre Gotteserkenntnis in der christlichen Lehre weiter blicken als die heidnischen Autoren

---

2 Vgl. dazu programmatisch Borgolte 2001, 13–28; 22–24; dem Anliegen eines vertieften Vergleichs der Geschichte innerhalb Europas sowie zu anderen Regionen nahm sich das Institut für vergleichende Geschichte Europas im Mittelalter an, das bis 2015 26 Bände in der Reihe „Europa im Mittelalter" veröffentlichte. Zum Europabild des Mittelalters vgl. die Forschungsergebnisse resümierend Oschema 2013.

3 Vgl. dazu mit Blick auf die Breitenwirkung dieser Denkfigur kritisch resümierend Schneidmüller 2011, 208–211.

4 Vgl. dazu Haug 1987, 167–194; Leuker 1997, 71–76.

Der Europagedanke des Mittelalters.
Kontinuitäten und Diskontinuitäten im Spiegel der Universalchroniken

59

der Antike. Die mittelalterlichen Zwerge bauten scheinbar also auch auf den in diesem Band zur Antike bereits entwickelten Bildern von Europa auf, auch wenn es den heidnisch antiken Gründungsmythos der Prinzessin Europa nicht ohne weiteres übernehmen konnte. Bei aller Kontinuität der lateinischen Kultur stellt sich daher die Frage, in welchem Maße das Mittelalter das Europabild der Antike übernahm, ja, ob Europa aufgrund seiner antiken Konnotation überhaupt eine Kategorie mittelalterlichen Denkens war.

Dazu werde ich für das Früh-, Hoch- und Spätmittelalter jeweils ein entscheidendes historiographisches Werk herausgreifen, die jeweilige Epoche knapp skizzieren und dann auf den dort verwendeten Europabegriff eingehen. Um die Vergleichbarkeit zu gewährleisten, habe ich mich dabei auf Universalchroniken konzentriert, also auf Werke, die vom Ursprung der Welt bis in die Entstehungszeit des Werkes reichen und in der Regel nicht allein erzählen, „wie es gewesen", sondern Geschichte immer auch deuten, Sinnstiftungen bieten. Ich beginne mit dem 594 verstorbenen Gregor von Tours, der Bischof der Stadt, in der die Martinsreliquien bewahrt wurden. Gregor verfasste etliche Heiligenviten, Wunderbücher, einen Psalmenkommentar, eine astronomische Arbeit und – für die Historikerinnen und Historiker entscheidend – ein Werk, dem er den Titel *Decem libri historiarum* gab.[5] Gregor ist die mit Abstand wichtigste Quelle der Merowingerzeit. In seinem nicht immer einfach zu verstehenden Latein berichtet er über den Ursprung der Welt und vor allem auch über die Entstehung der Franken, deren Eroberungen und die in der Regel recht handgreiflich ablaufenden Familienstreitigkeiten innerhalb der Merowinger, bei denen in der Regel danach mindestens ein Merowinger weniger unter den Lebenden weilte. Dieser handfeste Umgang der Merowinger miteinander hat auch Heimito von Doderer zu seinem wunderbaren Roman „Die Merowinger oder die totale Familie" angeregt, in dem kräftig gedroschen wird. Gregor von Tours berichtet von all diesen blutriefenden und äußerst brutalen Auseinandersetzungen ohne Scheu. Er gibt Einblicke in eine Epoche, die in der älteren Forschung als das

---

5 Kritische Edition von Krusch/Levison 1937–1951; zu diesem Werk und seiner Überlieferung vgl. Liber historiae Francorum, http://www.geschichtsquellen.de/repOpus_03269. html [Stand: 07.01.2019]; zu Gregor von Tours vgl. nach wie vor Heinzelmann 1994; sowie in jüngerer Zeit auch Mitchell/Wood 2002; Murray 2016.

Zeitalter der Völkerwanderung bezeichnet wurde, heute jedoch als Transformation des römischen Imperiums in die *regna* umschrieben wird. Es ist eine Zeit, in der die spätantike Ordnung noch präsent ist – zumindest gedanklich oder in Form der christlichen Kirche. Die Idee des Imperium Romanum als Ordnungsprinzip war immer noch vorhanden, und Gregor schrieb die Herrschaft der Merowinger in diese ein, da der Kaiser auch ihm als Universalgewalt galt, als zentraler Bezugspunkt jeglicher weltlicher Herrschaft. Seine zehn Bücher Geschichte sind nicht nur für uns von höchstem Wert, sondern auch die Zeitgenossen schätzten Gregor offenbar sehr, so dass uns sein Werk in 50 Handschriften überliefert ist, eine für mittelalterliche und allzumal frühmittelalterliche Verhältnisse sehr, sehr hohe Zahl. Wie sieht es mit dem Europabegriff bei Gregor von Tours aus, der Merowinger, andere germanische *regna* und nicht zuletzt auch immer wieder das Imperium Romanum beschreibt? Im gesamten Werk Gregors von Tours findet sich nicht ein einziger Beleg für das Wort Europa. Es ist keine Ordnungskategorie für den Bischof von Tours, weder in geographischer noch in politischer Hinsicht. Natürlich ist dabei zu berücksichtigen, dass Gregor keinen objektiven Bericht verfasst, sondern vor allem eine Heilsgeschichte schreiben wollte, in der das göttliche Wirken fassbar wird, wenn er frevlerische Könige durch einen schrecklichen Tod von Gott bestraft sieht und fromme Könige in ihrer Herrschaft befördert. Europa war dabei allerdings keine Kategorie, die Gregor erwähnenswert scheint.

Ich springe damit ins Hochmittelalter, eine Epoche, in der das Römische Reich endgültig untergangen, aber als Ordnungsrahmen nach wie vor präsent war. Seit den Tagen Ottos des Großen und seiner Kaiserkrönung 962 in Rom war der deutsche König nie allein der König Deutschlands, sondern immer der römisch-deutsche König, der zudem in der Regel auch Kaiser wurde. In ihm ging der Universalgedanke antiker Kaiserherrschaft auf – oder wurde besser gesagt auf ihn übertragen, einen Vorgang, für dessen Erklärung das Mittelalter die so genannte Translationstheorie bereitgestellt hat, in der das antike Kaisertum von Byzanz auf Karl den Großen und seine Nachfolger übertragen wurde.[6] Das geographische Europa bestand nun aus mehreren Monarchien, wobei dem

---

6 Vgl. dazu als Überblick Goez 1954; die Forschung zur Kaiserkrönung auf dem damaligen Stand zusammenfassend nach wie vor Schieffer 2004.

Reich durch das Kaisertum ein gewisser Vorrang zukam, was nicht zuletzt darin zum Ausdruck kommt, dass der französische König am Ende des 12. Jahrhunderts formulieren ließ: *rex est imperator in regno suo* – der Kaiser war der Bezugspunkt, die Universalie, die auch über sein eigenes Reich hinaus zu wirken vermochte oder zumindest den Anspruch hatte.[7] Die übersichtliche Situation des Frühmittelalters war von einer Pluralität der Reiche abgelöst worden, verbunden mit einer Expansion der christlichen Reiche an den Rändern der Christenheit, namentlich auf der iberischen Halbinsel sowie in Form der Kreuzzüge auch im Heiligen Land. Auch die Situation einer militärischen Konfrontation der *christianitas* mit einer anderen Religion unterscheidet die Situation im 12. Jahrhundert grundlegend von der Epoche Gregors von Tours. Denn durch die Kreuzzüge war nicht zuletzt der Gedanke entstanden, dass sich alle Königreiche Europas an einer gemeinsamen Aufgabe beteiligen sollten, die identitätsstiftende Wirkung entfaltete. Die bekannteste Universalchronik des 12. Jahrhunderts – zumindest in Deutschland – ist ohne Frage von Otto von Freising verfasst worden, dem 1158 verstorbenen Zisterziensermönch, dem Onkel Kaiser Friedrich Barbarossas sowie Geschichtsschreiber und Philosophen. Neben seinen von Geschichtsstudierenden bisweilen zu traktierenden *Gesta Friderici* verfasste er auch seine *Chronica sive historia de duabus civitatibus*, die er 1146 abschloss[8]. Das Werk lehnt sich bereits im Titel an Augustinus' *De civitate Dei* an und bietet eine Deutung der Geschichte von der Erschaffung der Welt bis in die Mitte des 12. Jahrhunderts, mit einem Ausblick auf das Jüngste Gericht. Das Werk wurde mehrfach abgeschrieben und hatte nicht nur auf das 12. Jahrhundert Auswirkungen – auch im humanistischen Zeitalter wurden die Chronica Ottos abgeschrieben. Die historischen Ereignisse werden in ihnen als die Umsetzung des göttlichen Heilsplans dargestellt, mithin das menschliche Verhalten in einen höheren Zusammenhang eingeordnet. In diesem umfangreichen Werk kommt Europa lediglich an sechs Stellen vor. Europa ist dabei jedoch keine Ordnungskategorie oder gar eine Kultur, sondern allein ein geographischer

---

7 Vgl. dazu Werner 1965, 1–60, hier 18–21.
8 Hofmeister 1912; vgl. dazu Otto episcopus Frisingensis, Historia de duabus civitatibus, http://www.geschichtsquellen.de/repOpus_03778.html [Stand: 07.01.2019]; sowie v.a. Deutinger 2002, 31–46; sowie die grundlegende Studie von Goetz 1984.

Begriff, wenn Otto von Freising beispielsweise darlegt, dass die Welt aus drei Teilen besteht, aus Asien, Afrika und Europa.[9] Die bekannteste Universalchronik des Spätmittelalters dürfte die Weltchronik Hartmann Schedels sein, die den Titel *Liber chronicarum cum figuris et ymaginibus ab inicio mundi* trägt.[10] Die 1493 sowohl in lateinischer als auch in deutscher Sprache in Nürnberg erschienene Weltchronik, die mit über 1900 Holzschnitten ausgestattet war, bietet in sieben Weltaltern einen Überblick über die Entwicklung der Welt von ihrer Erschaffung bis hin zu einem Ausblick auf das Jüngste Gericht. Er bot inhaltlich wenig Neues, sondern griff auf italienische Werke des ausgehenden 15. Jahrhunderts sowie Vincenz von Beauvais und andere Autoren zurück, die er kompilierte. Europa wird bei ihm häufig erwähnt, besonders wenn es um die ihm nahestehende Zeit geht. Europa wurde zudem in die Heilsgeschichte eingebettet, indem Schedel nun unter den Sibyllen auch eine *Sibilla Europa* verzeichnete.[11] Entscheidend ist für meine Betrachtung, dass Europa nun ein Platz in der Heilsgeschichte zugewiesen wird, dass es Teil des göttlichen Heilsplanes wird. Das ist ein neues Phänomen, das es im Früh- und Hochmittelalter nicht gibt und das aussagekräftig für die Zeitgenossen ist mit Blick auf die gewandelte Vorstellung und Bedeutung von Europa.

Damit ist in drei Schritten auch die Entwicklung des Mittelalterbildes nachgezeichnet. Doch was bewirkte diesen Wandel aus historischer Perspektive und wieso war Europa im Früh- und Hochmittelalter kein tragendes Konzept, anders als im Spätmittelalter und im Humanismus? Ein Charakteristikum des frühmittelalterlichen Europas war seine dezentrale Herrschaftsstruktur. Und auch das Frankenreich, das als einziges der unterschiedlichen Germanenreiche, die auf dem Boden des ehemaligen Imperium Romanum errichtet worden waren, für mehrere Jahrhunderte existierte und dann unter Karl dem Großen fast alle christlichen Reiche auf dem europäischen Festland vereint hatte, war kein monolithischer

---

9 Hofmeister 1912, I,1 (S. 37, Z. 2); I,1 (S. 38, Z. 1); I,7 (S. 46, Z. 4); I,23 (S. 56, Z. 29); I,27 (S. 61, Z. 30); VI,30 (S. 294, Z. 16) hier bietet eine Handschrift an Stelle von *euro* ein *europa*.
10 Vgl. die im Folgenden benutzte Ausgabe von Schedel; zur Weltchronik vgl. http://www.geschichtsquellen.de/repOpus_04188.html [Stand: 08.01.2019].
11 Oschema 2013, 486–489.

Block. Letztlich bilden Karl sowie sein Vorgänger Pippin und sein Nachfolger Ludwig der Fromme in der Geschichte des Frankenreiches eine
Ausnahme, da das Reich unter ihnen nicht aufgeteilt wurde wie sonst üblich. Der dynastische Zufall wollte es, dass jeweils nur ein Erbe zur Verfügung stand, wodurch das Reich für drei Generationen fast nicht aufgeteilt
wurde. Zudem waren das Herrschaftsgebiet Karls des Großen und die
geographische Erstreckung der lateinischen Kirche auf dem europäischen
Festland fast identisch. In dieser Situation kam es auch zur Verwendung
des Terminus Europa – in einem panegyrischen Kontext. In dem berühmten Paderborner Epos *Karolus Magnus et Leo Papa* kam es zur Bezeichnung Karls des Großen als *pater Europae*.[12] Zurecht hat die Forschung
darauf hingewiesen, dass der sonst nicht gebrauchte Terminus Europa vor
allem mit Blick auf die zweite Person gesehen werden muss, die in diesem
Epos behandelt wird, der nach Paderborn zu Karl gereiste Papst Leo III.
Der Universalität des päpstlichen Amtes sollte etwas entgegengesetzt werden, was der Autor des Epos offenbar in dem Begriff Europa fand, zumal
dieser in der Epoche praktisch nicht besetzt war. Es handelt sich um einen
von vielen Titeln wie etwa auch *cara lux*, mit denen Karl im Epos bedacht
wird, die seine herausragende Stellung zum Ausdruck bringen sollen. Es
ist bezeichnend, dass sich nach der Kaiserkrönung Karls des Großen keine
weiteren Verwendungen des Europa-Namens nachweisen lassen.

Und Europa war für Karl den Großen auch keine handlungsleitende
Kategorie – als geographischer Raum oder Idee nicht einmal ein Bezugs-
rahmen seiner Handlungen und Äußerungen. Dieser lag für ihn eher in
einem universalen Anspruch, der eng mit der Kirche verwoben war. Denn
Karl sah sich bereits vor seiner Kaiserkrönung als für die gesamte Kirche verantwortlich. Die Annahme des Kaisertitels machte jedoch für alle
sichtbar, dass dieser Anspruch deutlich weiter reichte, als dies durch den
Europabegriff eingefangen werden konnte. Als Universalmacht bezieht
sich der Anspruch grundsätzlich auf den gesamten *orbis* oder zumindest
auf die gesamte *christianitas*. Die *christianitas* war der eigentliche Bezugspunkt für früh- und hochmittelalterliche Herrschaft. Betrachtet man die
ordines zur Kaiserkrönung, so wird die enge Verknüpfung von *christianitas*
und *imperium* deutlich. Denn das Kaiserreich sollte den weltlichen Rah-

---

12 Dümmler 1881, 366–379, hier 379, V. 504: *Rex, pater Europae* [...]; vgl. Godman/
Jarnut/Johanek 2002.

men bieten, in dem sich das Christentum entfalten konnte. Das *imperium* war in dieser Perspektive die weltliche Voraussetzung für die Entfaltung der christlichen Religion – die bereits aufgrund ihrer Herkunft nicht an den Europabegriff gekoppelt war, sondern einen universalen Anspruch vertrat.

Auch in den Kreuzzügen blieb das Konzept Europa bedeutungslos. Es ist zwar richtig, dass die Kreuzzüge ganz offensichtlich ein Zusammengehörigkeitsgefühl innerhalb der lateinischen Kultur beförderten, doch die Quellen beziehen sich dabei nicht auf Europa, sondern auf die *christianitas*. Die Kreuzzüge wurden von den Zeitgenossen nicht als eine Auseinandersetzung zwischen Morgen- und Abendland interpretiert, sondern als eine Gemeinschaftsaufgabe der gesamten *christianitas*, in die eigentlich auch das byzantinische Reich eingebunden war – zumindest gedanklich. Daher war es auch nicht notwendig, die in Folge des Ersten Kreuzzuges entstandenen Kreuzfahrerstaaten als einen Raum europäischer Kultur außerhalb Europas zu kennzeichnen, da sie schlicht ein Teil der *christianitas* waren und dies der Bezugspunkt der Zeitgenossen war. Das blieb bis zur zweiten Hälfte des 13. Jahrhunderts auch so, bis Königreiche in einer ungeheuren Dynamik hinweggefegt wurden, wie beispielsweise die Staufer in Unteritalien von den Anjou verdrängt wurden, bis in Folge der Sizilianischen Vesper von 1282 die Aragonesen in Sizilien diese wieder übernahmen. Hinzu kam schon hier eine neue Bedrohungslage – etwa durch den Sturm der Mongolen ab 1241 – und eine Öffnung des Horizontes durch die Franziskanischen Missionen oder Kaufleute bis in die Mongolei. Diese Fülle von Alteritätserfahrungen führte dazu, dass man über Konzepte nachdachte, die ein Identifikationsmuster jenseits der *christianitas* boten. Doch einen Schub erhielt dies Entwicklung erst durch die Humanisten auf der einen Seite, aber auch aufgrund der Bedrohung durch die Türken. Letztere führte dazu, dass Enea Silvio Piccolomini nun von Europa als der *domus propria* sprach, die es gegen die Türken zu verteidigen galt.[13] Er wurde in der historischen Forschung immer wieder als der eigentliche Schöpfer der modernen Europaidee bezeichnet, auch wenn diese Idee weniger aus einer positiven Identifikation mit Europa als vielmehr in der Auseinandersetzung mit den Türken entstanden war. Enea Silvio Picco-

13　Vgl. Oschema 2013, 301–304.

Iomini war es auch, der durch seine Schriften und Karriere bis auf die Kathedara Petri, die er als Pius II. bestieg, dafür sorgte, dass sich auch im Sprachgebrauch das Adjektiv *europaeus* durchsetzte. Dieses Europakonzept war in gewisser Weise ein Konzept der Abgrenzung, das aus der Bedrohung heraus entstanden war.

Das vorhumanistische Mittelalter war also die Geburtsstunde dessen, was wir in der Rückschau als lateinisch-europäische Kultur bezeichnen. In dieser Epoche bildet sich der Wurzelgrund für die Entstehung eines Europagedankens, einer Europaidee. Doch war dieser selbst dem eigentlichen Mittelalter fremd. Die Dominanz universaler Ordnungskategorien auf der einen Seite und dezentraler Herrschaftsstruktur auf der anderen Seite ließen Europa weder als Konzept noch als geographischen Raum zu einem Ordnungsmuster werden, das Norwegen, Polen, England und Unteritalien zusammengeschweißt hätte – das vermochte nur die lateinische Kirche, die im Zuge der Entstehung der Papstkirche Europa maßgeblich prägte, auch als Erbin des antiken Imperiums.[14]

---

14 Vgl. zum Zusammenhang von Europabegriff und päpstlicher Universalität Paravicini Bagliani 2013, 23–36; Paravicini Bagliani 2006, 553–585, hier 555f.

Literaturverzeichnis

Borgolte, Michael (2001), Perspektiven europäischer Mittelalterhistorie an der Schwelle zum 21. Jahrhundert, in: ders. (Hrsg.), Das europäische Mittelalter im Spannungsbogen des Vergleichs. Zwanzig internationale Beiträge zu Praxis, Problemen und Perspektiven der historischen Komparatistik, Band 1, Berlin, 13–28.

Deutinger, Roman (2002), Engel oder Wolf? Otto von Freising in den geistigen Auseinandersetzungen seiner Zeit, in: Cora Dietl/Georg Wieland (Hrsg.), Ars und Scientia im Mittelalter und in der frühen Neuzeit. Ergebnisse interdisziplinärer Forschung, Tübingen, 31–46.

Dümmler, Ernst (1881), Karolus rex et Leo papa, in: MGH Poetae 1, Berlin, 366–379.

Godman, Peter/Jarnut, Jörg/Johanek, Peter (Hrsg.) (2002), Am Vorabend der Kaiserkrönung. Das Epos „Karolus Magnus et Leo papa" und der Papstbesuch in Paderborn 799, Berlin.

Goetz, Hans-Werner (1984), Das Geschichtsbild Otto von Freising. Ein Beitrag zur historischen Vorstellungswelt und zur Geschichte des 12. Jahrhunderts, Köln.

Goez, Werner (1954), Translatio imperii. Ein Beitrag zur Geschichte des Geschichtsdenkens und der politischen Theorien im Mittelalter und der frühen Neuzeit, Tübingen.

Haug, Walter (1987), Die Zwerge auf den Schultern der Riesen. Epochales und typologisches Geschichtsdenken und das Problem der Interferenzen, in: Reinhart Herzog (Hrsg.), Epochenschwelle und Epochenbewusstsein, München, 167–194.

Heinzelmann, Martin (1994), Gregor von Tours (538–594). Zehn Bücher der Geschichte: Historiographie und Geschichtskonzept im 6. Jahrhundert, Darmstadt.

Hofmeister, Adolf (1912), Ottonis episcopi Frisingensis Chronica sive Historia de duabus civitatibus, MGH SS rer. Germ 45, Hannover.

Leuker, Tobias (1997), Zwerge auf den Schultern von Riesen. Zur Entstehung des berühmten Vergleichs, in: Mittellateinisches Jahrbuch 32, 71–76.

Mitchell, Kathleen/Wood, Ian Nicholas (Hrsg.) (2002), The world of Gregory of Tours, Leiden.

Oschema, Klaus (2013), Bilder von Europa im Mittelalter, Ostfildern.

Paravicini Bagliani, Agostino (2006), Il papato da Leone IX a Bonifacio VIII. Centralità e universalità, in: Alessandro Barbero (Hrsg.), Dal Medioevo all'età della globalizzazione. Popoli, poteri, dinamiche, Roma, 553–586.

– (2013), Ist Europa ein Konzept für das Papsttum im Mittelalter?, in: Cristina Adenna/Gordon Blennemann/Klaus Herbers/Gert Merville (Hrsg.), Die Ordnung der Kommunikation und die Kommunikation der Ordnungen im mittelalterlichen Europa, Band 2, Stuttgart, 23–36.

Schedel, Hartmann (1493), Liber chronicarum cum figuris et ymaginibus ab inicio mundi, gedruckt von Anton Koberger, Nürnberg.

Schieffer, Rudolf (2004), Neues von der Kaiserkrönung Karls des Großen (Sitzungsberichte der Bayerischen Akademie der Wissenschaften, philhist. Klasse 2004, 2), München.

Schneidmüller, Bernd (2011), Grenzerfahrungen und monarchische Ordnung. Europa 1200–1500, München.

Werner, Karl Ferdinand (1965), Das hochmittelalterliche Imperium im politischen Bewusstsein Frankreichs (10.–12. Jahrhundert), in: Historische Zeitschrift 200, 1–60.

Territorium, voluptas und pulchritudo in der Literatur am aragonischen Hof von Neapel: Die Ursprünge eines Mythos[1]

Antonietta Iacono

Die Idee des Territoriums – Neapels, Kampaniens und des Königreiches – als Verkörperung eines Edens der Natur und der Kultur ist das dauerhafteste Erbe der ideologisch motivierten Literatur, welche am aragonischen Hof zwischen 1435 und 1503 in Neapel geschaffen wurde. Die Literaten, die von den Fürsten Trastámara berufen wurden, entwickelten eine präzise Ikonographie Neapels und des Königreiches im Sinne des Schönen, Hochsinnigen, Angenehmen und Ergötzlichen, die auf dem Binom von Klassik und Mythologie fußte. Sie verwandelte dieses Gebiet in eine literarische Fiktion (man denke an das Arkadien Sannazaros) und Ausdruck eines Schicksals, das es im Zentrum einer von Kultur und Weisheit geprägten Geschichte verortet. Die geschichtliche Realität des Reiches von Neapel steigt aus den Seiten der Literatur als Garten Eden auf, als ein Territorium, das Festen und Spielen, Pomp und ritterlichen Turnieren, Studium und Ruhm hingegeben ist; die natürlichen Schönheiten (der Vesuv,

---

1 Die Übersetzung ins Deutsche wurde von Barbara Pfister übernommen, welcher an dieser Stelle herzlich gedankt sei. Die Übersetzungen der lateinischen Passagen wurden, sofern nicht anders angegeben, von Nina Mindt erstellt und dienen lediglich dem Textverständnis.

der geheimnisvolle und unsichtbare Fluss Sebethus, die Hügel Sant'Elmo, Posillipus und Mergellina, der Golf) und das freundliche und edle,
königliche, erbauliche, blütenduftende, anmutige und liebliche Neapel
selbst bilden den Rahmen eines Szenarios, in denen Dichter wie Pontano
und Sannazaro ihre Verse ansiedeln, welche antike und neue Gottheiten
bevölkern und in einem erzählerischen Kontinuum aus Mythos und Geschichte Reich und Herrscher verherrlichen. Diese von den Humanisten
am aragonischen Hof eingeführte Art der Darstellung Neapels und des
Reiches hat in übermächtiger Weise die figurative und literarische Vorstellung der nachfolgenden Generation von Intellektuellen beeinflusst, die
ihrerseits eine präzise Idee von Neapel und seinem Reich weiterentwickelten, versiegelt von Pathos und Nostalgie für eine Epoche, die, obwohl so
nah, bereits als unwiederbringlich verloren erfahren wurde.[2]

Noch vor der Eroberung Neapels durch Alfons den Großherzigen und
vor der Gründung eines festen Hofstaates mit Sitz im Castel Nuovo von
Neapel, hatte bereits Lorenzo Valla in einem nicht veröffentlichten Gedicht mit dem Titel *Novencarmen*[3] die Grundlinien einer literarischen
Operation zur Sublimierung von Alfons und der Nobilitierung des Territoriums des Königreiches von Neapel gezogen. Im Titel *Novencarmen*
spiegelt sich der Aufbau des Werkes in neun Gesängen, in denen sich
die Stimmen des Autors und weiterer Personen abwechseln. Der charakteristische Wechsel des Metrums im Aufbau der Gesamtkomposition ist
bedingt durch die Thematik, die in jedem Gesang entwickelt wird: Das
elegische Distichon weist den fünf *Narrationes auctoris* die formale Konnotation eines Vorwortes zu, so wie in bestimmten *praefationes* in den
dafür festgesetzten elegischen Distichen bei Claudian; der kleine Asklepiadeus (*asclepiadeus minor*) für die *Oratio Comitis Campibassi* entspricht
einer von Horaz verwendeten Form (Hor. carm. 1, 1). Ebenfalls auf Horaz verweist die Sapphische Strophe in der Rede von Matuta als etablierte
Dichtungsform, die der Zelebration des Auftraggebers dient; die Hexa-

---

2 Grundlegende Literatur mit weiteren Literaturangaben zum Thema: Addesso 2007;
Addesso 2012; Iacono 2012b; Germano 2015; Iacono 2016a.
3 Textzitat nach der von mir auf der Basis der überlieferten Handschriften überarbeiteten
kritischen Edition: Napoli, Biblioteca Nazionale di Napoli, V. E. 58; Firenze, Biblioteca
Nazionale Centrale di Firenze, Fondo Rossi-Cassigoli 372. S. auch Iacono 2016b, insbes.
77–79.

meter der *Responsio regis* verbinden mit dem epischen Vers die Antwort des Königs, des Helden-Kriegers, an die sich alle Reden und Gesänge der an dieser einmaligen Partitur beteiligten Personen wenden. Der Beitrag von Mauron schließt die Serie der Anreden an Alfonso, es ist ein *carmen*, keine *oratio* (im Gegensatz zu den beiden Apostrophen des Grafen von Campobasso und Matutas): eine Komposition in Versen, die auf der metrisch–rhythmischen Gegenüberstellung zweier *cola* pro Vers basiert.

Schauplatz des Gedichtes ist ein genau definierter geographischer Ort von strategischer Bedeutung, Gaeta, das als provisorischer Herrschaftssitz für Alfonso und seinen wandernden Hofstaat fungierte.[4] Valla selbst erinnert und dokumentiert seinen Aufenthalt in Gaeta im Gefolge des aragonischen Fürsten. In einem Abschnitt des *Antidotum in Facium* beschreibt er dessen angenehme Dimension, geprägt von Festen und geselligen Zusammenkünften der Höflinge, von spaßigem Zeitvertreib (Valla, *Antidotum in Facium*, IV 14, 7, 396):

Ante octo hinc annos constitueramus aliquot viri, in ortis Caiete suburbanis, propter anni tempus, septimo quoque die qui dominicus erat, in orbem convivium struere [...].

Acht Jahre vorher hatten wir, eine gewisse Anzahl an Männern, beschlossen, in den Vorstadtgärten von Gaeta gemäß der Jahreszeit alle sieben Tage, also Sonntag, ein Bankett auszustatten.

Aus einem vermutlich im März 1441 verfassten Brief des Humanisten Tortelli dagegen spricht die Mühsal der Truppenverlagerungen während der etwa vier Monate dauernden Kriegshandlungen, die es sogar unmöglich machten, an seine Lieben zu schreiben (Valla, *Epistole*, XIV):

---

4 Valla verweist im *Antidotum in Facium*, IV 10, 371 auf die Gastmähler und das heitere Leben in Gaeta ungefähr acht Jahre vor der Abfassung seines Werkes (1437–38). Dieser für die Datierung des *Antidotum in Facium* wertvolle Verweis gibt darüber hinaus Zeugnis von den Gewohnheiten am aragonischen Hofe: Das von Valla im *Novencarmen* beschriebene Ereignis fügt sich in die konviviale Praxis und die Feste, welche die kriegerischen Unternehmungen von Alfons dem Großherzigen und seiner Entourage ein wenig erleichtern sollten.

*Quatuor ferme iam mensibus huc atque illuc vagatus sum, ut ad te
scribere non potuerim, ne ad meos quidem, quanquam binas litteras
ad te dederam <quas> Rome substitisse cognovi ex homine, qui meas
cum suis litteris istuc mittebat.*

Für fast vier Monate bin ich von einem Ort zum andern umher-
gezogen, so dass ich dir nicht schreiben konnte, nicht einmal an
meine Lieben, obwohl ich ein paar Briefe an dich aufgegeben hatte,
die in Rom geblieben sind, wie ich von einem Mann erfahren habe,
der meine zusammen mit seinen dort abschickte.

In einem Abschnitt der Partitur, der antike und göttliche Ursprünge für
die Figur der Matuta erfindet, wird der Schauplatz Gaeta überhöht. Die
Hofdame Matuta hat das Privileg, eine Rede *de voluptate* an den König
zu richten. Das Toponym ‚Caieta' wird von Valla ganz offensichtlich im
Licht klassischer Erinnerungen interpretiert. Der aitiologische Mythos
der göttlichen Abstammung der Matuta hat zahlreiche antike Anregun-
gen, beginnend bei Ovids *Fasti*, im Besonderen der Abschnitt zu den Festen der Matralia zu Ehren der Göttin des Morgens, Matuta (Ov. fast. 6,
475–480). Das komplizierte Geflecht aus gelehrten Anspielungen und
Verweisen steht in Funktion der Nobilitierung Gaetas; auch eine astronomische Funktion ist denkbar, eine Anspielung auf den Frühling, vor
allem den Monat Juni, in dem sich vermutlich die historischen Ereignisse
abspielten, die den Hintergrund der literarischen Schöpfung bilden. Ein
tatsächlich stattgefundenes Ereignis war wohl Anregung: die Begegnung
des Königs mit den verbündeten Baronen des Reichs, auf die das typische
Gelage der Renaissance-Zeit folgte, auf einer Lichtung unter den königlichen Pavillons, begleitet von Gesang und Tanz. Von den drei Figuren,
die sich an den König wenden, ist nur eine historisch, und es ist gerade
die erste, der Graf von Campobasso, Angelo Monforte, Hauptmann und
Condottiere, bewährt an der Waffe und von edler Gesinnung.[5] Matuta,
die den Zug der adeligen Hofdamen anführt, der dem Fürsten entgegen-

---

5 Zinsscheine belegen, dass der Graf von Campobasso bereits im Jahr 1437 Hauptmann
der Lanzenträger des aragonischen Heeres war: vgl. Minieri Riccio 1881, 8. Tristano Caracciolo zeichnet in *De varietate fortunae* (in: Caracciolo 1935, 93–94) ein großartiges
Portrait von Edelmut und Hochherzigkeit mit den Worten *frugi et elegantem adeo comem*

zieht, wird von halbgöttlicher Abkunft dargestellt: Valla erfindet ein *aition* für das Geschlecht der Matuti, sie sind die Abkömmlinge von Paron und Thymene, kinderlosen Priestern des Venustempels, denen Venus die Ehre einer außergewöhnlichen Nachkommenschaft schenkt (*Novencarmen*, III 17–26). Es handelt sich hier sogar um eine doppelte Abstammung, denn es sind Zwillinge, ein Junge und ein Mädchen, direkt mit dem Namen der Venus und der Fama Troias verbunden. Die *domus Matutorum* hat zudem eine Weisheits- und Mysterien-Konnotation: Nach Valla ist mit diesem Geschlecht eine Sibylle verbunden, und zwar die schönste von allen (*Novencarmen*, III 57–58: *Hinc quoque nascetur longe pulcherrima cuius/Nominis a magno est sillaba prima Iove*), die ihren Namen von Jupiter bezieht.[6] Da sich die Epiphanie der Göttin bei Anbruch des Morgens ereignet, erwählt Venus *Matuti* zum Namen des Geschlechts, in Ableitung von *mane* (Fest., S. 158; 161; Non., S. 66). Die letzte Figur ist Mauron, der von einem hohen Baum herunter singt (*Novencarmen*, VII 41–44) und sich selbst auf der Lyra begleitet. Er wird als Sohn einer Sirene und eines *Sicanus* vorgestellt:

Interea viridi sublimis ab arbore Mauron,
  Mauron quem curvo litore Lymna parit,
Ut perhibent, Syrena viro commixta Sicano,
  Talia felici voce lyraque canit.

Unterdessen singt hoch oben von einem grünen Baum Mauron,
Mauron, den Lymna am buchtigen Strand erzeugt,
wie man sagt, die Sirene, vereint mit einem sizilischen Mann,
solche Melodien mit glücklicher Stimme und spielt dabei die Lyra.

Die halbgöttliche Abstammung der Figur ist also zum einen mit einer so faszinierenden Figur wie der Sirene verbunden, die von den Humanisten am Hofe Neapels zum Symbol der Weisheitstradition des Reiches und

---

et affabilem, ut nemo eum nosset quin diligeret (ein braver Kerl und so fein, nett und zugänglich, dass niemand, der ihn kannte, ihn nicht gemocht hätte). S. auch Croce 1989.
6 Es handelt sich um eine gut dokumentierte Etymologie: *sios/dios bole* (*dei consilium*): s. z.B. Varr. ap. Lact. I 6 und Uguccione da Pisa, *Derivationes*, B 82, 1.

im Besonderen seiner Hauptstadt auserwählt wurde – und zum anderen, väterlicherseits, mit Sizilien: Das Adjektiv *sicanus* bezieht sich auf die antiken Völker dieser Region. Mauron, geboren an der Küste Gaetas als Sohn der Sirene Lymna und des Sicaners könnte demnach die Vereinigung des Königreichs von Neapel mit jenem Siziliens durch Alfons symbolisieren. Der Name *Lymna*, nach dem griechischen *limne*, spielt auf die später trockengelegten Sümpfe an, die sich im Gebiet von Gaeta befanden. Somit wird die Sirene zum *genius loci* mit derselben symbolischen Zielsetzung, mit der die Humanisten – ganz im Sinne der klassischen Tradition – Parthenope, Leucosia und Ligeia für die Küsten Kampaniens verwendeten. Der Name Mauron kann nach Isidor (*Orig.* XII 1,55) und dem weit verbreiteten Lexikon von Uguccione, *Derivationes* (M 61) im Sinne von *niger* verstanden werden: So könnte der Sänger, der sein Lied hoch oben im Baum anstimmt, als Mohr maskiert sein, ein für die Heraldik des aragonischen Königtums bedeutsames Wappenbild.[7] Mauron begleitet seinen Gesang auf der Lyra: Allgemein greift das Bild des auf der Lyra angestimmten Gesanges den antiken Mythos der orphischen Poesie auf, die der oralen Überlieferung bestimmt war und geprägt ist von göttlicher Inspiration.[8]

Die Rede des Grafen von Monforte an den Herrscher ist eine *suasoria*: Alfons möge sich nicht weiter den Mühen des Krieges aussetzen, seinen Generälen das Kommando in einem Konflikt überlassen, der in den letzten Zügen liegt, und sich endlich umgarnen lassen von den Schönheiten eines Landes, Kampaniens, das in all seiner üppigen Schönheit als ein Eden, als Ort der Freude, der Lust und des *otium* erscheint. Aus diesem Abschnitt ergibt sich das Portrait eines Fürsten, der sich weder Kälte noch Hitze beugt, der nie sein Feldlager verlässt, sich denselben Mühen aussetzt wie seine Soldaten und die Rüstung erträgt, als wäre sie eine normale Kleidung: Hier spannt sich mit der Absicht der Nobilitierung Kampaniens der Bogen zum Mythos der *Campania felix*, einem Land, das im Namen selbst und aufgrund seiner Wesensnatur keine Mühe, *labor*, kennt. Auf den Grafen von Campobasso folgt Matuta und ihr *de voluptate*-Diskurs,

---

7 Ich beziehe mich hier im Besonderen auf das Wappensymbol der vier Mohren, nach Zurita kreiert von Peter III. von Aragón zur Feier des Sieges von Alcoraz, errungen dank des wundersamen Eingreifens des Hl. Georg.
8 Zu diesen Aspekten des *canto* von Mauron s. Iacono 2018.

der die Lust als kosmogonisches Prinzip und als lebenswichtiges Element für Mensch und Gemeinwesen feiert. Mit poetischen Worten greift Valla hier ein ihm wichtiges Thema auf, das er einige Jahre zuvor in seinem stark verbreiteten philosophischen Werk *De vero bono* behandelt hatte. Die von Matuta, der Tochter der Venus, vorgetragene positive Wertung der *voluptas* wirkt als Legitimation einer hedonistischen Moral, die affin ist zur pracht– und prunkvollen Dimension des Hofes von Alfons; gleichzeitig knüpft sie an die Vision des Territoriums als Garten Eden an, einem Herrscher vorherbestimmt, der ein neuer Adam ist, rein wie Adam vor dem Sündenfall. Im Gegensatz zu den beiden ersten Figuren singt Mauron, und bereits im Titel präsentiert sich sein Lied als *carmen de pulchritudine*. Der Gesang bildet den philosophischen Höhepunkt dieser Dichtung: Er feiert die Schönheit als kostbare Kraft und Macht, als Gabe und Werk der Götter. Dank der Schönheit, verbunden mit Weisheit und Tugend, ist der Mensch Gott ähnlich, ja sogar gleich. Mit dem Lied des Mauron bearbeitet Valla auch einen Abschnitt des ersten Buches von *De vero bono,* der den *bona externa* gewidmet ist und diese weiter unterteilt in *de bonis corporis, de pulchritudine virorum, de pulchritudine feminarum.* Im Abschnitt *de voluptate* (I 21) lässt er Panormita behaupten, dass die ‚Schönheit die wichtigste Gabe des Körpers sei und dass Ovid sie mit rechtens Gabe Gottes, also Gabe der Natur, nenne' (vgl. Ov. ars 3, 103 *forma dei munus).* Mauron bekräftigt die Vormachtstellung der Schönheit, wichtiger und hervorragender als das goldene Zepter des Königs. Hier nimmt die Figur des Alfons in ihrer ganzen moralischen Größe Form an aufgrund seiner unerschütterlichen Hingabe und seines beharrlichen Einsatzes für die Eroberung eines fremden Landes, einer Aufgabe, die einen Artusritter fordert. In den letzten Versen des Gedichtes singt Mauron das Lob der *pulchritudo,* der Schönheit, mit der untrennbar der Kult der Weisheit, *sapientia,* verbunden ist. Ohne *sapientia,* so bekräftigt Mauron, könne kein Leben geführt werden, das dieses Namens würdig ist – *vita vitalis* – und ohne *sapientia* können Würde und Schönheit weder angestrebt noch erlangt werden. Zwei besondere symbolische Elemente kennzeichnen die Rolle Maurons: erstens der Orpheus-Charakter, denn die Lyra, die der Autor der glückseligen Stimme Maurons zur Begleitung stellt, spielt unzweifelhaft auf die in der klassischen und mittelalterlichen

Tradition von Allegorien und Weisheit umwobene Figur des Orpheus an.[9] Zweifellos hatte Valla die Verse Vergils (Aen. 6, 645–647) im Sinne, die Orpheus als Priester in den elysischen Feldern verorteten; gewiss entging ihm auch nicht die mittelalterliche, von Boethius abhängige allegorische Interpretation, die Orpheus in einen Menschen auf der Suche nach dem höchsten Gut verwandelte (Boeth. cons., III m. 12, 1–58); ebenso nicht die Wiederbelebung als Sänger-Priester durch Boccaccio (Geneal. V 12, 4–7), wieder lanciert mit theologischen und epikureischen Nuancen von Coluccio Salutati (*De laboribus Herculis*, IV 495–505).[10] Verschwiegen sei auch nicht die Bedeutung, die Valla selbst der Musik zuwies als Freude und Vergnügen des Gehörs in einem Kapitel des ersten Buches von *De vero bono* (I 22, 2–3). Hier erklärt er auch, seit seiner Kindheit den Gesang und die Musik geliebt und gepflegt zu haben gerade wegen ihrer Nähe zur Dichtung und Redekunst (Camporeale 2002, 174–176):

Atque tantum abest, ut communis sensus a respuendo cantu, ut nulli rei nec prius nec studiosius operam videantur homines dedisse quam musice. Nam nonnulli autores sunt, antiquissimam omnium studiorum musicam extitisse, ut appareat antiquissimum studium extitisse voluptatis. Siquidem nihil aliud musica efficit quam voluptatem. Et musicorum instrumentorum multitudo, ne ab illeratis quidem ignorata, indicat quam vulgo hec res iucunda *est, qua vel dii (si credimus) affici dicuntur. Et poete, qui se deorum vates appellant, semper canunt, sive diis, sive hominibus, sive utrique gratum facientes. Etiam illis antiquis temporibus iidem et musici et vates et sapientes iudicanbantur. Et Plato cum in aliis tum in libris De republica et in Timeo ,musicen' civili viro necessariam existimavit. Quid alia? Non solum ad cantilenas hominum, sed ad cantum avium aures permulcentur. Taceo de suo cuiusque cantu quantopere suave est, quod experti norunt. Nam ipse huic scientie iam inde a puero impensam operam dedi, vel quod ad poeticam atque oratoriam conducere vel quod res suavissima videbatur.*

Es stimmt nicht, dass die öffentliche Meinung den Gesang ablehnt, so dass sich die Menschen um keine Sache weder früher noch eif-

9   Vgl. Bettini/Spina 2007; Fabris 2016, 26–52.
10   Vgl. Friedman 1970; Heitmann 1963; Affelder Newby 1987.

riger bemüht zu haben scheinen als um die Musik. Tatsächlich ist die Musik nach Ansicht einiger Autoren die älteste aller Studien, so dass klar ist, dass die älteste Forschung die der Freude ist, sofern ja die Musik nichts als Freude produziert. Und die große Anzahl von Instrumenten, die auch den Unwissenden nicht unbekannt ist, zeigt, wie angenehm Musik für das einfache Volk ist, so dass selbst die Götter (wenn wir an sie glauben wollen) davon fasziniert sind. Und die Dichter, die sich vates (Sänger, Seher) der Götter nennen, singen immer und tun etwas, das den Göttern und den Menschen gefällt oder beiden zusammen. Schon in der Antike wurden Musiker und vates und Weise als dasselbe angesehen. Und Platon sowohl in anderen, aber vor allem in seiner Schrift De republica und im Timaios betrachtete die Musik als eine für einen zivilen Menschen notwendige Tätigkeit. Und was ist hinzuzufügen? Nicht nur bei den Gesängen der Menschen, sondern auch bei den Gesängen der Vögel wird den Ohren geschmeichelt. Ich sage nichts darüber, wie süß der Gesang für jeden von uns ist, was die Experten sehr gut wissen. In der Tat habe ich mich seit meiner Kindheit dieser Disziplin gewidmet, nicht nur, weil ich sie höchst angenehm empfand, sondern auch, weil sie zu Poesie und Redekunst führt.

Das zweite fundamentale Element ist Maurons Abstammung: Der Sohn der Sirene Lymna realisiert in seinem Gesang ganz offensichtlich das von der Mutter geerbte Gesangstalent. Gerade in der oben zitierten Passage von *De vero falsoque bono* beruft sich der Humanist auf zwei Werke Platons (*Politeia* und *Timaios*, mit Bezug auf Plat. Pol. II 376e, 377a; 3, 401d; Tim. 18a; vgl. auch Quint. inst. I 10, 13–15), in denen der antike Philosoph der Musik nicht nur eine wichtige Rolle in der Zivilisierung der Menschheit zuschrieb, sondern auch ihre kosmologischen Aspekte enthüllte. In dieser Hinsicht ist daran zu erinnern, dass Platon in einem der berühmtesten Abschnitte des Dialogs *Politeia* (X 614a–621d) durch den Er-Mythos die Gegenwart der Sirenen im Reich der Glückseligen wachruft: acht Sirenen, jeweils positioniert auf einer der acht Himmelssphären, die sich um die kosmische Achse drehen, singen Variationen des ein- und desselben Tons. Valla kannte, wie das Zitat in *De vero falsoque bono* zeigt, beide platonischen Dialoge, und teilte offensichtlich Platons

positive Vision der Musik und des Gesanges, letzterer repräsentiert durch
den Gesang der Sirenen auf einer sublimen, kosmischen und Weisheits-
Ebene. All dies steigert die Bedeutung des Gesanges von Mauron und
macht ihn zum Höhepunkt der poetischen und ideologischen Konstruktion des Gedichtes im Kennzeichen der Schönheit als kostbare Macht, als
Gabe und Werk der Götter (*Novencarmen*, VIII 1–34):

> *Et enim robur admiranda*
> *Res est et animos hominum pellit,*
> *Sed non tantopere quam pulchritudo:*
> *Se latet usquam sedetque tacitum,*
> *ni se exerceat nec diu durat* 30
> *Citoque suam defatigatam*
> *Dignitatem promere cessat;*
> *Hec perpetuo nostros oculos*
> *Indefessa pascit intuitu.*

Und in der Tat ist Stärke eine bewundernswerte Sache und treibt
die Seelen der Menschen an, aber nicht so sehr wie Schönheit: sie
(die Kraft) verbirgt sich immer und sitzt in Stille; und wenn sie
nicht praktiziert wird, hält sie nicht lange an und hört bald auf, die
erschöpfte Würde zu zeigen; diese (die Schönheit) weidet unsere
Augen in ewigem, unermüdlichem Zustand.

Die Verse Vallas antizipieren die ideologische und symbolische Definition des Territoriums des Königreichs Neapel als Ort der *voluptas*, *pulchritudo* und *sapientia*. Sie stellt eine frühe Formulierung jenes Mythos
dar, der in der Folgeliteratur, vor allem durch ihre maßgeblichen *auctores*
Pontano und Sannazaro den grundlegenden Archetyp für die Darstellung
des Reiches, Kampaniens und Neapels formiert.[11] Bereits zu Beginn des
16. Jahrhunderts wird von einer Elite in der Nachfolge Pontanos und
Sannazaros, die in der Lage ist, literarische wie antike, geschichtliche wie
archäologische Quellen zu erkennen und zu prüfen, Neapel als Anzie-

---

11 S. Iacono 2016a.

hungsort der Schönheit und Kultur wieder lanciert: Pietro Summonte[12], Zanobi Acciaioli[13], Berardino Fuscano[14], Benedetto di Falco[15], Pietro De Stefano[16], Giovanni Tarcagnota[17], Giovan Battista Del Tufo[18] präsentieren das Bild eines so hochsinnigen wie freundlichen, edlen wie gelehrten Neapels, ein lieblicher Ort ewigen Frühlings, ein Stadt-Garten und Sitz antiker Weisheit.

Die Produktion Pontanos ist reich an Portraits der Stadt Neapel und seiner Verherrlichung.[19] Vor allem das vermutlich in den letzten Jahren

12 Summonte liefert in einem Brief an Marcantonio Michiel vom 20. März 1524 eine Bestandsaufnahme des neapolitanischen Kulturerbes: vgl. Nicolini 1925; Toscano 1992, 33–63.

13 Acciaioli, Dominikaner, Philologe und Übersetzer, zeichnet in seiner *Oratio in laudem Civitatis Neapolitanae* anlässlich des am 3. Juni 1515 in Neapel abgehaltenen Ordenskapitels der Dominikaner, das Lob Neapels, seiner Pracht, seiner natürlichen und architektonischen Schönheit. Die Rede wurde in Form eines *Opusculum* publiziert: *Oratio Fratris Zenobii/Ordinis Predicatorum/In Laudem Civitatis/Neapolitane*, Neapoli 1515. Dazu s. Iacono 2014. Für biographische Hinweise s. Redigonda 1960.

14 Ioan Bernardino Fuscano aus Montefusco in der Provinz von Avellino stand zunächst im Dienste des königlichen Gesandten Don Loisi Fernandez de Cordoba, später des Gian Pietro Carafa, dem zukünftigen Papst Paul IV. Im Jahr 1535 tritt er ein in die *Compagnia dei Bianchi della Giustizia*, und festigt damit die Beziehung zu Antonio Ciciniello, dem er das Gedicht *Stanze sovra la bellezza di Napoli* widmet, verfasst in Ottaven in zwei Gesängen und mit einem Prosaabschnitt endend. In diesem Werk bietet der Autor eine Beschreibung von Neapel, *amenissimo sito*, mischt die *laus* der Stadt mit dem Topos des *locus amoenus* und dem dantesken Schema des *itinerarium*. Dazu s. Addesso 2003a und Addesso 2003b.

15 Das Werk *Descrittione dei luoghi antichi di Napoli e del suo amenissimo distretto* wurde 1549 in Neapel herausgegeben. und liegt in der Ausgabe von Toscano 1992 vor.

16 De Stefano 1560.

17 Tarcagnota da Gaeta, 1560. S. auch Tarcagnota 1988.

18 Tagliareni 1959.

19 Man denke zum Beispiel an das Werk *Lepidina* (s. u.), in dem Pontano die Landschaft von Stadt, Umgebung und Meer in einer innovativen Metamorphose verwandelt; des Weiteren an eine Serie von Dichtungen, in denen der Humanist bei der Schilderung der neapolitanischen Landschaft ebenfalls den Kunstgriff der mythenbildenden Verklärung anwendet. So erzählt er in *Parthenopeus*, II 14 den Ursprungsmythos des Flusses Sebethus; *Eridanus*, II 23 schildert ihn als Verliebten, welcher der Nymphe Labulla, Personifikation des Aquäduktes La Bolla, eine Serenade darbringt. Die Nymphe Antiniana, Personifikation der Villa auf dem Hügel Vomero, wird unzählige Male genannt: *Lyra* III feiert sie – in einem innovativen *aition* – als Tochter von Jupiter und der Nymphe Nisida, Personifikation der gleichnamigen Insel im Golf von Neapel. Eine weitere Nymphe, Patulcis, ist Personifikation und *genius loci* des Gutshofes, den der Humanist in der Nähe des Vergil-Grabes zu Füßen des Posillipus besaß. *Eridanus*, II 22 besingt ihre Liebe zu

vor 1460 entworfene[20], im höchsten Maße experimentelle Werk *Lepidina*, in dem Pontano ganz unvoreingenommen stilistisch unterschiedlichste Gattungen mischt – Ekloge, Epithalamion, Epyllion, ‚theatralisches‘ Werk – und das eng verbunden ist mit der Struktur des Triumphes antiker Tradition,[21] feiert Neapel im Zeichen dieser neu erfundenen Mythologie des Territoriums Kampanien, die Pontano ganz eigen ist und als *sedes studiumque* der Inspiration des Dichters dient (*Parthenopeus*, I 19, 39–42). Im Epilog seines einzigen Geschichtswerkes, *De bello Neapolitano*, vereint Pontano das liebliche und gelehrte Neapel Ovids und Vergils mit dem hochsinnigen und edlen Petrarcas und Boccaccios und verfasst eine *Laus*, die ganz im Kennzeichen der Weisheit steht.[22] In der Ode der *Lyra* feiert er die Schönheit des Ortes, die städtebauliche Pracht, die Milde des Klimas und die Weisheitstradition und verherrlicht Neapel als Sitz der Musen, von Schulen, die den freien Künsten und dem Recht gewidmet sind, er lässt es aufblühen unter der Herrschaft der Fürsten von Trastámara und macht aus ihm den Ort der Realisierung der heroischsten unter den humanistischen Utopien, jene des *princeps optimus*.[23] *Lyra* VI, ein typischer Aufruf zum Lobpreis Neapels durch die Nymphe Antiniana, eine für die Dichtkunst des Meisters bedeutende identifikatorische Gottheit, ist Ausdruck des Willens der Nobilitierung der Stadt und seiner Orte, im Einklang mit dem ekphrastischen Überschwang des poetischen Stils Pontanos.[24] Der historische Hintergrund der Ode ist der Sieg über die Türken, in dem Alfons, noch Herzog von Kalabrien, eine aktive Rolle spielte: Anhand des Lobpreises von Neapel, Herrschaftssitz und im übri-

---

Nivanus, Personifikation von Grumo Nevano, einem Ort zwischen Neapel und Caserta. Antiniana und Patulcis (die beide in unterschiedlichen Schattierungen Pontanos Dichtung repräsentieren) werden häufig zusammen genannt, wie in *Lyra* IV. Das Territorium Neapels hat schließlich große Bedeutung als Hintergrund der *Eclogae*, wie zum Beispiel in *Melisaeus*. Überdies geht der Dichter in seiner Operation der Weihung und Wertsteigerung Neapels und des Königreiches so weit, dessen Geographie – Kulisse und Hintergrund seiner innovativen Mythenbildung – mit jener des klassischen Mythos zu flankieren und zu ersetzen: vgl. dazu Germano 2015.

20 S. Tufano 2015, 43–56.
21 Hierzu s. Iacono 2018b.
22 S. Iacono 2012b.
23 S. Iacono 2016c.
24 Zur Konstitution des Mythos von Neapel und des Reiches als Ort der Fülle und des Glücks, eines neuen goldenen Zeitalters, eines neuen Griechenlands, s. Iacono 2016a und Casanova-Robin 2011, CXLIV–CLXVII.

gen Geburtsort des Regenten feiert der Dichter den Fürsten und Thron-
erben selbst und mit ihm eine Epoche, die selbst *aetas aurea* ist.[25] In voller
Übereinstimmung mit der Topik der *Laus urbis* gemäß des Regelsystems
von Menander, das die zeitgenössische Redekunst wiederentdeckt und ak-
tualisiert hatte, beschreibt Pontano in hymnischen Zügen das Panorama
der Stadt und die Schönheit des Ortes (Men. Rh. I 349, 25–30), die
Pracht seiner Mauern und Festungen (Men. Rh. II 382, 15; 386, 25; 431,
3; 433, 15), die Milde des Klimas (Men. Rh. I 361, 15–363, 5); schließlich – in der in Einklang mit Menander Rhetor I 350, 10–23 und in Prosa
verfassten *Laus Neapolis* auf den letzten Seiten seines Geschichtswerkes
– zelebriert der Humanist die Stadt auch in Funktion einer Weisheitstradition, als deren Erbe und Fortführer er sich sieht.[26] In *De hortis Hesperidum* wiederum verwandelt er Neapel in einen Stadt-Garten, in einen
Ort der Kontemplation und Initiation mittels einer komplexen Intarsie
aus Quellen und der Konstruktion einer neuen Mythologie, die bestimmt
ist zur Verherrlichung des Reiches und des exklusiven Kreises der um ihn
gescharten Intellektuellen[27]. Pontano konnte zu Recht für dieses hybride
Werk aus Poesie und Botanik eine absolute Originalität der Inhalte im
literarischen Panorama seiner Zeit beanspruchen (*De hortis Hesperidum*,
I 125–127):

---

25 Das Band, das Alfons, Herzog von Kalabrien und später König Alfons II, mit Neapel
verbindet, wurde verschiedentlich als positives Element auch anlässlich seiner Krönung
unterstrichen. Tristano Caracciolo erklärte in seiner Rede im Auftrag der Aristokratie der
Sedili von Neapel, dass Alfons als erster der Trastámara-Fürsten echter Neapolitaner sei,
geboren und aufgewachsen in Neapel, aufgezogen und unterrichtet von lokalen Lehrern.
Hierzu s. Iacono 2012a, insb. 360–368, sowie Tufano 2013, insb. 225–226, 235–236,
242.

26 Das Werk von Menander Rhetor (in zwei Bänden in der Edition *Rhetores Graeci* von
Aldo Manuzio im November 1508 sowie im Mai 1509 herausgegeben) war schon Po-
liziano bekannt. Er bediente sich im Kurs zur *Institutio oratoria* von Quintilian und zu
Statius' *Silvae*, gehalten im akademischen Jahr 1480–1481 am Studium von Florenz, der
Traktate von Menander mit besonderem Verweis auf das Hochzeitsgedicht von Statius
(Stat. silv. 1, 2), und übertrug auch den Teil, der sich auf das Regelsystem des Hoch-
zeitsgedichtes bezieht: dazu s. Harsting 2002, insbes. 48–49; s. auch Harsting 2001 für
ein zusammenfassendes Bild der Tradition des Regelwerks zur *Laus urbis* von Antike bis
Mittelalter und Humanismus s. Ruth 2011, insbes. 5–193.

27 S. Iacono 2015.

Nunc, age, qui cultus citriis, qua certa serendi
Tempora quaeque illis regio magis apta ferendis
Expediam nullique loquar memorata priorum.[28]

Nun los, ich will darlegen, welcher Anbau den Zitrusfrüchten zukommt, welche Pflanzzeiten es gibt und welches Anbaugebiet für
sie am geeignetsten ist, und ich will kundtun, was von niemanden
vorher erwähnt wurde.

Die Neuheit des Werkes besteht vor allem im wissenschaftlich-botani-
schen Inhalt. Es gebe dafür keine Vorläufer oder Tradition, betont der
Autor, doch wird das Neuartige gestützt durch die musivische Komposition verschiedener Elemente aus der griechischen wie lateinischen antiken Literatur, eine Operation, die das geographische Werk des Ptolemäus
neben das enzyklopädische Werk von Plinius dem Älteren stellt, und Vergils *Georgica* mit Ovid, Theokrit und Bion von Smyrna kontaminiert.
Das Gedicht setzt sich also aus Mosaiksteinen unterschiedlichster Natur
zusammen, die zum einen das botanische Regelwerk stützen, zum anderen die Fabel von Adonis (von Ovid in etwa 200 Hexametern erzählt in
met. 10,503ff.) integrieren und durch eine Vielzahl innovativer Mythen
erweitern, welche, ganz typisch für Pontanos mythopoetische Praxis, den
klassischen Olymp und die antike Mythologie mit neuen Fabeln bevölkern. Das den goldenen Äpfeln der Hesperiden gewidmete botanische
Lehrgedicht identifiziert diese mit den Zitrusfrüchten. Pontano stützt
sich dabei auf eine Reihe klassischer Quellen, jedoch mit einer Variante,
die nicht belegt ist: Die Zedernäpfel entstehen aus dem Körper des von
einem Keiler getöteten Adonis. Der Dichter erfindet hier ein *aition*, das
die Fülle der Zitruspflanzen im Königreich Neapel begründet und die
Rolle der Orange als Symbol der Fürsten von Aragon (durch ein Wort-
spiel aus *arangio* und *Aragonia*). Die auf Venus Willen aus dem Körper

---

28 Der Dichter bekräftigt die Originalität des Werkes, indem er auf die Seltenheit der
Pflanze verweist, *rarum decus hortis* (*De hortis Hesperidum*, II 261) und den Gegenstand
als eine neue Anstrengung des Dichters definiert (*De hortis Hesperidum*, II 218–219):
tertia iam superat limonis cura colendae/et rarus labor et coepti meta ultima nostri (Der dritte
Gegenstand der Zitronenaufzucht ist noch übrig/und seltene Anstrengung und letztes Ziel
meines Projekts). Zitiert nach Soldati 1902, I 229–261.

des Adonis entsprungene Pflanze wird – gerade aufgrund dessen – als nicht vergängliche und der Ewigkeit bestimmte Pflanze gefeiert (*De hortis Hesperidum*, I 527–531):

Est citrio aeternum genus, immortalis origo,
Et species aeterna quidem. Stirps citria longum
Ipsa manet secla exsuperans, et iungere seclis
Secla parans, trunco extincto mox surgit et alter,
Inde alter victrixque diu sua robora servat.

Der Zedernapfel hat eine ewige Art, einen unsterblichen Ursprung und freilich ein ewiges Aussehen. Die Zedernwurzel selbst bleibt, Jahrhunderte überdauernd und Jahrhunderte den Jahrhunderten hinzuzufügen sich bereitend, und gar auch dem abgestorbenen Stamm erwächst schon bald ein anderer, ein anderer hinzu und bewahrt siegreich lange seine Kraft.

Der Mythos von der Liebe der Venus zu Adonis bildet trotz des vorwiegend botanischen Inhaltes den Kern dieser neuartigen Dichtung.[29] Es ist ein Mythos kosmologischer Bedeutung, wie die *Saturnalia* von Macrobius (XXI 1) belegen, eine Quelle, die Pontano aufgrund seiner astronomisch-astrologischen Interessen studiert hatte.[30] Auch im Namen des Protagonisten, Adonis, findet der Humanist ein kongeniales Element zu

29 Pontano bewegt sich in diesem Bereich mit ungezwungener Kompetenz, gestützt von einer im Königreich Neapel aktiven Tradition, die verbunden ist mit der *Schola medica Salernitana*, in der die botanische Wissenschaft eine wichtige Rolle sowohl in der Ausbildung als auch in der medizinischen Praxis spielte. Das zeigt das *Opus Pandectarum Medicinae* von Matteo Silvatico, eine Kräutersammlung mit Angabe der pharmazeutischen Qualitäten. Silvaticos Werk wurde erstmals 1474 in Neapel publiziert. Herausgeber war Angelo Catone, der Leibarzt von Ferdinand I. von Aragon, und Dozent am Studium der Stadt, vermutlich auch der Verwahrer der privaten Bibliothek des Herrschers. Pontano, der Beziehungen zu Catone unterhielt, war die Sammlung sicher bekannt. Zur Person des Angelo Catone und der Wissenschaftskultur in Neapel s. Figliuolo 1997. Die Aufmerksamkeit und Bewunderung, die Pontano der medizinisch-wissenschaftlichen Tradition der *Schola Salernitana* entgegenbrachte, ist vielfach in seinen Schriften belegt: s. hierzu Rinaldi 2004, 73–119, insbes. 101, sowie Iacono 2012b, 194–195.
30 Zur kosmologischen Bedeutung vgl. Centanni 2017; 2018. Ein Beispiel des Studieninteresses ist der eindrucksvolle Einsatz Theokrits in Pontanos Lehrgedicht *Urania*. S. hierzu Weh 2017, *passim*.

der von ihm theorisierten Poetik der *suavitas* und Eurythmie zum Zwecke einer Ikonographie Neapels und des Reiches im Sinne des Schönen, Edlen und Ergötzlichen, und somit gegründet auf dem typischen Binom Klassik-Mythologie. Die Tradition der *derivationes*[31] macht die Etymologie von ‚Adonis' im griechischen *Adon* = *suavitas* (Uguccione, *Derivationes*, A 84) ausfindig: Der Name wird zum Omen jener Schönheit, die der Protagonist des Mythos so sublim repräsentierte, ganz im Zuge antiker mythenbildender Quellen, wie zum Beispiel Fulgentius, *Mythologiae* III 8. Doch dies erklärt nur teilweise die Wahl des Adonis zum Protagonisten einer Geschichte, die sich Pontano in den unglücklichen letzten Jahren seines Lebens ersann, mit Neapel als Schauplatz, im schon verlorenen Reich seiner Fürsten. Dem gelehrten Linguisten und Wissenschaftler Pontano entging sicher nicht die vielschichtige Symbolik der Adonis-Figur: eine Kreatur geboren aus einem Inzest, Sohn der Myrrha und somit Personifikation des Harzes, das zur Einbalsamierung der Toten auf der ewigen Fahrt ins Jenseits diente, Symbol der Teilung des Lebens in Jahreszeiten, Objekt einer unglücklichen und leidenschaftlichen Liebe, Protagonist eines Mythos, der den frühen Tod eines Jünglings vorsah, und nicht zuletzt an das Fest der Adonien gebunden war, die in der Antike im gesamten semitischen und griechisch-römischen Raum verbreitet waren.[32] Sicher liegen die Gründe für die Wahl Pontanos nicht nur in der Wiederentdeckung der Schriften Theokrits und der griechischen Bukolik im Europa des 15. Jahrhunderts, die die Adonis-Figur und den -Mythos in ein neues Licht rückte und wieder einziehen ließ in die Literatur, in Epyllion, Epos, Elegie und Epithalamion. Die Zelebration der Zedernfrucht, und der Zitrusfrüchte im Allgemeinen, die – gemäß der Erfindung Pontanos als unvergängliches Denkmal der Liebe der Venus aus dem Körper des Adonis geboren werden, enthüllt in dieser vom Autor kreierten engen Verbindung mit dem Territorium Neapels und des Reiches ihren Zweck im Licht einer Weisheitstradition, die im *Cedro* (und im Besonderen in der Libanon-Zeder – *cedro* –, eine Doppeldeutigkeit des Namens,

---

31 Pontano unterstreicht die Bedeutung der *Etymologiae* im Dialog *Aegidius*. Dazu s. Iacono 2005, 42–46 sowie Bistagne 2012.
32 Pontano konnte durch einige ihm wohl bekannter Autoren von diesen Festen erfahren haben, zum Beispiel durch Plin. nat. 19, 19, 49; Plat. Phaedr. 276b; Lucian. De dea Syr. 4; Suda s.v. Ἀδώνιδος κῆποι.

die Pontano nie enthüllt) den Baum der Erkenntnis und des Wissens sah:
Pontano schreibt also der Zeder-Zitrusfrucht die urzeitliche, biblische
Weisheitsbedeutung zu und erhebt sie damit zum Symbol einer neuen
sapientia, die einer sublimen Dichtkunst anvertraut wird, einer Kunst, die
Pontano seiner dichterischen Inspiration und seiner Schule eigen fühlte,
in der Linie mit dem Ideal der von ihm beständig verherrlichten *sapientia*
als authentische, wahre Berufung Neapels und Kampaniens.[33]

Iacopo Sannazaro, der innovativste unter den Schülern Pontanos und
sein anerkannter Erbe, greift die mythenbildende Praxis seines Meisters in
Funktion der neuen tragischen und verzweifelten Geschichte Neapels und
des Reiches auf, die gezeichnet ist vom Ende der Dynastie der Trastámara
auf dem Thron Neapels. So hallt das Echo der Neapel gewidmeten Seiten Pontanos in mehreren Abschnitten der *Arcadia* des Sannazaro wieder:
Sincero gedenkt in *Arcadia,* VII 3–4 Neapel als „famosa e nobilissima, e
di arme e di lettere felice forse quanto alcuna altra che al mondo ne sia"[34]
(berühmt und edel, und beglückt an Waffen und Wissenschaft vielleicht
wie keine andere Stadt auf der Welt), und erinnert an seine Gründung
„sovra le vetuste ceneri de la sirena Partenope"[35] (auf der alten Asche der

---

33   S. Iacono 2012b.
34   S. auch Sannazaro, *Arcadia* XI 5: „A questa cogitazione ancora si aggiunse il ricordar-
mi de le magnificenzie de la mia nobile e generossisima patria: la quale di tesori abondevo-
le e di ricco e onorato populo copiosa, oltra al grande circuito de le belle mura contiene in
sé il mirabilissimo porto, universale albergo di tutto il mondo e con questo le alte torri, i
ricchi templi, i superbi palazzi, i grandi e onorati seggi de' nostri patrizi, e le strade piene di
donne bellissime e di leggiadri e riguardevoli gioveni". („Zu dieser Überlegung kam noch
meine Erinnerung an die Herrlichkeit meiner edlen und noblen Heimat hinzu: Diese, an
Schätzen überreich und voll von reicher und ehrenhafter Bevölkerung, umfasst über die
schöne Stadtmauer hinaus den bewundernswerten Hafen, gemeinsame Unterkunft für alle
Welt, und zusammen mit ihm die hohen Türme, die reichen Tempel, die hochragenden
Päläste, die großen und ehrenvollen Sitze unserer Stadtherren, und die Straßen voll von
wunderschönen Frauen und anmutigen und ansehnlichen jungen Männern" [Überset-
zung von Widhammer 2018]).
35   Einen überzeugenden Vergleich der Präsentation bietet dieser bedeutende Abschnitt
der *Piscatoria* IV (*Proteus*), 59–68 (zitiert nach der Ausgabe von Mustard 1914, 34): *Tum
canit antiquas sedes opulentaque regna/Auricomae Sirenis et altum in monte sepulcrum,/Sa-
craque Chalcidicosque deos magnisque per aequor/Auspiciis vectas haec ipsa ad litora classes./
Tum liquidos fonteis subter cava moenia ducit/Adtollitque arces et culmina montibus aequat/
Tectorum, vastas protendit in aequora moles,/Euploeamque procul trepidis dat cernere nautis/
Atque Pharon; vincit scopulos praeruptaque saxa/Theleboum Sarnique amnes et pinguia culta.*
(„Dann singt er vom antiken Sitz und dem wohlhabenden Königreich der goldhaarigen

Sirene Parthenope). Im Abschied von *De partu Virginis* (III 506–512)
bezieht sich Sannazaro auf verschiedene Orte Neapels, vor allem auf re-
präsentative Schauplätze seines Lebens und der *Accademia Pontaniana*:
Insbesondere erinnert er an Mergellina, wo sich die Zitruspflanzen mit
jungen Blüten schmücken, in die auch eine Girlande eingeflochten ist
(*non solita* [...] *de fronde*), welche die Nymphe, Personifikation des Ortes, dem Dichter darbietet. Das komplexe Mosaik aus Anspielungen ver-
schleiert die Hommage des Schülers Sannazaro an seinen Meister Pontano: Mergellina war der Ort, an dem Sannazaro eine Villa mit Garten
besaß, in dem, wie Pontano selbst in *De hortis* (II 289–308) erinnert,
Cedri gepflanzt waren. Die Zitruspflanzen von Mergellina repräsentieren
hier die Dichtkunst Sannazaros, der bewusst in der sublimen Inspiration
seines Gedichtes jenes des Meisters erneuert. Somit bedeutet der Einsatz
der Metapher des *Cedro* mit seinen jungen Blüten die Fortdauer einer
Tradition, die Pontano aufgenommen und weitergegeben hat an seine
Schule und seinen Lieblingsschüler Sannazaro.[36] Neapel, das sich in all
seiner städtebaulichen Pracht über den Stränden des Golf-Kraters erhebt,
ist voller natürlicher wie architektonischer *mirabilia*. Doch die Elemente der urbanen Realität bilden in diesen literarischen Inszenierungen oft
nur den Hintergrund, um Orten purer, fantastischer wie ideologischer
Imagination, Raum zu lassen: zum Beispiel der Posillipus, Schauplatz der
Arcadia[37], sowie die Küste von Mergellina, wo Sannazaro, in einer gewag-
ten Neugründung der Vergilschen Ekloge, den Gesang der Fischer von
Neapel spielen lässt.[38]

Pontano und Sannazaro erfinden somit eine neue Ikonographie Neapels und gründen dabei das Regelwerk seiner Verherrlichung: Neapel, die
prachtvolle Stadt, der Stadt-Garten, Haus und Sitz der Musen und der

---

Sirene und dem Hohen Grab im Gebirge, und den Riten und Göttern von Chalkis und
den Schiffen, die unter großen Vorzeichen über das Meer zu diesen Küsten gesegelt waren. Dann führt er klare Quellen bis unten an die gebogenen Stadtmauern und erhebt
Burgen und macht Dachgiebel so hoch wie Berge, er streckt Dämme ins Meer hinein,
erlaubt ängstlichen Seeleuten Euploea und Pharos von weitem zu sehen, er bewältigt die
Klippen und steilen Felsen der Teleboer und die Ströme des Sarnus und die fruchtbaren
Ackerfelder.").
36 Zu metaliterarischen Bezügen dieser Stelle des *De partu Virginis* s. Deramaix 2003;
2014.
37 Vgl. Deramaix 2013 und Deramaix (im Erscheinen).
38 Vgl. Monti Sabia 1999; Mauriello 2009; 2011.

Weisheit, die Stadt antiken Adels und Herrschaftssitz des Königs, kann all das sein durch die Gründung auf dem Grab der Sirene Parthenope, die selbst Symbol der Weisheit ist bereits seit der ältesten Interpretation nach Cicero (fin. 5, 18, 49). Der Gebrauch des identitätsstiftenden Mythos der *ktisis* in Verbindung mit der Sirene Parthenope erlaubte es, diese selbst zum Sinnbild der Hauptstadt eines mächtigen Reiches, einer Dynastie, zu erwählen und zum Sinnbild der Weisheitstradition dieses Territoriums, einer Tradition, die in klassischer Epoche durch die Schulen der Philosophen Zenon, Parmenides und Pythagoras, im Mittelalter durch die *Schola Salernitana*, und in zeitgenössischer Epoche durch die neue Akademie Pontanos bezeugt ist. Die Sirene Parthenope, bereits von Antonio Panormita als Emblem seines *Porticus Antoniana* verwendet, wieder lanciert von Pontano und Sannazaro als namengebende Schutzgöttin der antiken Stadt und aufgeladen mit neuen theosophischen Werten, geht letztendlich im ideologischen Programm des Königreichs auf, wird Schutzherrin Neapels und *Impresa de' Napolitani*[39], Emblem der Stadt selbst.

39 S. Capaccio, Del trattato delle imprese, lib. I, 13–14.

Literaturverzeichnis

Primärliteratur

Tristano Caracciolo, *Opuscoli storici*, a cura di Giuseppe Paladino, *Rerum Italicarum Scriptores*, 22, 1, 2, Bologna 1935.

Uguccione da Pisa, *Derivationes*, edizione critica a cura di Enzo Cecchini et al., Firenze 2004.

Ioan Bernardino Fuscano, *Le Stanze sovra la bellezza di Napoli*, a cura di Anna Cristiana Addesso, Napoli 2007.

Pietro De Stefano, *Descrittione de i luoghi sacri de la città di Napoli*, appresso Raymondo Amato, Napoli 1560.

Benedetto Di Falco, Descrittione dei luoghi antichi di Napoli e del suo amenissimo distretto [urspr. Napoli, Suganappo, 1549], coordinamento e introduzione a cura di Tobia Raffaele Toscano, Napoli 1992.

Giovanni Tarcagnota da Gaeta, Del sito, et lodi della città di Napoli con una breve historia de gli re suoi, Napoli appresso Giovanni Maria Scotto 1560.

Giovanni Tarcagnota, Del sito et lodi della citta di Napoli, Napoli : appresso Giovanni Maria Scotto, 1566, in: La città di Napoli dopo la rivoluzione urbanistica di Pedro di Toledo, Napoli 1988.

Giovanni Battista Del Tufo, Ritratto o modello delle grandezze delitie et maraviglie della nobilissima città di Napoli, a cura di Calogero Tagliareni, Napoli 1959.

Ioannis Ioviani Pontani Carmina, a cura di Benedetto Soldati, Firenze 1902.

Giovanni Pontano, I dialoghi, a cura di Carmelo Previtera, Firenze 1943.

Iacopo Sannazaro, *Arcadia*, Introduzione e commento a cura di Carlo Vecce, Roma 2013.

Jacopi Sannazarii Eclogae Piscatoriae, edited by Wilfred Pirt Mustard, Baltimore 1914.

Giulio Cesare Capaccio, *Del trattato delle imprese*, Napoli 1592.

Lorenzo Valla, *Novencarmen*, edizione critica, con traduzione e commento a cura di Antonietta Iacono, im Erscheinen (auf Grundlage der Handschriften V. E. 58, cc. 167v–176v della Biblioteca Nazionale di Napoli e Fondo Rossi-Cassigoli 372, cc. 33v–42v della Biblioteca Nazionale Centrale di Firenze).

Lorenzo Valla, *De vero falsoque bono*, edidit Maristella De Panizza Lorch, Bari 1970.

Laurentii Valle *Antidotum in Facium*, edidit Mariangela Regoliosi, Padova 1981.

Laurentius Valla, *Epistole*, ediderunt Ottavio Besomi/Mariangela Regoliosi, Patavii 1984.

Sekundärliteratur

Addesso, Anna Cristiana (2003a), Le vaghe membra di Napoli e le colorate parole di Ioan Bernardino Fuscano, Studi Rinascimentali 1, 43–60.

– (2003b), Le stanze sovra la bellezza di Napoli di Ioan Bernardino Fuscano, La Letteratura Italiana 4, 499–512.

– (2007), La componente storica delle descrizioni della città di Napoli del XVI secolo, in: Elisabetta Menetti/Carlo Varotti (Hrsg.), La letteratura e la storia (Atti del XI Congresso Nazionale dell'ADI, Bologna-Rimini, 21–24 settembre 2005), Bologna, 359–371.

– (2012), Teatro e festività nella Napoli aragonese, Firenze.

Affelder Newby , Elizabeth (1987), A Portrait of the Artist: The Legends of Orpheus and Their Use in Medieval and Renaissance Aesthetics, New York.

Bettini, Maurizio/Spina, Luigi (2007), Il mito delle Sirene. Immagini e racconti dalla Grecia a oggi, Torino.

Bistagne, Florence (2012), Modèles et contre-modèles de l'humanisme napolitain: Giovanni Pontano à la recherche d'une langue, Cahiers d'études italiennes 15, 99–110.

Camporeale, Salvatore I. (2002), Lorenzo Valla. Umanesimo, riforma e controriforma, Roma.

Casanova-Robin, Hélène (2011), Montrer Naples et la Campanie, in dies: Étude introductive a Giovanni Pontano, *Eclogae,* Étude introductive, traduction et notes de Hélène Casanova-Robin, Paris, CXLIV–CLXVII.

Centanni, Monica (2017), Fragilità di Venere e morte di Adone (con una speranza di resurrezione). Esercizio di lettura di Morte di Adone di Sebastiano del Piombo, in: dies., Fantasmi dell'antico. La tradizione classica nel Rinascimento, Rimini, 493–525.

– (2018), Venere ferita e la rinascita di Adone. Fonti antiche e umanistiche per la (cosiddetta) Morte di Adone di Sebastiano del Piombo, in Alessandro Grilli/Stefano Tomassini/Andrea Torre (Hrsg.), Fragilità di Adone. Parole, immagini e corpo di un mito, Pisa, 177–205.

Croce, B. (1989), Cola di Monforte conte di Campobasso, in: ders., Vite di avventure, di fede e di passione, Milano, 59–195.

Deramaix, Marc (2003), *Phoenix et ciconia*. Il *De partu Virginis* di Sannazaro e *l'Historia viginti saeculorum* di Egidio da Viterbo, in M. de Nichilo,G. Distaso, A. Iurilli (Hrsg.), Confini dell'Umanesimo letterario. Studi in onore di Francesco Tateo, Roma, 524–556.

– (2013), *Ubi est Arcadia?* L'Arcadia de Sannazar ou l'académie napolitaine et son double pastoral, Revue Fontanelle 10, 11–40.

– (2014), *Campaniae delitiae. Sirenum vox.* Napoli ed il concetto di Rinascimento nel pensiero di Egidio, in Myriam Chiabo/Rocco Ronzani/Angelo Maria Vitale (Hrsg.), Egidio da Viterbo cardinale agostiniano tra Roma e l'Europa del Rinascimento (Atti del Convegno. Viterbo, 22–23 settembre 2012–Roma, 26–28 settembre 2012), Roma, 363–380.

– (im Erscheinen), *Grata ministrat ocia Mergellina*. Sannazaro a Posillipo o il Parnaso evangelizzato, in: Marc Deramaix/Giuseppe Germano/Antonietta Iacono (Hrsg.), *Dulcis alebat Parthenope*. Memorie dell'antico, mito e territorio nella cultura dell'Accademia Pontaniana.

Fabris, Dinko (2016), Partenope da Sirena a Regina. Il mito musicale di Napoli, Barletta.

Figliuolo, Bruno (1997), La cultura a Napoli nel secondo Quattrocento, Udine.

Friedman, John Block (1970), Orpheus in the Middle Ages, Cambridge (Mass.).

Germano, Giuseppe (2015), Giovanni Pontano e la costituzione di una nuova Grecia nella rappresentazione letteraria del Regno Aragonese di Napoli, Spolia 1, 36–81.

Harsting, Pernille (2001), More Evidence of Menander Rhetor on the Wedding Speech: Angelo Poliziano's Transcription in the Statius Commentary (1480–81), Cahiers de l'Institut du Moyen-Age Grec et Latin, 72, 11–34.

– (2002), The Discovery of late-classical Epideictic Theory in the Italian Renaissance, in: Pernille Harsting/Stefan Ekman (Hrsg.), Ten Nordic Studies in the History of Rhetoric, Copenhagen, 39–53.

Heitmann, Klaus (1963), Orpheus im Mittelalter, Archiv für Kulturgeschichte 45, 253–294.

Iacono, Antonietta (2005), Uno studente alla scuola del Pontano a Napoli: le *Recollecte* del ms. 1368 (T.5.5.) della Biblioteca Angelica di Roma, Napoli.

– (2012a), Autobiografia, storia e politica nella trattatistica di Tristano Caracciolo, Reti medievali 13/2, 333–369.

– (2012b), Geografia e storia nell'Appendice archeologico-antiquaria del VI libro del *De bello Neapolitano* di Giovanni Gioviano Pontano, in: Raffaele Grisolia/Giuseppina Matino (Hrsg.), Forme e modi delle lingue dei testi tecnici antichi, Napoli, 161–214.

– (2014), La *Laus Civitatis Neapolitanae* di Zanobi Acciaioli tra memorie erudite e precettistica menandrea, in: Raffaele Grisolia/Giuseppina Matino (Hrsg.), Arte della parola e parole della scienza. Tecniche della comunicazione letteraria nel mondo antico, Napoli, 105–136.

– (2015), Il *De hortis Hesperidum* di Giovanni Pontano tra innovazioni umanistiche e tradizione classica, Spolia 1, 188–237.

– (2016a), La nascita di un mito: Napoli nella Letteratura umanistica, in: Giuseppe Germano (Hrsg.), Per la valorizzazione del patrimonio culturale della Campania. Il contributo degli studi medio- e neo-latini, Napoli, 67–83.

– (2016b), L'immagine di Alfonso nell'inedito Novencarmen di Lorenzo Valla, in: Fulvio Delle Donne/Jaume Torró Torrent (Hrsg.), L'immagine di Alfonso il Magnanimo tra letteratura e storia, tra Corona d'Aragona e Italia/La imatge d'Alfons el Magnànim en la literatura i la historiografia entre la Corona d'Aragó i Itàlia, Firenze, 77–102.

– (2016c), Una celebrazione di Napoli e dei suoi sovrani nella compagine di un canzoniere di Giovanni Pontano: l'ode VI della *Lyra*, in: Giusep-

pina Matino/Flaviana Ficca/Raffaele Grisolia (Hrsg.), Il modello e la
sua ricezione. Testi greci e latini, Napoli, 133–178.

– (2018a), La festa, il banchetto e il canto in un inedito poema di Lorenzo
Valla. La corte di Alfonso il Magnanimo a Gaeta nel Novencarmen,
Engramma 160/novembre 2018, online unter: http://www.engram-
ma.it/eOS/index.php?id_articolo=3517 [Stand: 02.01.2020].

– (2018b), Per una nuova interpretazione del titolo *Parthenopeus sive Amo-
rum libri II* di Giovanni Gioviano Pontano alla luce della tradizione
manoscritta, Atti dell'Accademia Pontaniana 67, 141–166.

Mauriello, Adriana (2009), Il codice arcadico nella cultura napoletana del
Cinquecento, in: Pasquale Sabbatino (Hrsg.), Iacopo Sannazaro. La
cultura napoletana nell'Europa de Rinascimento, Firenze, 309–319.

– (2011), La *Mergellina* nella poesia napoletana del secondo Cinquecento,
Rinascimento meridionale 2, 157–70.

Minieri Riccio, Camillo (1881), Alcuni fatti di Alfonso I d'Aragona dal
15 aprile 1437 al maggio 1458, Archivio Storico per le Province Na-
poletane VI/1.

Monti Sabia, Liliana (1999), Dalla bucolica alla piscatoria: per la storia
della Piscatoria V di Iacopo Sannazaro, in: Gennaro Luongo (Hrsg.),
Munera parva: studi in onore di Boris Ulianich, Band 2, Napoli, 33–
63.

Nicolini, Fausto (1925), L'arte napoletana del Rinascimento e la lettera di
P. Summonte a Marcantonio Michiel, Napoli.

Redigonda, Abele L. (1960), Acciaioli, Zanobi, Dizionario Biografico degli Italiani I, Roma, 93–94.

Rinaldi, Michele (2004), Il *De luna liber* di Giovanni Pontano, edito, con
traduzione e commento, secondo il testo dell'*editio princeps* napoletana del 1512, Napoli.

Ruth, Jeffrey S. (2011), Urban Honor in Spain. *Laus urbis* from Antiquity
through Humanism, New York.

Toscano, Gennaro (1992), „Il bel sito di Napoli“: fonti letterarie e ico-
nografiche dal regno aragonese al Viceregno spagnolo, in: Bennedetto
Di Falco (Hrsg.), Descrittione dei luoghi antichi di Napoli e del suo
amenissimo distretto, [Napoli, Suganappo, 1549], coordinamento e
introduzione a cura di Tobia Raffaele Toscano, Napoli, 33–92.

Tufano, Carmela Vera (2015), Lingue tecniche e retorica dei generi letterari nelle *Eclogae* di G. Pontano, Napoli.

Tufano, Luigi (2013), Tristano Caracciolo e il suo ‚discorso‘ sulla nobiltà. Il *regis servitium* nel Quattrocento napoletano, Reti medievali 14/1, 211–261.

Weh, Dennis (2017), Giovanni Pontanos *Urania* Buch 1, Einleitung, Edition, Übersetzung und Kommentar, Wiesbaden.

Widhammer, Helmuth (2018), Jacopo Sannazaro, *Arcadia*, herausgegeben, übersetzt und kommentiert von Helmuth Widhammer, Stuttgart.

Vom aragonischen Hof von Neapel bis zum modernen Europa: Ein fruchtbarer Mythos unserer kulturellen Identität[1]

Giuseppe Germano

Das literarische Bild Arkadiens zählt sicherlich zu den erfolgreichsten Identitätsmythen unter den Intellektuellen des modernen Europas. Dieser Mythos stellte für lange Zeit einen regelrechten Seelenraum dar, in dem nicht nur die Gelehrten, die ihn schufen oder zu neuem Leben erweckten, sondern auch gewöhnliche Menschen, die ihn genossen, eine ideale Fluchtmöglichkeit außerhalb der Kategorien von Raum und Zeit erkannt und gefunden haben. In diesen idealen, von Göttern und Hirten bevölkerten Ort, voll von Licht und Schönheit, haben die Menschen lange Zeit ihr gemeinsames Streben nach Frieden und Gerechtigkeit sowie ihren persönlichen Kult des Guten und Schönen projiziert. In meinem Beitrag möchte ich die Entstehung dieses Mythos des modernen Europas behandeln, der in der zweiten Hälfte des 15. Jahrhunderts meiner Meinung nach offenkundig in propagandistischem Bewusstsein in der

1 Stefan Freund (Wuppertal) und Nina Mindt (Berlin) haben meinen deutschen Ausdruck überprüft, wofür ihnen herzlich gedankt sei.

literarischen Produktion der am aragonischen Hof von Neapel tätigen Humanisten entwickelt wurde.

Der moderne Mythos Arkadiens, der als Transformation und Idealisierung literarischer Bilder der angenehmen und hügeligen Landschaft am Golf von Neapel entstand,[2] wurde von den Intellektuellen am aragonischen Hof Neapels als Tribut an ihre eigene kulturelle Identität erbaut, verbreitete und etablierte sich aber in den folgenden Jahrhunderten in ganz Europa, weit über die Zeit der *Grand Tour* hinaus. Er wurde vor allem durch die weite Verbreitung der lateinischen sowie der volkssprachlichen Werke von großen Autoren wie Giovanni Pontano und Jacopo Sannazaro vermittelt,[3] aber auch durch den bedeutenden Beitrag vieler anderer wichtiger Literaten unterstützt, unter denen zumindest Pietro Gravina, Giano Anisio und später Berardino Rota zu nennen sind.[4] Diese Bilder der neapolitanischen Landschaft wurden nach den Kriterien einer feinen literarischen Verklärung gezeichnet und von dem humanistischen Traum inspiriert, die Pracht der antiken Welt wieder zum Leben zu erwecken:[5] Sie trugen ohne Zweifel zur Bildung einer starken kulturellen Identität

2   Zur Vorgeschichte und Ausarbeitung des Neapel-Bildes s. Iacono in diesem Band.

3   Ich verzichte darauf, an die Editionsgeschichte ihrer Werke zu erinnern oder auf einzelne Beiträge innerhalb der grenzenlosen Forschungsliteratur hinzuweisen, die sich um sie herum angesammelt haben. Ich möchte jedoch betonen, dass sie sowohl von den zeitgenössischen als auch von den späteren Intellektuellen auf dem gleichen Niveau wie die antiken Klassiker in ganz Europa betrachtet wurden und überall enormen kulturellen Einfluss als anerkannte und vielseitige Referenzmodelle besaßen.

4   Die *editio princeps* der poetischen Werke von Gravina erschien vier Jahre nach seinem Tod: Petri Grauinae Neapolitani *Poematum libri* [...] *Epigrammatum liber, Syluarum et elegiarum liber, Carmen Epicum*, ex officina Ioannis Sulsbacchii Hagenouensis Germani, Neapoli 1532. Aus der Sekundärliteratur s. zu einzelnen Aspekten Nassichuk 2011a; 2011b. Die *editio princeps* des ersten poetischen Werkes von Giano Anisio erschien fast gleichzeitig mit denen Gravinas: Ianii Anysii *Varia poemata et satyrae ad Pompeium Columnam cardinalem*, per Ioannem Sultzbacchium Hagenouensem Germanum, Neapoli 1531; unter den kritischen Studien immer noch nützlich ist Vecce 1995; s. aber vor allem die neueren Aufsätze von Toscano 2001; 2017; 2018. Von Berardino Rota sind hier zumindest die lateinischen Verse und die volkssprachlichen Eklogen zu erwähnen, die von Sannazaros Werken inspiriert wurden und in modernen Ausgaben erschienen: Zampese 2007; Bianchi 2005. Unter den modernen Studien über das poetische Schaffen Rotas auf Latein möchte ich Zampese 2012 erwähnen. Unter den anderen Intellektuellen, die dazu beigetragen haben, ein idealisiertes Bild von Neapel und seinem Golf auf den Spuren Pontanos zu verbreiten, möchte ich mindestens an Ioan Berardino Fuscano erinnern: s. Addesso 2003; 2007.

5   Vgl. Rico 1993.

bei, die über die Jahrhunderte hinweg im gesamten geokulturellen Gebiet des Alten Kontinents bis heute immer noch spürbare Auswirkungen zeigt. Der Humanist und königliche Sekretär Giovanni Pontano[6] begründete den erfolgreichen Mythos von Neapel und von der Pracht seiner Landschaft, indem er sich durch die Weisheitstradition des antiken Golfes der Sirenen, von denen Cicero selbst geschrieben hatte, inspirieren ließ.[7] Er befand sich in perfektem Einklang mit dem Geist jener klassischen Autoren, die durch den Erfolg und die Resonanz ihrer Werke viele Orte des antiken Griechenlands oder Italiens berühmt und denkwürdig gemacht hatten:[8] Denn in einem gelehrten literarischen Kunstgriff hatte er die Stadt Neapel und ihren Golf in einen idealen Raum projiziert, der außerhalb der Grenzen von Zeit und Geschichte lag, indem er ihre Kultur-, Weisheits- und Mythentraditionen hervorhob. Es war ein wohl bewusster und planvoller Akt, um die Großartigkeit und Pracht des Königreiches Neapel unter der aragonischen Dynastie zu preisen.[9]

Es lassen sich zwei wichtige Ausgangspunkte dieses erfolgreichen neapolitanischen Mythos, der von Pontano geschaffen wurde, ausmachen: in seinem dichterischen Werk die Ekloge *Lepidina*[10] und in seinem Prosawerk der archäologisch-antiquarische Anhang des sechsten Buches im geschichtlichen Werk *De bello Neapolitano*[11].

6 Vgl. Percopo 1938; Kidwell 1991; Monti Sabia 2010, Band 1, 1–31.
7 Vgl. Cic. fin. 5,18,49. Zu dieser Weisheitstradition und deren Bewusstsein, das Pontano als Intellektueller und Humanist ausgebildet hat, s. Iacono 2012, insbes. 162–166; Casanova-Robin 2014, *passim*.
8 Wie wir wissen, betrachteten sich die Humanisten auf der gleichen Ebene wie ihre antiken Vorbilder und, als ob die langen Jahrhunderte, die sie von ihnen trennten, nicht abgelaufen wären, stellten sich, wie in einem Traumzustand, in eine Linie emulativer Kontinuität mit den klassischen Autoren: Rico 1993, *passim*.
9 Zu den Merkmalen und Modalitäten dieses kulturellen Aktes s. Germano 2015.
10 Die *editio princeps* der *Lepidina* wurde 1505 in Venedig bei Aldo Manuzio gedruckt: I.I. Pontani *Opera. Vrania, siue de stellis libri quinque. Meteororum liber unus. De hortis Hesperidum libri duo. Lepidina siue postorales pompae septem. Item Meliseus, Maeon, Acon. Hendecasyllaborum libri duo. Tumulorum liber unus. Neniae duodecim. Epigrammata duodecim.* […], Venetiis, in aedibus Aldi Ro., mense augusto, 1505, u8r–y6r (=160r ff.). Im Laufe des letzten Jahrhunderts, nach Soldati 1902, Band 2, 7–29, und Oeschger 1948, 3–33, erschien jene Ausgabe, die im Moment als einzige den Ansprüchen einer kritischen Ausgabe wirklich entspricht: Monti Sabia 1973, 23–83, deren Text jetzt auch wiedergegeben ist in Casanova-Robin 2011, 3–85 (zu den Veröffentlichungskriterien, LX–LXII).
11 Die *editio princeps* des *De bello Neapolitano* wurde 1509 zusammen mit *De sermone* in Neapel bei Sigmund Mayr von Pietro Summonte besorgt: I.I. Pontani *De bello Neapoli-*

Die Ekloge *Lepidina* weist eine originelle und komplexe mythologische Konstruktion auf:[12] Sie verklärt und rühmt die Stadt Neapel und ihre Umgebung in einer olympischen Atmosphäre, die von namengebenden Gottheiten und Helden bevölkert ist. In der Tat mit einer sehr raffinierten und sehr lebhaften mythischen Erzählung, die das stilistische Register einer Theaterdarstellung enthält, und mit einer ziemlich transparenten literarischen Verklärung des gesamten Territoriums rund um den Golf von Neapel, besingt der Dichter die Schönheit und die natürliche sowie die wirtschaftliche Produktivität der Stadt Neapel und ihrer Umgebung.[13] Neapel wirkt hier nicht nur – durch die Verwendung präziser metaliterarischer Bezüge – als Wiege einer originellen und bereits reifen humanistischen Kultur[14], sondern auch – durch die feine Anwendung rhetorischer und fantasievoller Hilfsmittel – als Sitz einer mächtigen Dynastie von Herrschern, die auch erhebliche Investitionen in die Realisierung prächtiger öffentlicher Arbeiten auch nicht einsparen.[15]

Der archäologisch-antiquarische Anhang des sechsten Buches des historiographischen Werkes *De bello Neapolitano* ist eine gelehrte Abhandlung über die antiken Ursprünge der Stadt Neapel:[16] Hier will der Humanist Pontano die Schönheit, die Vornehmheit und die kulturelle Exzellenz hervorheben und rühmen, die die Stadt und ihr Territorium zu jeder Zeit

tano, Neapoli, ex officina Sigismundi Mayr, artificis diligentissimi, mense Maio 1509. Zu dem betreffenden Anhang s. hier G4v–G7v, jetzt in kritischer Ausgabe mit dem Nachweis von Quellen in Iacono 2012, 199–214.

12   Vor kurzem erhielt sie sorgfältige kritisch-hermeneutische Aufmerksamkeit durch die Untersuchung von Tufano 2015, 43–308.

13   Zum Verhältnis zwischen landwirtschaftlichen Produkten und der Sinneswelt sowie zur Einbindung der Nahrungsmittelproduktion des neapolitanischen Territoriums in der Ekloge *Lepidina* s. Casanova-Robin 2008 sowie Tufano 2014.

14   Besonders interessant in diesem Zusammenhang ist etwa das Lied der Antiniana in der *Pompa septima* (Monti Sabia 1973, 74–80: *Lepidina*, VII, V. 701–781, *passim*), s. dazu Monti Sabia 1983, insbes. 59–63 (jetzt auch in Monti Sabia 2010, Band 2, 1130–1133), sowie Tufano 2015. Wir können eine metaliterarische Interpretation auch der Anfangspartie der *Quarta Pompa* nicht ausschließen (Monti Sabia 1973, 41–42: *Lepidina*, IV, V. 255–260), mit der Darstellung der Nymphe Theodocie, die sich „auf der süßen Hirtenflöte übt" (*dulcem meditatur avenam*, V. 258; 260): Dazu s. Germano 2018, insbes. 164–165, der einige Einwände zu Tufano 2015 (131–133) vorbringt.

15   In diese Richtung gehen die Interpretation von Hersey 1969, 18–26, und Beyer 2000, 145–146.

16   Vgl. Iacono 2012.

aufwiesen, von der Antike bis zu seiner eigenen Gegenwart. So ergreift er die Gelegenheit, die Früchte seiner langen antiquarischen Forschungen über das neapolitanische Territorium, besonders in Bezug auf die antike griechische Kolonisation, in einer sehr klaren und kohärenten Synthese darzulegen, wobei er die Wurzeln der antiken griechischen *sapientia* betont. Die griechische Weisheit verkörpert für ihn den unentbehrlichen Charakter der Stadt, die auf dem Grab einer Sirene gegründet ist, und stellt immer noch eine starke und stets aktive Konnotationskraft dar.[17] Auch an dieser Stelle preist er die aragonische Dynastie mit propagandistischen Tönen: Sie habe gewissermaßen das Goldene Zeitalter ins Königreich Neapel zurückgebracht und zahlreiche und grandiose öffentliche Baumaßnahmen nicht nur zum Nutzen und zur Verteidigung der Stadt, sondern auch im Namen ihrer Schönheit realisiert.[18]

Aber das Engagement des Humanisten, die geo-anthropologischen Realitäten der Stadt Neapel und ihres Königreichs in einem literarischen Schmelztiegel zu verklären, um das Bild eines neuen Griechenlands aufzubauen, ist nicht plötzlich oder zufällig entstanden: Es scheint vielmehr die Wirkung eines bestimmten ideologischen Programms zu sein, das Pontano Schritt für Schritt durch seine literarische Produktion aufgebaut hat.[19]

Aus der Sicht der mythologischen Verklärung der Landschaftsmotive des Golfs von Neapel sind drei Gedichte besonders interessant, die Pontano in Sapphischen Strophen verfasst und in eine Gedichtsammlung mit dem überlieferten Titel *Lyra* eingefügt hat.[20] Obwohl die Entstehung und

---

17 Vgl. insbes. Iacono 2012, 166–167, 196–197.

18 Iacono 2012, 197–198 und Anm. 128 datiert die definitive Kompositionschronologie dieses archäologisch-antiquarischen Anhangs in die letzten Lebensjahre des Humanisten, kurz vor seinem Tod im Jahre 1503. Dies waren auch die Jahre des endgültigen Niedergangs der aragonischen Dynastie, sodass der Anhang sicherlich ebenfalls zu einer tief empfundenen Hommage des Humanisten an ein gleichsam verlorenes goldenes Zeitalter wird. Pontano bezieht sich insbesondere auf „die städtischen Eingriffe von Alfonso, Herzog von Kalabrien und Erben des Thrones von Neapel, der – zwischen 1481 und 1485 – das *Pomerium* erweitert und die Mauern von Neapel mit Piperno-Stein in ihrem östlichen und nördlichen Teil befestigt und verstärkt hatte", so Iacono 2012, 188. (Die Übersetzung aus dem Italienischen stammt vom Verfasser).

19 Zur Entstehung dieses programmatischen Engagements in der poetischen Karriere des Humanisten s. Germano 2015.

20 Die von Pietro Summonte besorgte *editio princeps* der *Lyra* wurde 1505 in Neapel bei Sigmund Mayr gedruckt: I.I. Pontani *Carmina*, impressum Neapoli per Sigismundum Mayr Alemanum mense Septembri 1505, 108r–119r. Sie wurde im letzten Jahrhundert

die Chronologie dieser Sammlung unklar bleibt,[21] können wir festhalten, dass diese Gedichte in einer recht späten Periode der poetischen Karriere des Humanisten überarbeitet wurden, auch wenn sie sicherlich Materialien und Motive enthalten, die auf seine Jugendzeit zurückgehen. Es handelt sich um die folgenden Gedichte: Nr. III der Sammlung, *Ad Antinianam nympham Iouis et Nesidis filiam*; Nr. IV, *Patulcidem et Antinianam nymphas alloquitur* und Nr. VI, *Antinianam nympham inuocat ad cantandas laudes urbis Neapolis.*[22] Die Gedichte Nr. III und IV stellen eine mythische Verklärung von zwei idyllischen und damals sehr bekannten Vororten Neapels, *Antinianum* und *Paturcium*, dar, die heute mit den Hügeln Vomero beziehungsweise Posillipo identifizierbar sind. Hier werden die zwei berühmten Hügel in der Gestalt der zwei namengebenden Nymphen Antiniana und Patulcis besungen.[23] Das Gedicht Nr. VI scheint die ganze Stadt und deren Golf ins Licht der olympischen Mythen einzutauchen,

---

auf der Grundlage des Textes der neapolitanischen *editio princeps* zweimal wieder veröffentlicht: Soldati 1902, Band 2, 313–338; Oeschger 1948, 353–378. Es gibt aber auch die echte kritische Ausgabe der *Lyra* auf der Grundlage des Autographs, der als Druckvorlage für die *editio princeps* gedient hat von Monti Sabia 1972 (mit einer dichten philologischen Einleitung: 1–28).

21 Vgl. Monti Sabia 1972; Iacono 2016, insbes. § 2. Struttura, cronologia e motivi di un canzoniere, 135–149, *passim*.

22 Auf diese drei Gedichte konzentriert sich Coppini 2011, insbes. 288–290; s. neuerdings auch Iacono 2016, die den ersten beiden einige Überlegungen widmet (145–149) und das dritte detailliert analysiert (150–178).

23 Es ist bekannt, wie sehr diese vorstädtischen Orte dem Humanisten am Herzen lagen. Er erwarb nämlich ein Grundstück mit einer Villa in Antignano auf dem Vomero-Hügel, und, nicht weit von dem angeblichen Grab von Vergil entfernt, einen Bauernhof in Paturcio auf dem Hügel Posillipo. Diese Orte wurden in der Vorstellung des Dichters literarisch verklärt: Die Figur der Nymphe Antiniana kommt sehr oft in der Dichtung Pontanos vor (vgl. Monti Sabia 2010, 21–22); ihr wird beispielsweise eine wichtige Funktion in der *Pompa septima* der Ekloge *Lepidina* gegeben (Monti Sabia 1973, 74–83, *passim*), wo sie das Hochzeitslied anlässlich der Hochzeit zwischen Sebethus und Parthenope mit den Prophezeiungen über ihre Nachkommen singt (für die sozioökonomischen, kulturellen und metapoetischen Wertungen dieses Liedes s. Tufano 2015, 273–308). Die Nymphe Patulcis wird auch häufig vom Humanisten in seiner Poesie erwähnt: Abgesehen von den Gedichten aus der Sammlung *Lyra* erscheint ihre Figur mehr als einmal in der *Pompa sexta* der Ekloge *Lepidina* (Monti Sabia 1973, 68–74, *passim*; Tufano 2015, 245–271, *passim*); wir finden sie zudem im Prolog der beiden Bücher von *De hortis Hesperidum*, I, 45 und II, 12 (Soldati 1902, Band 1, 230, 246) sowie hier und dort in den *Eklogen* und an verschiedenen Stellen der *Hendecasyllabi*, der Sammlung *De tumulis* und des *Eridanus*.

während der Humanist die Nymphe Antiniana einlädt, das Lob Neapels zu singen. Eine erste Abfassung des dritten Gedichtes der *Lyra*, *Ad Antinianam Nympham Iouis et Nesidis Filiam*, fällt sicherlich in die Jugendjahre des Dichters, nicht allzu lange nach dem Umzug aus seiner Heimat Umbrien nach Neapel im Jahre 1448 (*dum relictis/Vmbriae campis nemore et Sabino/ te peto* [...], V. 5–7). Hier hat Pontano der Nymphe Antiniana die Vaterschaft Jupiters, der größten olympischen Gottheit, und die Mutterschaft der namengebenden Nymphe der Insel Nisida zugeschrieben[24] und beruft sich auf sie sowie auf die Nymphe Patulcis, die Vergils Grab auf dem Posilippo bewacht und berühmt für bukolische und epische Dichtung ist ([...] *Patulcis,/Fistula insignis, simul et canoro/Nobilis aere*, V. 10–12), um Unterstützung in seiner poetischen Inspiration zu erhalten (*Vos sequor, fidae Aonidum sodales*, V. 13). Demnach übernehmen die zwei neapolitanischen Gottheiten an dieser Stelle die Funktion der griechischen Musen.[25]

Diese Umsetzung erklärt sich aus einer unmissverständlichen Tatsache: Der Humanist stellt eindeutig fest, dass die zwei Hügel der Nymphen Antiniana und Patulcis, also die Hügel Vomero und Posillipo, für ihn eigentlich zum zweigipfligen Helikon geworden sind (*Aon est uester mihi collis* ..., V. 14). Deshalb ist es unverkennbar, dass der griechische Helikon für Pontano zum Golf von Neapel übergesiedelt ist:[26]

O ades, summo Ioue nata et udis
Alta nymphe litoribus, reposto

24 Die Insel Nisida ist noch heute das charakteristischste und dominanteste Element des Panoramas, das vom Vomero-Hügel aus in Richtung Westen genossen werden kann. Zu dieser Genealogie und zum Bild von Nisida bei den klassischen Autoren und insbesondere bei Statius s. Coppini 2011, 289–290.
25 Dieses Detail wurde bereits von Coppini 2011, 288, hervorgehoben.
26 Für den Text dieser drei Gedichte habe ich die von Benedetto Soldati herausgegebene Ausgabe verwendet (Soldati 1902, Band 2, 313–338, insbes. 318–320, 322–323), die im Wesentlichen den Text der von Pietro Summonte herausgegebenen *editio princeps* wiedergibt (und nicht stattdessen die neuere kritische Ausgabe von Monti Sabia 1972, 29–70, insbes. 39–42, 45–46). Denn diese Ausgabe ist jene, die den weit verbreiteten Text im Laufe der Jahrhunderte abbildet: Allein dieser Text, obwohl er korrupt oder interpoliert sein kann, hat über jede philologische Rekonstruktion hinaus eine bestimmte poetische Erinnerung innerhalb des literarischen Systems festgelegt. Die Übersetzungen, die von jetzt an vorgeschlagen werden, wurden von mir selbst verfasst und von Nina Mindt und Stefan Freund durchgesehen. Ihnen gebührt meine Dankbarkeit.

Colle quam Nesis genuit, superbo e-
Nisa sub antro;

O ades mecum dea, dum relictis   5
Vmbriae campis nemore et Sabino
Te peto Sebethiaden et amnem,
Antiniana,

Assit et tecum comes illa quondam
Sueta nympharum choreis Patulcis,   10
Fistula insignis, simul et canoro
Nobilis aere!

Vos sequor, fidae Aonidum sodales:
Aon est uester mihi collis, e quo
Forsan et riui scateant et ipsa   15
Thespias unda.

Oh unterstütze mich, Nymphe, Tochter der höchsten Jupiter, genährt auf den nassen Küsten, du, die Nisida auf einem abgelegenen
Hügel gezeugt und unter einer prächtigen Höhle geboren hat; oh,
steh mir bei, während ich, (5) nachdem ich die Felder Umbriens
und den sabinischen Hain verlassen habe, zu dir, Antiniana, und
dem Fluss Sebethus eile, und zusammen mit dir soll mir jene Ge-
fährtin beistehen, die einst gewöhnlich im Reigen der Nymphen
tanzte, Patulcis (10), herausragend mit ihrer Hirtenflöte und zugleich bekannt für ihre wohlklingende Trompete! Euch folge ich,
ihr treuen Gefährtinnen der Musen: Euer Hügel ist für mich der
Helikon, und von ihm könnten etwa Bäche hervorsprudeln, und
auch (15) die thespische Woge selbst.

Für Pontano wird die herrliche neapolitanische Landschaft, die durch den
neuen Helikon der beiden Hügel Vomero und Posillipo gekennzeichnet
ist, zum modernen Sitz der Poesie; sie ist in einer verfeinerten und zeitlo-
sen Atmosphäre idealisiert und in eine mythische Dimension umgesetzt,
die mit Dryaden, Najaden und Nymphen gefüllt und auch durch die

wenigstens im Hintergrund wahrnehmbare Präsenz des Gottes Proteus
am Ende angereichert ist. So bereitet der Humanist das Szenario der Er-
scheinung von Ariadna – gemeint ist Adriana Sassone, ein adeliges neapo-
litanisches und vom Dichter geliebtes Mädchen, das später seine Gattin
werden sollte – im zweiten Teil des Gedichts vor: Hier lodert das Mädchen wie eine olympische Göttin, als ob es die Venus von Lukrez oder die
Primavera von Botticelli wäre:

> *En adest inter uiolas rosamque*
> *Illa quae uernos hiemem sub ipsam*
> *Ore prae se fert oculisque et omni*
> *tempore honores;* 20

> [...]

> *Cuius adventu rosa purpurescit*
> *Et nouis siluae recreantur auris,* 30
> *Lilia albescunt et hiat decoro*
> *Flore hyacinthus;*

> *Cuius afflatu induitur recentem*
> *Arbor in florem Dryadesque ab altis*
> *Montibus cultam uenerantur, uda et*
> *Naides herba.* 35

> *Venit ad litus; mora nulla nymphae*
> *Litus optatum celebres frequentant,*
> *Ora mirantur rosea et ad imas*
> *Pectora plantas.* 40

Sieh da, da ist sie zwischen Veilchen und Rosen, jene, die selbst
im Winter und zu jeder Jahreszeit in ihrem Antlitz und ihren Augen die Schönheit des Frühlings offenbart; (20) [...] Durch ihre
Ankunft wird die Rose purpurfarben und die Wälder erstarken in
frischen Lüften, (30) die Lilien werden weiß und die Hyazinthe
klafft geöffnet in zierlicher Blüte; durch ihren Hauch kleidet sich

der Baum in frische Blüte, und sie, die Anmutige, verehren von den hohen Bergen herab die Dryaden und die Najaden auf nassem Gras. (35) Sie ist zur Küste gekommen; unverzüglich füllen zahlreiche Nymphen die Küste mit dem Wunsch, sie zu sehen, und sie bewundern ihr rosenfarbiges Antlitz und ihre Brust bis hinab zu den Füßen (40).

In einer metaphorischen Konstruktion rät der Dichter seiner geliebten Ariadna, nichts auf die Verlockungen der Schiffsreeder, Händler oder Landbesitzer zu geben, sondern sich nur auf die städtischen Gemüsegärten und die Liebe eines Dichters zu verlassen:

Heu, quod aduentat ferus ille Protheus!
Crede ne, uirgo, pelago: rapinis
Pontus exultat. Tua forma solis
Gaudeat hortis.

Crede neu tete nemorum latebris: 45
Panes et siluis habitant procaces.
Crede te Musis, Ariadna: Musae
Casta sequuntur.

Oh weh, dort eilt Proteus, jenes wilde Tier, herbei! Vertraue dem Meer nicht, junge Frau! Nur über Beute jauchzt die Flut vor Freude auf. Deine Schönheit soll sich nur in Gärten erfreuen. (45) Auch den Verstecken in den Hainen sollst du dich nicht anvertrauen: Auch die Wälder bewohnen die aufdringlichen Panen. Vertraue dich den Musen an, Ariadna: Die Musen folgen dem, was rein ist.

Hier wird die Landschaft durch den Mythos verklärt, und durch den Mythos wird sie fast zum Resonanzboden des literarischen Stolzes des Dichters und zum Theater seiner Gefühle in einem Triumph von Bildern und Farben, die die Wirklichkeit im Kaleidoskop der Fantasie idealisieren. Von den Hügeln bis zum Meer entfaltet sich vor unseren Augen die Verklärung des Golfs von Neapel und seiner Landschaft, die zur Würde der olympischen Welt aufsteigt. Das vom Dichter geliebte Mädchen wird

zu einer olympischen Göttin und die Beziehung Stadt – Land, die durch
die Ermahnung ausgedrückt wird, nur die städtischen Gemüsegärten zu
bewohnen, hat nun die bereits in der klassischen Dichtung bestehende
Opposition aufgelöst und nimmt eine starke ethische Konnotation an
(*tua forma solis/gaudeat hortis*, V. 43–44).

Im vierten Gedicht der *Lyra*, *Patulcidem et Antinianam nymphas alloquitur*, beschwört der Dichter die Nymphen Patulcis und Antiniana in
einem Kontext, in dem er die Verklärung der Landschaftselemente mit
einer verfeinerten metaliterarischen Konstruktion mischt. Indem er sich
sowohl auf seine eigene poetische Tätigkeit (*Meliseus*, V. 9) als auch wahrscheinlich auf die des Sannazaro (*Menalca*, V. 11) bezieht, präsentiert er
dem Leser ein faszinierendes Bild von Mergellina:[27] Der bekannte Vorort
von Neapel erscheint hier in der Gestalt einer verführerischen Nymphe,
die sich schmückt und in einer Meereshöhle singt. Ihr Lied belebt und
erfreut die gesamte Landschaft, die von den natürlichen Elementen, wie
Hügeln, Höhlen und Gärten, bis hin zu den künstlichen Werken der
Menschen, wie den Befestigungen der Stadt, widerhallt:

Colle de summo nemorumque ab umbris
Te uoco ad litus placidum, Patulci,
Teque ab hortis Pausilipi et rosetis,
Antiniana,

Aura dum aestiuos recreat calores   5
Et leues fluctus agitant cachinni,
Dum sonant pulsae zephyris arenae
Antraque clamant.

Antra vos poscunt querulaeque arenae:
En canunt illinc Meliseus alto   10
Fistulam inspirans scopulo, canorus
Inde Menalcas;

---

27 Zur Identifizierung des Hirten Melisaeus bei Pontano selbst und von Menalcas bei
Sannazaro, dem auch eine Villa in Mergellina, der Gegend von Paturcium in der Nähe des
Bauernhofes von Pontano, gehörte, s. den Kommentar von L. Monti Sabia 1977, Band 2,
360, sowie Iacono 2016, 147 und Anmerkungen.

En adest culta ad speculam et superbum
Dia Mergillina iugum, en capillos
Ponit unguens ambrosia, en nitentis   15
Oris honores

Fingit, alludens speculo. [...]

[...]

[...] *E specula propinqua*
Ipsa Mergillina canit proculque   35
Saxa reclamant.

Litus o felix modulante nympha,
Cui et hi montes, cui et antra et horti
Assonantque arces, procul atque ab alto al-
Ludit imago.   40

Hoch oben vom Hügel und aus den Schatten der Wälder rufe ich dich, Patulcis, zur ruhigen Küste, und dich, Antiniana, aus den Gärten und Rosenhecken des Posillipo, während die Luft die Hitze des Sommers mildert (5) und leichtes Geplätscher die Fluten belebt, während die Sandfelder, gepeitscht vom Südwind, tönen und die Grotten dröhnen. Die Grotten und die jammernden Sandfelder verlangen nach euch. Sieh da, von dort singt Meliseus, von dem hohen (10) Felsen herab, seine Rohrflöte blasend, und von dort der melodische Menalcas; sieh da, bei der Höhle und dem erhabenen Joch erscheint in ihrer Eleganz die göttliche Mergillina, sieh da, sie legt ihr Haar zurecht, es einsalbend mit Ambrosia, sieh da, sie schminkt die Schönheit (15) ihres strahlenden Antlitzes, während sie sich im Spiegel zuscherzt. [...] Aus der nahen Höhle singt selbst Mergillina und in der Ferne (35) hallen die Felsen wider. Oh, du glückliche Küste, unter dem melodischen Gesang der Nymphe, an der auch diese Berge, an der sowohl Höhlen als auch Gärten und Festungen tönend beistimmen, an der in der Ferne und aus der Tiefe dein Echo widerhallt!

Hier, zwischen Landschaftselementen, klimatischen Faktoren und namengebenden Gottheiten, ist der Mythos des Golfs von Neapel als neapo-
litanisches Arkadien bereits vollständig geformt, und man kann als wirkli-
chen Seelenraum jene Landschaftscharakteristika erkennen, die nicht nur
den Hintergrund der *Eclogae piscatoriae* und der *Arcadia* des Sannazaros
bilden,[28] sondern auch der anderen späteren literarischen Produktionen,
die diesen Mythos im Laufe der Jahrhunderte über ganz Europa hinweg
verbreitet haben (man denke beispielsweise an die Werke von Garcilaso
de la Vega).[29]

Im sechsten Gedicht der *Lyra*, *Antinianam nympham inuocat ad cantandas laudes urbis Neapolis*, ruft der Humanist die Nymphe *Antiniana* an,
die Stadt Neapel zu preisen. Der Dichter ermahnt die Nymphe, über die
Pracht der Architektur Neapels und die unübertreffliche Schönheit ihrer
natürlichen Aspekte zu singen, ohne jedoch die politische Bedeutung und
den kulturellen Vorrang der Stadt zu vernachlässigen:[30]

Sume age intactam citharam atque ab alto
Colle descende, Antiniana, in urbem
Et nouos chordis numeros nouumque
Concipe carmen,

Vrbi et assurge, o dea, quam superbae   5
Muniunt turres, rigat unda subterque
Et specus Sebethiadum sororum
Ditat et aequor.

28 Iacono 2016, 147 und Anm. 48, vertritt die Hypothese, dass dieses Gedicht die
Sammlung der *Eclogae Piscatoriae* von Sannazaro, zumindest in ihrem ersten Entwurf,
voraussetzen kann; laut der Gelehrten (vgl. ebenda) konnte das Gedicht in filigraner Weise
gelesen werden mit der Erhöhung, die der Humanist Pontano als Nachfolger von Vergil in
der *Pompa septima* der *Lepidina*, V. 45–76, aus sich selbst macht (s.o. Anm. 13).
29 Unter der reichhaltigen Bibliographie zu diesem Thema sei zumindest der Aufsatz von
Béhar 2018, mit weiterführenden Literaturhinweisen erwähnt.
30 Zur Lobrede über Neapel in dieser Lyrik vgl. Iacono 2012, 164; zu einer einge-
henden Analyse der Lyrik und einer genauen Diskussion ihrer Varianten vgl. überdies
Iacono 2016, 150–160, und 161–166 (§ 4. Problematiche esegetiche).

Antraque et dulces Charitum recessus
Et sacri colles Cereri ac Liaeo   10
Vestiunt hanc et nemora et serena
Temperat aura,

Ver et aeternum tepidique rores
Temperant, disque otia grata et almae
Lucis auctor Sol fouet atque amico   15
Spectat ab astro.

Praeficit regnis pater hanc deorum
Praeficit bellis animosa uirgo
Auctor et Mars militiae ac uirorum
Bella gerentum.   20

Hanc domum Musae sibi uendicarunt
Et bonae hanc artes studiis bonique
Cultus et recti simul et sacrorum
Iustitiaeque,

Templaque et regum monumenta et arces,   25
Aedium insignes aditus adornant,
Et diis gratam et patribus uirisque et
Plebe frequentem.

Los, nimm die Kithara, die bislang unberührt ist, und steige, Antiniana, von dem hohen Hügel herab in die Stadt und komponiere
auf den Saiten neue Takte und ein neues Lied, und erweise, oh
Göttin, der Stadt deine Ehre, der Stadt, die erhabene (5) Türme
schützen, die eine Woge von unten und die Grotte der sebethischen
Schwestern bewässert und das Meer bereichert. Höhlen, liebliche
Verstecke der Chariten, und Hügel, der Ceres und dem Bacchus
heilig, (10) und Haine schmücken diese und heitere Lüfte mäßigen sie, es mäßigen sie ewiger Frühling und milder Tau, die Götter
haben willkommene Muße, und Sol, Begründer des erquickenden
Lichts, erwärmt und blickt (15) vom wohlwollenden Stern herab.

Der Vater der Götter stellt sie an die Spitze der Königreiche, die
mutige Jungfrau stellt sie an die Spitze der Kriege wie auch Mars,
der Stifter des Militärdienstes und der Männer, die Krieg führen.
(20) Die Musen beanspruchten sie für sich als ihr Zuhause und die
schönen Künste beanspruchten sie für ihre Studien und auch die
anständigen sowie zugleich rechtschaffenen Verehrungen von Religion und von Gerechtigkeit; und Kirchen, Denkmäler und Festungen von Königen (25) und prächtige Tore von Häusern zieren
sie, sie ist den Göttern lieb und wird von Vätern, Männern und
dem Volk belebt.

Die Verwendung eines mythopoietischen Registers und eines metaliterarischen Standpunkts überträgt den Inhalt der Lyrik auf eine vollkomme-
ne Verklärungsebene, wobei die Lobrede über Neapel Thema des Liedes
der Nymphe Antiniana ist, die die Stimme und den Willen des Dichters
Pontanos selbst darstellt. Neben den hervorragenden Befestigungswerken
der Stadt und ihren Vorteilen aufgrund der Nähe zum Meer, werden die
Tuffsteinhöhlen, überaus typisch für die neapolitanische Landschaft, zu
den verborgenen Winkeln der Nymphen und der Chariten; die Hügel um
Neapel, die reich an Bebauungen und Weinbergen sind, werden der Göttin Ceres und dem Gott Bacchus heilig; ein ewiger Frühling macht die
Stadt den Göttern lieb; die Sonne schützt und begünstigt sie mit ihrem
Licht, oder, besser gesagt, der Sonnengott, der für den Dichter, dem die
astrologische Wissenschaft am Herzen lag, als ein klares Symbol für Kö-
nigswürde und Macht fungiert; Jupiter selbst macht sie zur Hauptstadt
des Königreiches und die Kriegsgötter Minerva und Mars übertragen ihr
die Verantwortung und die Vorherrschaft für Kriege und Armeen, indem
die Musen sie als ihr Zuhause beanspruchen.[31] Darüber hinaus haben die
freien Künste sie zum Sitz ihrer Studien gemacht, da diese der Sitz jeder
humanistischen Kultur[32] und jeder Sorge für Gerechtigkeit und Recht

---

31 Liliana Monti Sabia schreibt in ihrem Kommentar 1977, Band 2, 363 Anm.: „denkt
vor allem an Vergil, den er für einen neapolitanischen Dichter hält [...], sowie an Statius,
an sich selbst, an Sannazaro und an die vielen zeitgenössischen humanistischen Dichter,
die in Neapel lebten und schrieben" (Die Übersetzung aus dem Italienischen stammt vom
Verfasser).
32 Zur außergewöhnlichen kulturellen Blüte Neapels im 15. Jahrhundert, sind die Studien von Fuiano immer noch sehr nützlich: s. Fuiano 1973a; 1973b.

ist.[33] In dieser verklärten Umwelt, die der olympischen Welt in ihrer Würde gleichgestellt ist, wird der Stadt durch den zahlenmäßigen Reichtum der Bevölkerung, die große Zahl von Kirchen, öffentlichen und privaten Monumenten, Festungen und Palästen als Symbole ihres Wohlstandes zusätzlich ein hoher Wert verliehen.

Über die bewusste Anwendung aller für die *Laudes urbium* vorgesehenen rhetorischen Kanones hinaus ist auch die mythologische Verklärung für den Dichter zu einem präzisen Kommunikationscode geworden, der ihm dazu dient, die materielle und immaterielle Realität seines geliebten Neapel zu preisen und zu ehren.[34] So projiziert der Humanist die aragonische Hauptstadt in eine verfeinerte und glitzernde Welt, außerhalb von Zeit und Geschichte, als ob sie zu einem neuen Athen geworden wäre, das ideale Symbol für die Zivilisation und Kultur der modernen Welt in ihrer Verbindung mit der Antike.

Es scheint mir, dass der Humanist Pontano genau hier, in diesen drei Gedichten der Sammlung *Lyra*, den Mythos von Neapel bereits voll und ganz so erschuf, wie er anschließend in ganz Europa Verbreitung fand: ein moderner Helikon als neuer Sitz der Musen; ein neues Griechenland als Sitz der Literatur, der Künste und der Gerechtigkeit; ein neues Arkadien als *locus amoenus par excellence*, an dem moderne Dichter, als Erben der antiken Dichter, die Feinheit der klassischen Welt erneuern können; eine ideale Stadt als Sitz von Schönheit, Kultur, königlicher Majestät und Gerechtigkeit – all dies repräsentiert Neapel für den Humanisten das ‚neue Athen'.

Natürlich hat Pontano diese Bilder erschaffen, um das aragonische Neapel als Hauptstadt eines mächtigen Königreiches zu preisen, aber jenseits aller möglichen Erwartungen sind solche Bilder mächtiger und dauerhafter als die aragonische Dynastie von Neapel selbst gewesen. Die Dynastie wäre bald von der Geschichte hinweggefegt worden, aber diese Bilder sind bis heute mit ihrer evokativen Kraft geblieben. Das ist die wahre Macht der Literatur!

33 Die juristische Tradition und das Studium der Rechtswissenschaften an der Universität Neapel waren seit deren Gründung unter Kaiser Friedrich II. von Schwaben immer von großer Bedeutung; zu den Beziehungen zwischen Juristen und König Ferdinand s. v.a. Storti 2014, 65–75, mit reichhaltiger Archivdokumentation.
34 Vgl. Iacono 2016, 150–151 und Anmerkungen.

Ohne dieses gewagte kulturelle Unternehmen, das von Pontano mit einem präzisen programmatischen Kalkül durchgeführt wurde, hätte beispielsweise Zanobi Acciaioli seine *Oratio in laudem Civitatis Neapolitanae* im Jahre 1515 nicht schreiben können: Indem dieser hier auf eine Rede von Aelius Aristides anspielt, verleiht auch er der aragonischen Stadt die Rolle und die kulturelle Lage Athens. Nur die Kontinuität mit dem mythopoietischen Programm Pontanos kann die Abfassung der *Arcadia* von Sannazaro erklären, eines Werkes, das gewissermaßen die Grundlage eines der schönsten und fruchtbarsten Mythen der modernen kulturellen Identität Europas bildete. Als Sannazaro nämlich die Landschaft seines Arkadiens als eine ideale Landschaft des Geistes kreierte, hatte er das Bild des Golfs von Neapel mit seinen Schönheiten vor Augen, genau wie es schon früher von Pontano im klassischen Sinn verklärt worden war. [35]

Genau noch dieses Bild Arkadiens als Verklärung und Idealisierung des Bildes von Neapel sollte – vielleicht zum Teil unbewusst – in den folgenden Jahrhunderten mit all seinen ideellen und kulturellen Implikationen nach ganz Europa verbreitet werden. Und so – mehr oder weniger bewusst – stellte Neapel für die moderne Welt das dar, was Griechenland für die antike Welt gewesen war.

Dies ist meiner Meinung nach die Genese eines der glücklichsten Mythen des modernen Europas, des Mythos von Arkadien, eines Mythos, der zweifellos immer noch zur Liste der wichtigsten Identitätsmythen Europas gehört. Es scheint mir auch, dass dieser Mythos immer noch in der Lage ist, sinnvollerweise zu unserer Gegenwart zu sprechen, nicht nur wegen all dessen, was er an und für sich wirklich bedeutete, sondern auch deshalb, weil er mir immer noch fähig erscheint, uns als methodische Aufforderung zu dienen, um unsere gemeinsame europäische Zukunft aufzubauen. Das heutige Europa, das sich in einer sehr heiklen Phase ethnischer und kultureller Transformation befindet, benötigt mehr als je zuvor neue und starke Identitätsmythen, die seine Werte für eine gemeinsame Zukunft vermitteln. Das hier vorgestellte Beispiel kann zeigen, dass die Verklärung der Schönheit und das Teilen ihrer Mythen erfolgreich in den Herzen der Menschen wurzeln und autonom über die Zeit hinweg andauern können; es kann zeigen, wie die Menschen darauf angewiesen sind,

---

35 Vgl. Deramaix 2012.

sich in positiven und konstruktiven Idealen zu erkennen, in die sie ihre Träume projizieren können: Und genau aus diesem Grund sollten sich die Intellektuellen heute – meiner Meinung nach – mehr als je zuvor dazu verpflichten, Mythen dieser Art zu erschaffen, die fruchtbar und bei der Konstruktion neuer Ideale gemeinsam genutzt werden können, anstatt sich auf jene müden Formen des Pseudorealismus zu konzentrieren, die bisher nur der nutzlosen, wenn nicht sogar schädlichen Ästhetik des Hässlichen einen riesigen Platz gegeben haben.[36] Wenn die Gelehrten tatsächlich einen aktiven Beitrag zur Bildung einer neuen europäischen Identität leisten möchten, die auf der Grundlage neuer Koexistenzmodelle fußt, müssten sie die Verpflichtung übernehmen, eine neue ideale Schönheit zu erfinden, die den störenden Spannungen der Gesellschaft entgegenwirken könnte. In der dialektischen Realität der Welt und der Geschichte stellt sich unabwendbar das Hässliche auf die Seite von Unordnung, Entropie und Zerstörung: Allein die Schönheit arbeitet mit jenen konstruktiven Kräften zusammen, die sich in der Ordnung des *Kosmos* organisieren.

---

36 Die Ästhetik des Hässlichen erhielt 1853 eine philosophische Kanonisation durch den Hegelianer Karl Rosenkranz (Rosenkranz 1853).

Literaturverzeichnis

Primärliteratur

Addesso, Anna Cristiana (Hrsg.) (2007), Ioan Berardino Fuscano, *Stanze sovra la bellezza di Napoli*, Napoli.

Anysii, Ianii (1531), *Varia poemata et satyrae ad Pompeium Columnam cardinalem*, Neapoli, per Ioannem Sultzbacchium Hagenouensem Germanum.

Bianchi, Stefano (Hrsg.) (2007), Berardino Rota *Egloghe pescatorie*, Roma.

Casanova-Robin, Hélène (Hrsg.) (2011), G. Pontano, Églogues. Eclogae, Paris.

Grauinae Neapolitani (1532), Petri, *Poematum Libri ad illustrem Ioannem Franciscum de Capua Palenensium Comitem, Epigrammatum liber, Syluarum et elegiarum liber, Carmen Epicum*, ex officina Ioannis Sulsbacchii Hagenouensis Germani, Neapoli.

Monti Sabia, Liliana (Hrsg.) (1972), La *Lyra* di Giovanni Pontano edita secondo l'autografo codice Reginense Latino 1527, Rendiconti dell'Accademia di Archeologia, Lettere e Belle Arti di Napoli 47, 1–70.

– (1973), I.I. Pontani *Eclogae*, Napoli.

– (1977), G. Pontano, *Poesie latine* I–II, Torino.

Oeschger, Johannes (Hrsg.) (1948), I.I. Pontani *Carmina*. Ecloghe, Elegie, Liriche, Bari.

Pontani, Ioannis Ioviani (1505a), *Carmina*, impressum Neapoli per Sigismundum Mayr Alemanum mense Septembri.

– (1505b) *Opera. Vrania, siue de stellis libri quinque. Meteororum liber unus. De hortis Hesperidum libri duo. Lepidina siue postorales pompae septem. Item Meliseus, Maeon, Acon. Hendecasyllaborum libri duo. Tumulorum liber unus. Neniae duodecim. Epigrammata duodecim.* [...], Venetiis, in aedibus Aldi Ro., mense augusto.

– (1509) *De bello Neapolitano*, Napoli, ex officina Sigismundi Mayr, artificis diligentissimi, mense Maio.

Soldati, Benedetto (Hrsg.) (1902), I.I. Pontani, *Carmina*, I (Introduzione, Poemetti), II (*Ecloghe, Elegie, Liriche*), Firenze.

Zampese, Cristina (Hrsg.) (2007), B. Rota, *Carmina*, Torino.

Sekundärliteratur

Addesso, Anna Cristiana (2003), Le «vaghe membra» di Napoli e le «colorate parole» di Ioan Berardino Fuscano: una lettura de *Le Stanze sovra la bellezza di Napoli*, Studi Rinascimentali 1, 45–61.

Béhar, Roland (2018), L'onomastique bucolique dans la poésie de Garcilaso de la Vega. Le modèle de Virgile et des poètes de l'Académie pontanienne, in: Marc Deramaix/Guiseppe Germano (Hrsg.), L'*Exemplum* virgilien et l'Académie napolitaine à la Renaissance. Itinera Parthenopea I, Paris, 369–397.

Beyer, Andreas (2000), Parthenope. Neapel und der Süden in der Renaissance, München 2000.

Casanova-Robin, Hélène (2008), *Rustica Voluptas*. Produits agrestes et sensualité dans la première Églogue de Pontano, in: Perinne Galand-Hallyn/Carlos Lévy/Wim Verbaal (Hrsg.), Le Plaisir dans l'Antiquité et à la Renaissance, Turnhout, 187–212.

– (2014), Parthénopé et autres Sirènes dans l'oeuvre de Giovanni Pontano (1429–1503): figures du savoir et idéal d'harmonie dans l'univers napolitain, in: Hélène Vial (Hrsg.), Les Sirènes ou le savoir périlleux. D'Homère au XXIᵉ siècle, Rennes, 207–222.

Coppini, Donatella (2011), Pontano e il mito domestico, in: Virginie Leroux (Hrsg.), La Mythologie Classique dans la Littérature Néo-Latine. En hommage à Geneviève et Guy Demerson, Clermont-Ferrand, 271–292.

Deramaix, Marc (2012), *Ubi est Arcadia?* L'Arcadia de Sannazar ou l'académie napolitaine et son double pastoral, Revue Fontenelle 10, 17–40.

Fuiano, Michele (1973a), Insegnamento e cultura a Napoli nel Rinascimento, Napoli.

– (1973b), Maestri di medicina e filosofia a Napoli nel Quattrocento, Napoli.

Germano, Guiseppe (2015), Giovanni Pontano e la costituzione di una nuova Grecia nella rappresentazione letteraria del Regno Aragonese di Napoli, Spolia. Journal of Medieval Studies 1, 36–81.

– (2018), Toponomastica e trasfigurazione letteraria nella poesia di Giovanni Pontano: Crambane ed altre ninfe vesuviane, in: Giuseppina

Matino/Flaviana Ficca/Raffaele Grisolia (Hrsg.), Generi senza confini. La rappresentazione della realtà nel mondo antico, Napoli, 157–170.

Hersey, George L. (1969), Alfonso II and the Artistic Renewal of Naples 1485–1495, New Haven.

Iacono, Antonietta (2012), Geografia e storia nell'Appendice archeologico-antiquaria del VI libro del *De bello Neapolitano* di Giovanni Gioviano Pontano, in: Raffaele Grisolia/Giuseppina Matino (Hrsg.), Forme e modi delle lingue dei testi tecnici antichi, Napoli, 161–214.

– (2016), Una celebrazione di Napoli e dei suoi sovrani nella compagine di un canzoniere di Giovanni Pontano: l'ode VI della *Lyra*, in: Giuseppina Matino/Flaviana Ficca/Raffaele Grisolia (Hrsg.), Il modello e la sua ricezione. Testi greci e latini, Napoli, 133–178.

Kidwell, Carol (1991), Pontano: Poet and Prime Minister, London.

Monti Sabia, Liliana (1983), Trasfigurazione di Virgilio nella poesia del Pontano, in: Francesco Della Corte, Atti del Convegno Virgiliano di Brindisi nel Bimillenario della morte, 15–18 ottobre 1981, Napoli, 47–63.

– (2010), Profilo biografico, in: Giuseppe Germano/Liliana Monti Sabia (Hrsg.), Studi su Giovanni Pontano, Messina.

Nassichuk, John A. (2011a), Imitation de Stace dans une élégie de Petrus Gravina à l'éloge de Sorrente, in: Laure Chappuis Sandoz (Hrsg.), Au-delà de l'élégie d'amour. Métamorphoses et renouvellements d'un genre latin dans l'Antiquité et à la Renaissance, Paris, 229–244.

– (2011b), L'éloge du condottière: Prosper Colonna dans les épigrammes de Pietro Gravina, in: Giancarlo Abbamonte/Joana Barreto/Teresa D'Urso/Alessandra Perriccioli Saggese/Francesco Senatore (Hrsg.), La battaglia nel Rinascimento meridionale, Roma, 499–510.

Percopo, Erasmo (1938), Vita di Giovanni Pontano, a cura di Michele Manfredi, Napoli.

Rico, Francisco (1993), El sueño del humanismo. De Petrarca a Erasmo, Madrid.

Rosenkranz, Karl (1853), Die Ästhetik des Häßlichen, Königsberg.

Storti, Francesco (2014), *El buen marinero*. Psicologia politica e ideologia monarchica al tempo di Ferdinando I d'Aragona re di Napoli, Roma.

Toscano, Tobia R. (2001), Giano Anisio tra Nola e Napoli: amicizie pole-miche e dibattiti, in: ders. (Hrsg.), *Nola fuori di Nola. Itinerari italiani ed europei di alcuni nolani illustri*, Castellammare di Stabia, 35–56.

– (2017), Le egloghe latine di Giano Anisio, 'amico' napoletano di Garci-laso, Bulletin hispanique 119, 495–516.

– (2018), *Hic ego ludentem patulae sub tegmine fagi/Tityron audivi carmina cornigerum*, Giano Anisio alla scuola di Virgilio, in: Marc Deramaix/Guiseppe Germano (Hrsg.), L'*Exemplum* virgilien et l'Académie napo-litaine à la Renaissance. Itinera Parthenopea I, Paris, 335–349.

Tufano, Carmela Vera (2014), Alcuni aspetti del lessico agro-alimentare nelle *Eclogae* di G. Pontano, in: Raffaele Grisolia/Giuseppina Matino (Hrsg.), Arte della parola e parole della scienza. Tecniche della comu-nicazione letteraria nel mondo antico, Napoli, 221–254.

– (2015), Lingue tecniche e retorica dei generi letterari nelle *Eclogae* di Giovanni Pontano, Napoli.

Vecce, Carlo (1995), Giano Anisio e l'umanesimo napoletano. Note sulle prime raccolte poetiche dell'Anisio, Critica Letteraria 33, 63–80.

Zampese, C. (2012), *Te quoque Phoebus amat*. La poesia latina di Berar-dino Rota, Milano.

Gespräche auf Augenhöhe. Deutsch-griechischer Dialog im Humanismus und heute

Stefan Weise

Griechenland und Deutschland haben ein facettenreiches und spannungs-volles Verhältnis, das besonders durch das Königtum Ottos im 19. Jahr-hundert sowie die deutsche Besatzung während des Zweiten Weltkriegs geprägt ist. Auf der deutschen Seite stand lange Zeit ein Philhellenismus mit Schwerpunkt auf der klassischen Antike, auf griechischer dagegen ein Kulturtraditionalismus, der sich vor allem auf das byzantinische Erbe stützte. Daraus erwuchsen mancherlei Missverständnisse und beiderseiti-ge Enttäuschungen. Als besonders problematisch stellte sich dabei heraus, wenn der Austausch nicht auf Augenhöhe geführt wurde. Meist hat sich hier der deutsche Idealismus als Lehrmeister aufgeführt, der dadurch mit der Zeit auf griechischer Seite an Akzeptanz verlieren musste. Dies kam in jüngster Vergangenheit nochmals beim Ausbruch der Finanzkrise zum Vorschein, wo die Diskussion lange Zeit von Klischees geprägt war, die das deutsch-griechische Verhältnis belastet haben und für großen Unmut sorgten. In der letzten Zeit hat sich dieses Verhältnis zum Glück wieder normalisiert, um nicht zu sagen deutlich gebessert. Ja, selbst ein Nachbau des Parthenon hat es über den Umweg Argentinien zur „Documenta" nach Kassel geschafft, wo man sich an sommerlichen Abenden durchaus nach Athen versetzt fühlen konnte.

Im Folgenden will ich mich kurz der Vorgeschichte des deutschen Phil-hellenismus widmen und einen Blick auf erste direkte Kontakte während des 16. Jahrhunderts werfen. Dabei werde ich mich auf zwei markante Briefwechsel beschränken: einerseits den Briefwechsel zwischen Antonios Eparchos (1492–1571), Philipp Melanchthon (1497–1560) und Joachim Camerarius (1500–1574), andererseits (wesentlich kürzer) auf den Brief-wechsel zwischen dem Tübinger Gräzisten Martin Crusius (1526–1607) und dem Patriarchen von Konstantinopel Jeremias II. (1536–1595). Eine Besonderheit dieses Briefverkehrs liegt darin, dass man als gemeinsames Verständigungsmittel das Altgriechische gewählt hat. Die tiefere Kenntnis dieser Sprache hat erst im Laufe des 16. Jahrhunderts über den italieni-schen Humanismus Deutschland erreicht. Als markantester Mittler kann hier wohl neben anderen Johannes Reuchlin gelten.[1] Ein wichtiger Schritt für die dauerhafte Etablierung des Griechischen war die Berufung von Reuchlins Schützling Philipp Melanchthon an die Universität Wittenberg als Griechischprofessor im Jahr 1518.[2] Allein schon weil diese Berufung 2018 ihr fünfhundertjähriges Jubiläum feiert, empfiehlt es sich zu dieser Gelegenheit mit Melanchthon zu beginnen, der im Verbund mit Luther das Griechische in Schul- und Universitätscurricula des protestantischen Raumes dauerhaft implementieren konnte. Wichtigstes Argument für die Verbreitung in Unterricht und Lehre war die Bedeutung des Griechischen als Ursprache des Neuen Testaments und der Nutzen der griechischen Wissenschaften für die anderen Disziplinen.[3] Auch wenn dies kein un-problematischer Prozess war, konnten sich im Laufe des 16. Jahrhunderts doch über Melanchthon, seinen Schüler Camerarius und andere bald eine Reihe wichtiger Gelehrter im Griechischen etablieren, die internationale Anerkennung durch ihre Kenntnisse genossen.[4] Vor allem Melanchthon selbst errang durch seine Lehrschriften allgemeine Bekanntheit, auch über

---

1   Sicherl 1993; Rhein 2017, 16f.
2   Scheible 2016, 39f.
3   Vgl. z.B. CR 11,855–867 (*De studiis linguae Graecae*); Zschoch 2016, 378–383 (An die Ratsherren aller Städte).
4   Zur deutschen Gräzistik und ihrer Selbstdarstellung im 16. Jahrhundert s. Ludwig 1998.

Gespräche auf Augenhöhe.
Deutsch-griechischer Dialog im Humanismus und heute

I I7

den protestantischen Raum hinaus. Später projizierte man auf sich sogar in Rückgriff auf italienische Vorbilder das Bild eines Kulturtransfers von Griechenland nach Deutschland, das jetzt der neue Sitz der Musen sei.[5] Denn Griechenland bzw. das byzantinische Reich existierten zu dieser Zeit bereits nicht mehr. Konstantinopel war schon 1453 in die Hand der Osmanen gefallen. Dies verstärkte den Zuzug byzantinischer Gelehrter in den Westen, wo sich bald wichtige Zentren für die Pflege des Griechischen in Florenz (man denke an Polizian), Rom (man denke an Kardinal Bessarion) und Venedig (man denke an den Drucker Aldus Manutius) etablierten. Der auch über die folgende Zeit andauernde Konflikt mit den Osmanen ermunterte diese Exilgriechen immer wieder zu leidenschaftlichen Aufrufen an die westlichen Kaiser, Päpste und Fürsten, einen Kreuzzug zur Befreiung Konstantinopels zu unternehmen. Der bekannteste ist vielleicht die lange griechische Ode an Platon, die Markos Musuros seiner 1513 bei Aldus erschienenen Platon-Ausgabe voranstellte.[6] Er war allerdings nicht der einzige.[7] Ein anderer war Antonios Eparchos, der sich im Jahr 1543 mit einem langen griechischen Brief an Melanchthon wandte.[8]

1. Der Brief des Eparchos an Melanchthon und seine Beantwortung durch Camerarius[9]

Den Brief des Eparchos (MBW Nr. 3179) gilt es nun etwas näher vorzustellen:[10] Eparchos beginnt ihn zunächst mit einem Lob Melanchthons (§ 1), insbesondere seiner Bildung (παιδεία) und rhetorischen Gabe (περὶ τοὺς λόγους δεινότης), durch die er Melanchthon für fähig erklärt, Großes

---

5 S. Ludwig 1998, 28–32; Rhein 2017, 39.
6 S. Sifakis 1954 (Text und Kommentar); Dijkstra/Hermans 2015 (Text, englische Übersetzung und Interpretation).
7 Weitere prominente Exilgriechen, die zu einem Türkenkreuzzug aufriefen, waren etwa Kardinal Bessarion (s. Lehmann 2004, 27f.) und Ianos Laskaris (s. Pontani 2015).
8 Darüber hinaus hat Eparchos auch noch 1544 einen Θρῆνος εἰς τὴν Ἑλλάδος καταστροφήν in elegischen Distichen veröffentlicht. S. Benz [2]1971, 5. 26. Eparchos hat auch diese Elegie an Melanchthon geschickt, der darüber in einem Brief an Camerarius berichtet (MBW Nr. 3818).
9 S. hierzu ausführlich Benz [2]1971, 4–33, auf den sich die folgenden Ausführungen wesentlich stützen.
10 Griechischer Text nach Mundhenk/Dall'Asta/Hein 2011, 109–114.

auszurichten (μέγα τι δύνασθαι κατορθοῦν ἐν τῷ βίῳ). Erst darauf kommt er zu dem Anersuchen von Melanchthons Freundschaft und zum eigentlichen Thema des Briefes: Er schildert seine Angst vor dem Untergang der Christenheit und seine Trauer über die Knechtschaft (δουλεία) Griechenlands, die ihn zum Leben im Exil zwinge (§ 2). Dann geht er auf den Sultan näher ein, dem er unterstellt, nur auf die weitere Verbreitung des Islams hinzuarbeiten, während die Anführer der Christenheit sich ausschließlich um ihr eigenes Wohl kümmern oder untereinander streiten (§ 3f.). In der Entschlossenheit der Gegner und der Uneinigkeit der Christen sieht er den Grund für den nachhaltigen Erfolg des Sultans.

Fein streut Eparchos in seine Argumentation immer wieder klassische Zitate aus Aristophanes, Hesiod, Sophokles oder Platon ein. Ihre Sichtbarkeit ist zusätzlich noch dadurch erhöht, dass Eparchos sie zum Teil markiert hat. Nehmen wir als Beispiel die Darstellung der Unbekümmertheit der Fürsten (§ 4):

Οἱ δὲ τὰ χριστιανῶν διοικοῦντες, τίνων ἔχονται πρὸς θεοῦ ἢ τί πρὸς ἐπανόρθωσιν κατορθοῦσι τοῦ βίου; »Ἐν πέντε σισύραισιν ἐγκεκορδυλημένοι« καὶ »ῥέγχοντες« [Aristoph. Nub. 10f.], φησὶν ὁ κωμικός, οὐδ᾽ ὄναρ λογίζονται τῶν σφίσι προσηκόντων. Οὔτε γὰρ τῶν παρόντων ἐπιμελοῦνται οὔτε τοῦ μέλλοντος πρόνοιαν τίθενται, ἀλλ᾽ ἔργον »κηφήνων« ἐργαζόμενοι μάτην ἀεὶ τρίβουσι τὸν χρόνον. Κἂν δέ ποτ᾽ ἐνθυμηθῶσί τι τῶν δεόντων ποιεῖν, αὖθις ἡμέραν ἐξ ἡμέρας ἀναβαλλόμενοι »ἄτῃσι παλαίουσι« [Hes. erg. 413] κατὰ τὸν Ἀσκραῖον Ἡσίοδον.

Die Führer der Christenheit aber, wie verhalten die sich vor Gott und was tun sie, um das Leben in rechte und gerade Bahnen zu bringen? „Mit fünferlei Pelzwerk aufgeputzt schnarchen sie", wie der Komiker sagt, und denken nicht einmal im Traume daran, was sie tun sollten. Denn sie kümmern sich weder um die Gegenwart noch sorgen sie für die Zukunft, sondern wirken nur Drohnenwerk und vertun nutzlos ihre Zeit. Und wenn sie hier und da etwas Dringliches zu unternehmen beginnen, so verschieben sie es wieder

Gespräche auf Augenhöhe.
Deutsch-griechischer Dialog im Humanismus und heute

| 119

von Tag zu Tag und „ringen mit Verblendung" nach dem Wort des Askräers Hesiod.[11]

Als einzige Möglichkeit der Heilung sieht Eparchos die Einigung der Christen untereinander, die er mit einem herrenlosen Schiff vergleicht (§ 6). Hier nun spricht Eparchos nochmals explizit die Gebildeten an, die ihrerseits ganz unterschiedliche Ziele und Lebensstile verfolgen (§ 7), und trägt schließlich an Melanchthon die Bitte, dass er die Deutschen überzeugen möge, dass sie ihren Streit untereinander und mit den Römern (sprich den Katholiken) verschieben (ἐς ἄλλον ἀναβάλλεσθαι καιρόν) sollen, um geeint gegen den Sultan vorzugehen, der einen Feldzug gegen die Deutschen plane (§ 8f.).

Da Eparchos natürlich um die religiösen Spannungen im Zuge der Reformation weiß, bemüht er sich im Folgenden nochmals die Konflikte zu bagatellisieren, wobei er sie in die Nähe sophistischer Haarspaltereien rückt (§ 9f.):[12]

Σωφρόνων μὲν οὖν ἀνδρῶν ἐστι καὶ λογισμῷ χρωμένων ἐν τοῖς τοιούτοις καιροῖς τῶν οἴκοι διαφορῶν ἐπιλανθανομένους μόνῳ προσέχειν τῷ πολέμῳ. Ἠλίθιον γὰρ ἂν εἴη καὶ πάνυ σχέτλιον τῶν καθόλου καὶ τοῦ περὶ ψυχῆς ἀγῶνος ἀμελήσαντας τὸ λεγόμενον »περὶ τῆς ἐν Δελφοῖς σκιᾶς« [Demosth. or. 5,25] διαφέρεσθαι. Ὅπου γε καὶ τῶν ἀλόγων ὁρῶμεν τὰ πλεῖστα παρὰ τῆς σοφωτάτης φύσεως διδασκόμενα ἐν ταῖς χρείαις ὁμοφρονεῖν καὶ τοῦ κοινῇ συμφέροντος μὴ ἀμελεῖν. Κύνες γάρ τοι πολλάκις περὶ μικρῶν ὀσταρίων οἴκοι διαφερόμενοι τὸν κλέπτην ἰδόντες προκύψαντα εὐθὺς πρὸς ἀλλήλους συνέστησαν κατὰ τοῦ κοινοῦ λυμαντῆρος.

Die Aufgabe besonnener Männer, die ihren Verstand zu gebrauchen wissen, ist es nun, in diesen Zeitläuften die inneren Zwiespältigkeiten abzustellen und sich allein auf den Krieg einzustellen. Denn es wäre töricht und gänzlich vermessen, die Dinge der Gesamtheit und den Kampf um Sein oder Nichtsein zu vernachlässigen und sich indessen, wie man zu sagen pflegt, „um den Schatten

---

11 Übersetzung: Benz ²1971, 8.
12 Vgl. Benz ²1971, 14.

in Delphi" [Benz: des Esels] zu streiten". Kann man doch sogar bei den Tieren sehen, daß die meisten von der allerweisesten Natur belehrt werden, in der Not einmütig zu sein und den Nutzen der Gesamtheit nicht zu vernachlässigen. Denn die Hunde geraten zwar oft zu Hause wegen kleiner Knöchlein in Streit miteinander, sehen sie aber einen Dieb heranschleichen, so stellen sie sich sofort zusammen gegen den gemeinsamen Schädling.[13]

Wenn Eparchos mit dem Tiervergleich schon ein rhetorisch sehr starkes Argument angeführt hat, fasst er dies nochmals griffig in der Formel zusammen (Benz [2]1971, 12.):

Es ist völlig abwegig und unangebracht, in der gegenwärtigen Zeit über Dinge am Himmel zu streiten. Wir müssen vielmehr sorgfältig auf der Wacht sein, wenn wir uns nicht wie die Verrückten aufführen wollen, und uns ausschließlich auf die drohende Gefahr einstellen, auf daß wir nicht, während wir den Himmel suchen, die Erde verlieren[14].[15]

Am Ende des Briefes wendet sich Eparchos noch einmal direkt an Melanchthon und appelliert an ihn als Kenner der griechischen Bildung und Geschichte (Benz [2]1971, 12):

Du aber, allerverständigster Philippus, der Du auf dem Gipfel der hellenischen Bildung angelangt bist, wirst Beispiele aus der hellenischen Geschichte genug zur Verfügung haben, durch welche Du die Deutschen überzeugen wirst, das Beste zu erwählen, falls einer

---

13 Übersetzung: Benz [2]1971, 11.

14 Hier spielt Eparchos wohl nicht wie Benz [2]1971, 14f. meinte auf die Anekdote an, dass Thales bei der Betrachtung des Sternenhimmels in einen Brunnen fiel (vgl. Plat. *Tht.* 174a), sondern eher auf einen Ausspruch des Redners Demades, der seine Athener Mitbürger, als sie Alexander die göttlichen Ehren verweigerten, ermahnte, dass sie nicht „während sie den Himmel bewahren, die Erde verlieren" (s. Val. Max. 7,2 ext. 12: *videte, inquit, ne, dum caelum custoditis, terram amittatis*). Vgl. Lehmann 2004, 209.

15 § 11: Ἄτοπον παντελῶς καὶ ξένον περὶ μετεώρων φιλονεικεῖν ἐν τῷ παρόντι. Γρηγορεῖν ἀκριβῶς ὀφείλομεν, ἂν μὴ μαινώμεθα, καὶ πρὸς μόνον ἀτενίζειν τὸν κίνδυνον, ἵνα μὴ τὸν οὐρανὸν ζητοῦντες τὴν γῆν ἀπολέσωμεν.

mit Beispielen aus der eigenen Geschichte nicht überzeugt werden sollte. Lebe wohl und würdige mich einer Antwort in griechischer oder lateinischer Sprache.[16]

Es ist klar, wie Eparchos in seinem Brief einen gemeinsamen humanistischen Horizont entwirft, um Melanchthon für seine Sache einzunehmen. Dabei spricht er nicht einmal von der Befreiung Griechenlands, sondern nur von der durch den Sultan drohenden Gefahr für Deutschland, die er durch eine Einigung der Deutschen abzuwenden sucht. Melanchthon wird hier wie ein Erasmus zum führenden Humanisten mit politischem Gewicht und Einfluss stilisiert. Auch die anderen Rollen sind klar verteilt: Der Sultan fungiert in alter Ost-West-Antagonie als orientalischer Despot oder als zweiter Philipp.[17] Mit deutlichem Anklang an Demosthenes wird die Entschlossenheit Süleymans der Sorglosigkeit (ῥᾳθυμία) der Christen gegenübergestellt. Die Fürsten werden als faule Drohnen dargestellt und die Gelehrten als zanksüchtige Sophisten, die über die Beschäftigung mit den Himmelsdingen, die Erde vergessen. Die religiösen Konflikte werden so durch Eparchos in die Nähe der Gelehrtenkomödie gerückt.

Selbstverständlich konnte man auf diesen Annäherungsversuch von Seiten des unionistischen Griechen Eparchos nicht zustimmend reagieren. Aber die sorgfältige Ausarbeitung des Briefes und das Melanchthons Bildung gespendete Lob taten ihr Übriges, dass der Brief nicht ohne Wirkung bzw. Antwort blieb. Zwar hat Melanchthon nicht selbst geantwortet, aber er hat die Antwort seinem Schüler und Freund Camerarius überlassen, mit dem er selbst ein paar griechische Briefe wechselte und der hier der deutlich Versiertere war.[18] Natürlich ließ es auch Camerarius nicht an Ehrgeiz fehlen und er verfasste ein griechisches Antwortschreiben an

---

16   § 13: Σὺ δέ, συνετώτατε Φίλιππε, ἐς ἄκρον ἐληλακὼς τῆς Ἑλληνικῆς παιδείας οὐκ ἀπορήσεις παραδειγμάτων Ἑλληνικῶν, δι' ὧν Γερμανοὺς πείσεις ἑλέσθαι τὸ κράτιστον, εἰ τυχὸν τις οἴκοθεν οὐ πείθοιτο. Ἔρρωσο καὶ μὴ ἀπαξιώσῃς ἡμῖν ἀντεπιστεῖλαι ἢ Ἑλληνιστὶ ἢ Ῥωμαϊστί.
17   In Wirklichkeit hegte Süleyman durchaus auch humanistische Interessen. S. Walther 2010, 282–284.
18   MBW Nr. 243. 246. 408. 3007. 5226. Selbst äußert sich Melanchthon dazu in einem Brief aus dem Jahr 1528 (MBW Nr. 660), in dem er Camerarius' griechischen Briefstil lobt, während er selbst nicht auf Griechisch zu schreiben pflege (§ 5): *Tu, quod veniam petis, quod Graece scripseris, non recte facis. Ego enim, etsi ipse Graece non soleo scribere, tamen illo tuo genere literarum mirifice delector videorque mihi, cum eas lego, veterum alicuius scriptum legere.* Vgl. zu griechischen Briefen allgemein Weise 2016, 128.

Matthäus Irenaeus (†1551), der die Absicht hatte, selbst nach Venedig überzusiedeln, um dort seine Studien zu vertiefen. Detailliert weist Camerarius in seinem ausführlichen Schreiben nach, dass es den Protestanten nicht etwa bei den religiösen Konflikten um Haarspaltereien, sondern um die „Wahrheit" gehe.[19] Camerarius greift dabei auf die Gegenüberstellung der Dinge auf der Erde mit denen im Himmel zurück und baut schließlich als besonderes rhetorisches Glanzstück eine ironische Rede Melanchthons ein, die er halten müsste, wenn er von seiner bisherigen Position abrücken würde (Crusius 1584, 549):[20]

Ἐγὼ μέν, ὦ ἄνδρες Γερμανοί, καὶ ἀεὶ δήποτε κέκρικα παρ' ἐμαυτοῦ [–ῷ?] καὶ νυνὶ πέπεισμαι ἀληθῆ εἶναι, ἅπερ κατὰ τῶν λεγομένων παπιστικῶν τινων (οὐ γὰρ λέγω ἁπάντων, ἀλλὰ τῶν ἐνόχων τούτοις) ἀναισχύντων ψευδῶν καὶ ὀλεθρίων ἀπατῶν καὶ χριστομισοῦς ἀσεβείας ἐν τούτῳ καιρῷ ὑφ' ἡμῶν ἐλέχθη τε καὶ ἐγράφη. ὁρῶ δ' ὅμως, ὅτι διαστάντες τοῖς δόγμασι καὶ ταῖς γνώμαις μαχόμενοι κινδυνεύετε ταῖς ἐσχάταις συμφοραῖς περιπεσεῖν καὶ ἐστερῆσθαι τῆς πατρικῆς [...]. διὰ ταῦτ' οὖν κἀγὼ μεταβάλλω τὰ πρὸ τοῦ δεδογμένα καὶ γίγνομαι ἀλλοῖος τὴν διάνοιαν. οὐδὲ τῶν οὐρανίων ἔτι μέλει μοι καὶ τὴν γῆν περισκοπῶ μᾶλλον. ἄγε δὴ τὴν ἀλήθειαν ἀνεξέταστον καταλείπωμεν, ὦ ἄνδρες, ἢ προφανῆ αὐτὴν καὶ οὐδενὶ σχεδὸν ἀνθρώπων ἁπάντων ἄδηλον οὖσαν πορρωτάτω ποι ἀπορρίψαντες, ἔνθα μηκέτι πρὸς ἡλίου φῶς ἀνέρχοιτο, τὸ μετατοῦτο τῶν ψευδῶν καὶ τοῦ σκότους ἀντεχώμεθα καὶ συνπνεύσαντες μεταλλήλων ὥσπερ οἱ πάλαι Τιτᾶνες λεγόμενοι πρῶτον μὲν τοῖς οὐρανίοις ἐπιθώμεθα τὴν θείαν τιμὴν καθελόντες. ἔπειτα δὲ καὶ τὰ ἐπὶ τῆς γῆς καταλαζονευόμενοι διατάξωμεν, ὡς δόξει ἥδιστά τε καὶ ξυμφορώτατα ἕξειν ἕκαστον. ἢ μᾶλλον τῷ μὲν θεῷ καὶ ταῖς περὶ ἐκείνων μακαρίαις φύσεσι τὴν οὐρανίαν ἕδραν ἀσφαλῆ καὶ ἄψαυστον ἀπολείπωμεν, ἡμεῖς δὲ τῆς ἐκείνης μερίμνης καὶ φροντίδος τῶν μετὰ τὴν ζωὴν ταύτην προσδοκηθησομένων ἐλεύθεροι τὴν γῆν ὑφ' ἡμῶν θέντες ἀπολαύωμεν τῶν ἡδέων ἀποσκεδάσαντες τοὺς λήρους καὶ τὴν φληνάφειαν τῶν πρὸς τοὺς πολλοὺς καὶ τὸν δημοτικὸν συρφετὸν ἐξενεχθέντων. παυσώμεθα δὴ π<ο>λεμίζοντες περὶ πράγματος τοιούτου καὶ στασιάζοντες ἐν ἡμῖν τὸ δὴ

---

19 Der Brief ist abgedruckt bei Crusius 1584, 546–552. Eine Paraphrase und Teilübersetzung bietet Benz ²1971, 19–26.
20 Die Akzente und Interpunktion wurden nach dem Beispiel des MBW normalisiert.

Gespräche auf Augenhöhe.
Deutsch-griechischer Dialog im Humanismus und heute

123

λεγόμενον ὑπὲρ ὄνου σκιᾶς²¹. ἀλλὰ κἀγὼ καταπαύσω ἐνθάδε τὸν λόγον.
αἰσθάνομαι γὰρ τῆς ἀπειροκαλίας καὶ αὐτὸς αἰδοῦμαι ματαιολογοῦντα
πάλαι ἤδη ἐμαυτόν.

Deutsche Männer! Ich habe immer die persönliche Ansicht gehabt
und bin auch jetzt noch der Überzeugung, daß alles wahr ist, was
wir gegen einige der sogenannten Papisten – ich sage nicht alle,
sondern einige Schuldige von ihnen – von ihren unverschämten
Lügen und verderblichem Trug und antichristlicher Gottlosigkeit
bisher gesagt und geschrieben haben. Ich sehe aber: wenn ihr in
den Glaubenslehren uneins seid und in den Lehrmeinungen
miteinander streitet, lauft ihr Gefahr, von den Ereignissen der
Endzeit überrascht zu werden und der Herrschaft in eurem
Vaterlande beraubt zu werden [...]. Aus diesem Grunde ändere
ich meine bisherigen Glaubenslehren und lege mir eine andere
Gesinnung zu. Es liegt mir nichts an den himmlischen Dingen,
ich will viel lieber mich um die Erde kümmern. Wohlan, lassen wir
die Wahrheit unerforscht, ihr Männer, oder, da sie ja offen zu Tag
liegt und nahezu keinem Menschen mehr unbekannt ist, stoßen
wir sie möglichst weit von uns weg, dorthin, wo sie nicht mehr ans
Sonnenlicht hervorkommen kann, und halten wir uns hernach an
die Lügen und an die Finsternis und, wenn wir uns wie die einst
sogenannten Titanen vereinigen,²² wollen wir erst den Himmel
überfallen und die Götterherrschaft stürzen, dann wollen wir auch
mit gewaltigen Reden die Erde in eine neue Ordnung bringen, wie
es einem jeden von uns am schönsten und vorteilhaftesten dünkt.
Oder vielmehr: Wir wollen Gott und jenen seligen Wesen dort den
Himmelsthron ruhig und ungestört überlassen. Frei von Sorge und

---

21 Camerarius greift das Demosthenes–Zitat περὶ τῆς ἐν Δελφοῖς σκιᾶς aus Eparchos' Brief
auf und variiert es. In der Fassung ὑπὲρ ὄνου σκιᾶς ist die Redewendung auch in Erasmus'
Adagia (Nr. 252) aufgenommen. Ein besonderer philologischer Witz könnte in Camerarius' Fassung darin bestehen, dass auch diese Fassung dem Demosthenes in der biographi-
schen Tradition zugesprochen wird, wie Erasmus ausführlich berichtet.
22 Hier weicht die Übersetzung von Benz ab, der das Griechische so versteht, als folgte
hier noch einmal eine in die Rede eingelegte Rede. Er übersetzt: *halten wir uns hernach an
die Lügen und an die Finsternis und seien darin miteinander einig, indem wir wie die alten
Titanen sprechen: ,Erst wollen wir* [...] (Benz ²1971, 23).

Angst, was nach diesem Leben unserer wartet, wollen wir die Erde
beherrschen, indem wir die Freuden der Erde genießen und die
albernen Possen lassen und das unnütze Geschwätz über Dinge,
die doch den meisten und auch schon der Hefe des Volks bekannt
sind. Schluß also mit dem Streit über den Schatten des Esels, wie
man zu sagen pflegt. Aber auch ich will hier mit meiner Rede auf-
hören, denn ich sehe meine bisherige Albernheit ein und schäme
mich selbst, daß ich früher ein solcher Schwätzer war.[23]

In fast schon genialer Weise kehrt hier Camerarius die Argumentation
des Eparchos gegen ihn selbst, indem er gerade auf den Punkt der Bildung eingeht und das von Eparchos gewünschte Verhalten mit dem von
gottlosen Titanen und Epikureern gleichsetzt,[24] die sich eben nicht als
platonische Weise auf den mühsamen Weg zur Wahrheit begeben wollen,
sondern nur die irdischen Genüsse im Blick haben. Deutlicher konnte
Camerarius nicht zeigen, dass es nicht weniger als eine komplette Aufgabe
von Melanchthons Sein und Wesen bedeutet hätte, wenn er der Argumentation des Eparchos gefolgt wäre.

Das Anliegen des Eparchos ist also gründlich gescheitert. Aber man
hat sich auf Seiten von Melanchthon und Camerarius intensiv damit beschäftigt, und das nicht zuletzt durch Eparchos' geschickten Appell an
die gemeinsame humanistisch-antike Bildung. Übrigens war dies nicht
der letzte Kontakt zwischen Melanchthon und einem Griechen. Melanchthon selbst hat sich später noch einmal in einem griechischen Brief an
den Patriarchen von Konstantinopel gewandt[25] und ihm eine griechische
Übersetzung der *Confessio Augustana* geschickt.[26] Zwar haben weder der
Brief noch die Übersetzung den Patriarchen Joasaph II. je erreicht,[27] aber
es zeigt sich doch ein besonderes Interesse vonseiten der Protestanten für
die griechische Kirche, nicht zuletzt deshalb, weil man in ihnen durch
die Bewahrung der Sprache und den direkten Zugang zu den Quellen

---

23 Übersetzung Benz ²1971, 23f.
24 Titanen und Giganten sind bei Melanchthon eine beliebte Metapher für die Bil-
dungsfeinde und Aufrührer. Vgl. CR 19,508f. (Auslegung des Gigantenberichts in Ovids
Metamorphosen).
25 MBW Nr. 9073.
26 S. Benz ²1971, 94–128 und mit neuen Erkenntnissen Flogaus 2015.
27 S. Flogaus 2015, 41f.

Gespräche auf Augenhöhe.
Deutsch-griechischer Dialog im Humanismus und heute

| 125

Brüder im Geiste sah,[28] die man nur noch durch die richtigen Argumente von der Wahrheit der protestantischen Lehre überzeugen musste. Dieser absolute Wahrheitsanspruch machte natürlich einen Austausch im Sinne des Eparchos unmöglich und hier zeigt sich das Auseinanderdriften der humanistischen Bewegung durch die Reformation am deutlichsten. Aber trotzdem gab es immerhin über das gemeinsame Interesse am Griechischen eine Grundlage für eine erste Annäherung und Diskussion.

2. Der Briefwechsel zwischen Martin Crusius und dem Patriarchen Jeremias II.[29]

Tatsächlich hat sich dann über den Tübinger Gräzistikprofessor Martin Crusius einige Zeit später doch noch die Möglichkeit zu einem direkten Austausch mit dem Patriarchen von Konstantinopel ergeben. Die historische Gelegenheit zu einem erneuten und diesmal direkten Austausch mit dem Patriarchen in Konstantinopel ergab sich durch die Neubesetzung des Botschafterpostens 1573 mit dem evangelischen David Ungnad, der von der Universität Tübingen einen im Griechisch kundigen Prediger erbat. Dafür einigte man sich auf den Tübinger Absolventen Stephan Gerlach, der schließlich im August 1573 gemeinsam mit Ungnad nach zweimonatiger Reise von Wien aus Konstantinopel erreichte. Crusius erkannte darin frühzeitig die Möglichkeit, mit den zeitgenössischen Griechen in Kontakt zu treten und gab Gerlach daher einen Brief an den Patriarchen Jeremias II. mit. Wir können schon vorwegnehmen, dass der Austausch über theologische Fragen scheiterte. Wiederum schickte man von Tübinger Seite die griechische Übersetzung der *Confessio Augustana* und erwartete eine Anerkennung von griechischer Seite. Zwar antwortete der Patriarch tatsächlich, aber einen Ausgleich konnte es natürlich nicht geben. Verantwortlich war dafür neben den grundsätzlichen Fragen vor allem die unterschiedliche Bewertung der kirchlichen Überlieferung. Der Patriarch beendete schließlich in seinem dritten Antwortschreiben den Austausch

---

28 Vgl. Wendebourg 1986, 18–21.
29 S. hierzu ausführlich Wendebourg 1986, auf die sich die folgenden Ausführungen stützen.

über theologische Fragen, indem er schrieb (Wendebourg 1986, 203):[30] „Befreit uns von der Sorge um Euch. Geht Eures Weges und schreibt uns nicht mehr über Lehrfragen [...]. Lebt wohl." Allerdings war dadurch nur ein Teil des Dialogs beendet, und besonders darauf kommt es hier an. Denn obwohl der Patriarch der weiteren Diskussion über theologische Fragen eine scharfe und endgültige Absage erteilte, betonte er dennoch, dass man sich weiterhin „allein um der Freundschaft willen" schreiben könne.[31] Diese überraschende Wendung hat sicherlich ihren Grund in der Weise, wie der Briefwechsel begonnen hat. Denn schon Crusius hatte in seinem ersten Brief an den Patriarchen besonders die φιλία als Antrieb betont (Crusius 1584, 410):

[...] οὐκ ἐδυνήθην ἐμαυτὸν κατέχειν, ἅγιε πάτερ, τοῦ μὴ δοῦναι αὐτῷ πρὸς σὲ τὸ βραχὺ γράμμα τοῦτο. αἴτιον δ᾽ αὐτοῦ οὐ πολυπραγμοσύνη τις ἢ κουφότης ἄλλη, ὡς τινὶ δόξειεν ἄν· δύο δ᾽ ἄλλω, συγγνώμης ἴσως οὐκ ἀναξίω, αἰτίω· ἓν μὲν τοῦτο, ὅτι πρὸ πλειόνων ἐγὼ νομίσας ἐτῶν οὐκέτι τὰ τοῦ σωτῆρος ἡμῶν Χριστοῦ ἐν τοῖς περὶ ὑμᾶς τόποις χώραν ἔχειν ὕστερον ἔμαθον ἔτι ζώπυρον Χριστοῦ ἐκκλησίας οὐκ εὐκαταφρόνητον αὐτόθι λοιπὸν εἶναι καὶ πατριάρχην, ἄνδρα θεοσεβείᾳ καὶ παιδείᾳ διαλάμποντα, προΐστασθαι τούτου. ἐχάρην οὖν σφόδρα καὶ τῷ μόνῳ ἀληθινῷ [ἀληθηνῷ ed.] θεῷ ἡμῶν ὑπὲρ τῆς τηλικαύτης εὐεργεσίας ὡμολόγησα χάριν ἐκ ψυχῆς [...]. ἕτερον δ᾽ αἴτιον τοῦτο, ὅτι διαπαντὸς ἐγὼ φιλέλλην ὢν τὸ πλεῖον τῆς ζωῆς μου ἀμφὶ τὴν ἑλλάδα γλῶσσαν καὶ παιδείαν ἔσχον.[32]

[...] Ich konnte mich nicht zurückhalten, heiliger Vater, ihm dieses kurze Schreiben an Dich mitzugeben. Grund dafür ist nicht

---

30 Τὸ καθ᾽ ὑμᾶς, ἀπαλλάξατε τῶν φροντίδων ἡμᾶς. Τὴν ὑμετέραν οὖν πορευόμενοι, μηκέτι [...] περὶ δογμάτων [...] γράφετε. Ἔρρωσθε. (Zitiert nach Wendebourg 1986, 203).
31 S. Wendebourg 1986, 203f.; Eideneier 1994, 124.
32 Crusius' eigene lateinische Übersetzung lautet (Crusius 1584, 410): *non potui me, sancte pater, tenere, quin ei ad te brevem hanc Epistolam darem. Cuius mittendae causa non est curiositas quaedam de rebus alienis aut aliqua alia levitas, ut videri alicui posset, sed duae aliae & fortasse venia non indignae causae: una, quod cùm ante multos annos ego putassem Religioni nostrae Christianae non amplius in istis locis locum esse, postea cognovi reliquias quasdam, veluti fomentum, Ecclesiae Christi non contemnendas superesse & Patriarcham, virum pietate & doctrina clarum, eis praesidere. Unde magnopere gavisus sum & soli vero Deo nostro gratias pro tanto beneficio egi ex animo [...] Al<t>era causa est haec: quòd, cùm perpetuò Graecorum studiosus essem maiorem vitae meae partem linguae & eruditioni Graecae deditus fui.*

Gespräche auf Augenhöhe.
Deutsch-griechischer Dialog im Humanismus und heute

127

irgendeine Neugier oder andere Leichtsinnigkeit, wie man meinen könnte; zwei andere, vielleicht nicht ganz unverzeihliche Gründe sind Ursache dafür: der eine besteht darin, dass ich vor mehreren Jahren meinte, dass es die Lehre unseres Retters Christus nicht mehr in Eurer Gegend gebe, später aber erfuhr, dass ebendort nicht leicht zu verachtende Reste von Christi Kirche übrig sind und ein Patriarch, ein durch Frömmigkeit und Bildung sich auszeichnender Mann, diesen vorsteht. Ich geriet also sehr in Freude und wusste unserem einzigen wahren Gott für eine so große Wohltat aus tiefster Seele Dank […]. Ein zweiter Grund aber ist der, dass ich immer Griechenfreund war und mich deshalb den Großteil meines Lebens mit der griechischen Sprache und Bildung beschäftigte.

Crusius benutzt hier das Wort φιλέλλην. Und wie sich später zeigt, versteht er dieses Wort in einem so weiten Sinne, dass es eben nicht nur das antike, sondern auch das zeitgenössische Griechenland einschloss.[33] Crusius baute sich so ein weites Korrespondentennetz auf und nahm in sein 1584 erschienenes Werk *Turcograecia* entsprechend auch neugriechische Texte auf, sodass er zum Gründervater der Neogräzistik wurde. Auch hier aber war und blieb die Grundlage für die Entwicklung eines Austausches und schließlich auch weitergehenden Interesses die griechische Sprache und Bildung. Indem Crusius sich aber getrennt von seinen religiösen Auffassungen offen auch für das zeitgenössische Griechentum zeigte, hat er zu einem Stück weit die Augenhöhe erreicht, die für einen fruchtbaren Dialog notwendig war. Nicht zu Unrecht nennt Hans Eideneier ihn daher „den ersten Philhellenen Europas".[34]

---

33 Vgl. ausführlich Wendebourg 1994; Ludwig 2019, 221–228.
34 Eideneier 1994, 129.

Literaturverzeichnis

Benz, Ernst ([2]1971), Wittenberg und Byzanz. Zur Begegnung und Auseinandersetzung der Reformation und der östlich-orthodoxen Kirche, München.

Crusius, Martin (1584), Turcograeciae libri octo [...], Basel 1584.

Dijkstra, Roald/Hermans, Erik (2015), Musurus' Homeric ode to Plato and his requests to pope Leo X, in: Akroterion 60, 33–63.

Eideneier, Hans (1994), Martinus Crusius Neograecus und die Folgen, in: ders. (Hrsg.), Graeca recentiora in Germania. Deutsch-griechische Kulturbeziehungen vom 15. bis 19. Jahrhundert, Wiesbaden, 123–136.

Flogaus, Reinhard (2015), Eine orthodoxe Interpretation der lutherischen Lehre? Neue Erkenntnisse zur Entstehung der Confessio Augustana Graeca und ihrer Sendung an Patriarch Joasaph II., in: Reinhard Flogaus/Jennifer Wasmuth (Hrsg.), Orthodoxie im Dialog. Historische und aktuelle Perspektiven. Festschrift für Heinz Ohme, Berlin, 3–42.

Lehmann, Gustav Adolf (2004), Demosthenes von Athen. Ein Leben für die Freiheit. Biographie, München.

Ludwig, Walther (1998), Hellas in Deutschland. Darstellungen der Gräzistik im deutschsprachigen Raum aus dem 16. und 17. Jahrhundert, Hamburg.

– (2019), *Scitis, quanto semper amore Graecarum rerum flagrem*. Motive für den Höhepunkt des humanistischen griechischen Dichtens um 1600, in: Astrid Steiner-Weber (Hrsg.), Walther Ludwig, Florilegium Neolatinum. Ausgewählte Aufsätze 2014–2018, Hildesheim, 221–241 [erstmals in: Weise 2017, 125–145].

Mundhenk, Christine (Hrsg.)/Dall'Asta, Matthias/Hein, Heidi (Bearb.) (2011), Melanchthons Briefwechsel, Band T 12: Texte 3127–3420a (1543), Stuttgart.

Pontani, Filippomaria (2015), Sognando la crociata. Un'ode saffica di Giano Làskaris su Carlo VIII, in: Italia medioevale e umanistica 51, 251–294.

Rhein, Stefan (2017), Philipp Melanchthon und seine griechischen Dichterschüler, in: Weise 2017, 15–46.

Gespräche auf Augenhöhe.
Deutsch-griechischer Dialog im Humanismus und heute

129

Scheible, Heinz (2016), Melanchthon. Vermittler der Reformation. Eine Biographie, München.

Sicherl, Martin (1993): Johannes Reuchlin als Begründer des Griechischen in Deutschland, in: Gymnasium 100, 530–547.

Sifakis, Gregory M. (1954), Μάρκου Μουσούρου τοῦ Κρητὸς ποίημα εἰς τὸν Πλάτωνα, in: Κρητικὰ Χρονικά 8, 366–388.

Walther, Gerrit (2010), Renaissancen und kulturelle Entwicklungen, in: Walter Demel (Hrsg.), WBG Weltgeschichte. Eine globale Geschichte von den Anfängen bis ins 21. Jahrhundert. Band 4: Entdeckungen und neue Ordnungen 1200 bis 1800, Darmstadt, 261–483.

Weise, Stefan (2016), Ἑλληνίδ' αἶαν εἰσιδεῖν ἱμείρομαι – Neualtgriechische Literatur in Deutschland (Versuch eines Überblicks), in: Antike und Abendland 62, 114–181.

– (Hrsg.) (2017), HELLENISTI! Altgriechisch als Literatursprache im neuzeitlichen Europa, Stuttgart.

Wendebourg, Dorothea (1986), Reformation und Orthodoxie. Der ökumenische Briefwechsel zwischen der Leitung der Württembergischen Kirche und Patriarch Jeremias II. von Konstantinopel in den Jahren 1573–1581, Göttingen.

– (1994), „Alles Griechische macht mir Freude wie Spielzeug den Kindern." Martin Crusius und der Übergang des Humanismus zur griechischen Landeskunde, in: Hans Eidener (Hrsg.), Graeca recentiora in Germania. Deutsch-griechische Kulturbeziehungen vom 15. Bis 19. Jahrhundert, Wiesbaden, 113–121.

Zschoch, Hellmut (Hrsg.) (2016), Martin Luther Deutsch-Deutsche Studienausgabe. Band 3: Christ und Welt, Leipzig.

Abgekürzt zitierte Werkausgaben:

CR = Bretschneider, Karl Gottlieb/Bindseil, Heinrich Ernst (Hrsg.) (1834–1860), Philippi Melanchthonis opera quae supersunt. Corpus reformatorum. Bände 1–28, Halle.

MBW = Scheible, Heinz/Mundhenk, Christine (Hrsg.) (1977–), Melanchthons Briefwechsel. Kritische kommentierte Gesamtausgabe, Stuttgart.

Seltene Vögel und ihre Netze in Europa. Eine motivgeschichtliche Studie zur *rara auis*[1]

Katharina Pohl

Dass die Antike auch heute noch in einer modifizierten Form lebendig ist (sei es im Bereich der Sprachwissenschaft, der Architektur, Literatur, der Jurisprudenz o.ä.), wurde und wird immer wieder gezeigt. In diesem Sinne lässt sich auch für die antike Redensart *rara auis* eine bis heute lebendige Rezeption in modernen Fremdsprachen beobachten: In Frankreich heißen sie ,oiseaux rares',[2] in Italien ,uccelli rari', in England ,rare birds', in Wales ,adar prin', in Spanien ,pájaro raro' oder einfach *rarae aues*. In Deutschland heißen sie seltener ,seltene Vögel', gewöhnlicher ist heute der ,seltsame, komische Vogel'. Neben der Tatsache, dass die übrigen ausgewählten Sprachen gelegentlich sogar noch das lateinische Original gebrauchen, ist auch ein inhaltlicher Unterschied zur Verwendung in der deutschen Sprache festzustellen: Während die deutsche Redensart leicht despektierlich wirkt, drückt sie in den anderen Sprachen die Seltenheit bestimmter Dinge, Eigenschaften und Personen recht neutral aus. Zur

1 Für wichtige Hinweise und Verbesserungsvorschläge danke ich Prof. Dr. Stefan Freund, Elisabeth Lösch, Prof. Dr. Christoph Schubert, Prof. Dr. Elisabeth Stein und Prof. Dr. Otto Zwierlein sehr herzlich.
2 Gelegentlich mit ironischer Konnotation. S. Gottschalk 1930, 454, Anm. 4. (für einen seltenen Gast oder Menschen).

Seltene Vögel und ihre Netze in Europa.
Eine motivgeschichtliche Studie zur *rara auis*

131

Illustration seien einige wenige Beispiele aus dem allgemeinen Sprachgebrauch angeführt:[3]

Englisch: The Listener: „Great scientists who are highly cultured men of letters are not quite such rare birds as is sometimes made out." The Observer: „Pat Mulcare is something of a rara avis at championship level – the total amateur."[4]

Französisch: „Quelles sont les conditions de recrutement, d'hébergement et d'encadrement dans les centres de formation du foot français ? Jusqu'où les clubs sont-ils prêts à aller pour dénicher l'oiseau rare ?"[5]

Italienisch: Alberto Cantoni: „Un giocatore sfrenato è un uccello raro".[6]

Spanisch: „Es (sc. Keanu Reeves) una rara avis en la industria cinematográfica [...]".[7]

Über die deutsche Version der Redensart, „ein seltener oder seltsamer Vogel", bei dem sich die Konnotation gewandelt hat, schreibt das „Sprichwörterlexikon" des Duden *s.v. Vogel:*

---

3 Die Redensart existiert auch in weiteren europäischen Sprachen, wie etwa dem Polnischen, dem Russischen, dem Finnischen oder dem Niederländischen. Verwendet wird sie natürlich auch noch in der neulateinischen Literatur unserer Zeit, vgl. z.B. Hermann Wellers Y 187f. *quaesumus usque, redi: splendent uulgaria, rarum/si decus accessit; rara probatur auis.*
4 S. Cowie/Mackin/McCaig 1983, 475: „sb./sth. of a kind seldom seen or met with (occasionally rara avis [...])".
5 Libération – Article du 22 novembre 1999 Le grand Robert 1989, 911: „Un oiseau rare: une personne irremplaçable, étonnante".
6 S. Battaglia Band 21, 489: „uccello raro: persona poco comune, tipo insolito". Vgl. auch „La fedeltà è un uccello raro" (proverbio; Cocco, Francesca: La manipolazione creativa del proverbio negli usi comici e pubblicitari della lingua italiana, 2014/2015, 35) und Tosi [15]2003, 321, 631.
7 https://www.cosmopolitantv.es/blog/sin-categoria/keanu-reeves-una-estrella-atipica-en-medio-del-star-system, vgl. auch Zanoner 2016: „La expresión (sc. Pájaro raro sobre la tierra ...) se cita a menudo, incluso en la forma abreviada rara avis [...], para indica algo raro y excepcional, y por lo tanto precioso."

Dieser Ausdruck ist eine Übersetzung des gleichbedeutenden lateinischen *rara auis*, das in der römischen Literatur auftritt. Im umgangssprachlichen Gebrauch wird damit ein seltsamer, eigentümlicher Mensch bezeichnet: Unser Mathematiklehrer war schon ein seltener Vogel.[8]

Auf den folgenden Seiten soll den Wanderungen und Wandlungen der Redensart auf den Grund gegangen und dabei skizzenhaft ihre Entwicklung von der Antike bis ins heutige Europa nachgezeichnet werden. Die Studie versteht sich als erste Präsentation des umfangreichen Materials, das hier freilich nicht vollständig vorgeführt werden kann.

1. Antike

Die Anfänge der Junktur *rara auis* führen zu Horaz, der im zweiten Buch seiner Satiren die Wortverbindung prägt (Hor. sat. 2,2,23–27):

uix tamen eripiam, posito pauone uelis quin
hoc potius quam gallina tergere palatum,
corruptus uanis rerum, quia ueneat auro
rara auis et picta pandat spectacula cauda:
tamquam ad rem attineat quidquam.

Aber wie soll ich's verhindern, dass du bei Tische viel lieber mit einem Pfau anstatt einem Hühnchen den Gaumen dir kitzelst? Lässt dich vom Schein ja betören, da dieser seltene Vogel, nur mit Gold zu bezahlen, so prächtig den Schweif vor uns breitet. Kommt es denn darauf an?[9]

Das *dictum* besitzt bei dem augusteischen Dichter noch nicht die Eigenschaften einer Redewendung, sondern ist ganz wörtlich zu verstehen. Die *rara auis* bezeichnet den Pfau als Delikatesse und daher seltenen Speise-

---

8 Im Folgenden wird zu sehen sein, dass von einer Deckungsgleichheit zwischen *rara auis* und „seltenem Vogel" nicht zu sprechen ist.
9 Übersetzung: Herrmann/Fink 2000.

vogel, dem der Schlemmer, der den Rat des *uiuere paruo* in den Wind
schlägt, auf seinem Teller den Vorzug vor dem billigen Huhn gibt, obwohl
sich beide Vögel hinsichtlich ihres Werts als Speise nicht unterscheiden.[10]
Erst die beiden folgenden Satiriker, zunächst Persius und dann auch Juvenal, dürften sich der Junktur des Horaz, dem Vorgänger in ihrer Gattung,
bedient haben, um davon ausgehend eine bereits bekannte Redensart zu
variieren.[11] Denn aller Wahrscheinlichkeit nach ist mit der horazischen
rara auis das zuvor in der lateinischen und griechischen Literatur bekannte Sprichwort vom weißen Raben und seiner Seltenheit modifiziert worden.[12]

Persius, der frühere der beiden Dichter, gebraucht die Redensart gleich
in seiner ersten Satire, also an einer traditionell exponierten Stelle. In ihrer
Topik orientiert sich die Satire an den Programmgedichten der Vorgänger.[13] Mit einem *fictus interlocutor* bespricht Persius den in Rom herr-
schenden Literaturbetrieb, das schlechte, gedankenlose Publikum und die
Autoren, die für den flüchtigen Moment nach Ansehen bei diesem Publikum streben, nach Ansehen, das sie unter diesen Voraussetzungen nach
ihrem Ableben jedoch nicht halten können.

Der Satiriker wendet sich in den Versen, in denen er dann auch das
Sprichwort einsetzt, gegen den Eindruck, er selbst wolle gar kein Lob für
seine Dichtung ernten. Er schreibt (Pers. 1,45–47):

---

10 Ebenfalls nicht sprichwörtlich gebraucht Ovid am. 2,6,9 *alitis … rarae* zur Bezeichnung des Papageis; laut McKeown 1998, 116 mag sich der Dichter aber vielleicht hier
trotzdem im Sinne eines humorvollen literarischen Spiels am sprichwörtlichen Ausdruck
rara auis orientiert haben. Dazu müsste man allerdings annehmen, dass die Redensart
rara auis statt dem vorher gängigen *coruus albus* (s. dazu Anm. 12) bereits vor Persius und
Juvenal existiert habe, was nicht recht wahrscheinlich ist. Näherliegend dürfte es sein, dass
Ovid das horazische *rara auis* ohne den sprichwörtlichen Hintergrund variiert.
11 Kissel 1990, 173. Mit dem „verwaschen-burschikosen Wortlaut", wie Kissel schreibt,
den Persius bei Horaz vorgefunden habe, habe der Dichter in der Folgezeit großen Anklang gefunden, wofür die vielen weiteren Belege sprächen.
12 Macar. 5,52 λευκᾶς κορώνας· ἐπὶ τῶν ἀδυνάτων. Galen. nat. fac. 1,17 (= 2, p.71 Kühn)
λευκῷ τοίνυν, κατὰ τὴν παροιμίαν, ἔοικε κόρακι. Lukian. Anth. Pal 11,436; Ant. Pal. 11,417,
Cic. fam. 7,28,2 *quod quasi auem albam uidentur bene sentientem ciuem uidere*, Iuv. 7,202
felix ille tamen coruo quoque rarior albo. S. Otto 1890, 51f. und Avery 1953.
13 S. zur Bestimmung des Gedichts Kissel 1990, 102–105, der von einer „Einleitungs-
satire mit programmatischen Zügen" (Kissel 1990, 103) spricht.

non ego cum scribo, si forte quid aptius exit, –
quando hoc? rara auis est –,[14] *si quid tamen aptius exit,*
laudari metuam, neque enim mihi cornea fibra est.

Wenn ich schreibe und dann mal was Geeigneteres herauskommt
(Wann denn einmal? Das ist ein seltener Vogel!), wenn gleichwohl
was Bess'res herauskommt, dann graust es mich nicht vor dem Lob,
mein Herz ist ja auch nicht gefühlskalt.[15]

Woraufhin er mittelmäßige Texte nennt, denen das Publikum sein zwei-
felhaftes „Bravo" entgegenwerfe, und die doch nur aus immer gleichen
Phrasen und Stilmitteln bestünden.[16]

Anders als seine Kollegen ist Persius nicht auf den schnellen, aber
flüchtigen Ruhm eines kurzfristig entstandenen reißerischen Werkes aus.
Er ist im Sinne der Bescheidenheitstopik kritisch gegenüber seiner eigenen Literaturproduktion. Dass ihm tatsächlich einmal ein richtig gutes
Werk gelingt, hält er für ein Ding von äußerster Seltenheit, eben für eine
rara auis.[17] Der Dichter grenzt sich von den Kollegen hinsichtlich seines
rechten Verständnisses von Literatur und Literaturproduktion ab. Den
hohen Anspruch an „echte" Literatur legt er auch bei sich selbst an und so
ist für ihn denn auch unter seinen Werken kaum etwas zufriedenstellend.
Die *rara auis* impliziert also, etwa wie bereits der Pfau des Horaz,[18] etwas
wirklich Wertvolles und Schönes. Anders als der fluguntüchtige Pfau impliziert das allgemeine Bild des Vogels zudem etwas sehr Flüchtiges, das
den Händen schnell wieder entgleitet.

---

14 Zu der Parenthese s. Kissel 1990, 173.
15 Übersetzung: nach Kissel 1990.
16 Pers. 1,50–106.
17 Die Persius-Scholien nennen den Phönix als hier implizierten Vogel. Dem wird stets
widersprochen, einerseits sicher, weil sich die *rara auis* von der bereits vorhandenen, vergleichbaren Redensart des *coruus albus* ableiten lässt, andererseits mit dem Argument, dass
ein „Auftreten dieses Tieres im Rahmen eines Bescheidenheitstopos" durch die mit ihm
„verbundenen Assoziationen der Wiedergeburt und der Selbsterneuerung" unpassend sei
(Kissel 1990, 173, Anm. 205, vgl. auch ThLL II 1441, 56–60 und Otto 1890, 51 f.). Dennoch scheint das Beispiel des Phönix nicht völlig ungeeignet zu sein für das, was Persius
meint, da dieses beeindruckende Tier sehr selten zu finden ist und zudem die zeitliche
Dimension des langen *labor limae* verbildlichen kann.
18 Horaz wird in einem anderen Zusammenhang Pers. 1,116 noch namentlich genannt.

Seltene Vögel und ihre Netze in Europa.
Eine motivgeschichtliche Studie zur *rara auis*

135

Die Vogelmotivik bedient Persius schon in den als Prolog vorangestellten Choliamben,[19] wo er die Dichter als sprechende Vögel entlarvt. Der Leser wird auf diese Weise schon zu Beginn für das Motiv sensibilisiert und dürfte die geschickt eingesetzte Redensart besonders goutieren.[20] Die von Horaz vorbereitete, reizvolle Junktur prägt Persius,[21] wie später zu sehen sein wird, durch seine redensartliche Verwendung für (positive) seltene, aber nicht unmögliche Phänomene (diese Intention findet sich beim seltenen, aber eben existenten Pfau des Horaz ebenso) derart, dass in der Folgezeit sehr häufig darauf Bezug genommen werden wird.

In einen anderen Kontext stellt Juvenal die Redensart. In seiner 6. Satire, mit der er sich in die Tradition misogyner bzw. misogamer Literatur einschreibt,[22] stellt der Dichter verschiedenste Topoi schlechter Verhaltensweisen und Charaktereigenschaften der Frauen, die geplante Hochzeit des Postumus zum Anlass nehmend, dar.[23] Ganz besonders sticht darunter ihre fehlende *pudicitia* hervor (*Pudicitia* verließ in der Darstellung Juvenals spätestens zu Beginn des silbernen Zeitalters die Welt)[24], ihr Hang nach Luxus, ihr tyrannisches Verhalten gegenüber ihren Ehemännern; aber auch wenn die Frau männliche Eigenschaften und Tugenden aufweist, ist es nicht recht: Sie pervertiere damit sowohl männliche als auch weibliche Charakterzüge.[25] Es heißt an der Stelle nach der Aufzählung einer Reihe negativer Frauenbeispiele (Iuv. 6,161–169):

‚nullane de tantis gregibus tibi digna uidetur?‘
sit formonsa, decens, diues, fecunda, uetustos
porticibus disponat auos, intactior omni

---

19 Kissel 1990, 66–68.
20 S. Kissel 1990, 71f. mit Literatur für die Frage, inwieweit der Prolog auf die erste Satire bezogen werden darf.
21 Man wird es wohl auch nicht als Zufall betrachten dürfen, dass Persius hinter *rara auis* ein *est* anschließt, was dem horazischen *rara auis et* prosodisch und klanglich so nahe wie in seiner Konstruktion möglich kommt.
22 S. dazu etwa Makowski/Wilson 1990, 21–34; Watson/Watson 2014, 26–35.
23 Iuv. 6,25–37.
24 Iuv. 6,14–20.
25 Watson/Watson 2014, 13f. Während der griechische Dichter Simonides zumindest noch eine Sorte der Frauen für einigermaßen annehmbar hielt, nämlich die, die den Bienen ähnlich fleißig sind und ihren Ehemännern gehorsam, hat der römische Satiriker auch an der eigentlich positiv konnotierten Frau etwas auszusetzen.

crinibus effusis bellum dirimente Sabina,
rara auis in terris nigroque simillima cycno,   165
quis feret uxorem cui constant omnia? malo,
malo Venustinam quam te, Cornelia, mater
Gracchorum, si cum magnis uirtutibus adfers
grande supercilium et numeras in dote triumphos.

Keine einzige aus dieser gewaltigen Menge scheint dir würdig? –
Mag sie auch schön, anmutig, wohlhabend und fruchtbar sein,
mag sie auch alte Ahnen in ihren Säulengängen aufstellen, mag sie
auch jungfräulicher sein als alle Sabinerinnen, die mit aufgelösten
Haaren die Fronten im Krieg auseinanderbrachten – also ein seltener Vogel auf Erden, fast so wie ein schwarzer Schwan: Doch wer
wird eine Ehefrau ertragen, bei der alles stimmt? Lieber, viel lieber
will ich eine Venustina als dich, Cornelia, o Mutter der Gracchen,
wenn du zusammen mit deinen großartigen Tugenden auch gewaltigen Hochmut mitbringst und in deine Mitgift eure Triumphe
einrechnest.[26]

In einem vollständigen Vers (165) wird das Bild des seltenen Vogels ausge-
führt, und dabei auch dessen Art, die eines schwarzen Schwans, bestimmt.
Durch die Erwähnung eines konkreten, zur damaligen Zeit unbekannten
und damit in der Vorstellung nicht existenten Vogels[27] wird das Adynaton, in dessen Anlehnung sich die Redensart entwickelt hat (*coruus albus*),
wieder sichtbar, das bei Persius nicht erkennbar war.[28] Das *-que* dürfte
dabei explikativ zu verstehen sein. Eine Frau von den genannten positiven
Eigenschaften existiere demnach faktisch so gut wie nicht (*nigro … simil-*

---

26 Übersetzung: Lorenz 2017.
27 Europäer entdeckten den Vogel in Australien erstmals im 17. Jahrhundert (Alexander,
Wilfred Backhouse/Chrisholm, Alexander Hugh [1958], Swan, black. The Australian Encyclopaedia, Vol. 8, Sydney, 376f.).
28 Der schwarze Schwan mag vielleicht zusätzlich den Sarkasmus der drei vorangehenden Kola bestärken, da implizit die Frau auch schwarz wirkt und über schwarze Menschen
Scherze gemacht werden, wie etwa Iuv. 8,32f.; s. Nadeau 2011, 117. Noch wichtiger dürfte die Tatsache sein, dass schwarz als eine symbolische schlechte Farbe für Menschen angesehen wurde, vgl. z.B. Catull 93,1f. *nil nimium studeo Caesar tibi uelle placere/nec scire*
utrum sis albus an ater homo. S. für die Farbe André 1949, 43–63.

Seltene Vögel und ihre Netze in Europa.
Eine motivgeschichtliche Studie zur *rara auis*

137

lima cycno). Und selbst wenn, mache ihr Hochmut alles wieder zunichte (166; 168f.). Durch die Gegenüberstellung von Venustina und Cornelia wird gleichsam deutlich, dass die zwar tugendhafte, aber gleichzeitig unerträgliche Frau ein Relikt der Vergangenheit sein dürfte, und damit ein Stück weit der Gedanke einer besseren, vergangenen Zeit in die Redensart hineinspielen dürfte. Juvenals Verwendung der Redensart für die Seltenheit moralisch guter, traditioneller Frauen wird, wie erkennbar werden wird, rezeptionsgeschichtlich relevant.[29]

Die weitere Spur der Redensart führt zu Hieronymus, in dessen umfangreichem Œuvre sie sich an insgesamt fünf Stellen findet. Zunächst sei auf die Verwendung in seiner pro-asketischen Schrift *Adversus Iovinianum* im ersten Buch hingewiesen.[30] Dort zitiert er Theophrasts Traktat *De Nuptiis*, in dem diskutiert wird, ob ein weiser Mann heiraten solle, wovon aber wegen der Schlechtigkeit der Frauen abgeraten wird.[31] Wenn der Mann krank sei, könnten besser seine Freunde bei ihm sitzen als die Ehefrau, die nur weinte, mit ihrer Einsamkeit hausieren ginge und den Mann schließlich zur Verzweiflung triebe. Bei ihrer eigenen Krankheit müsse der Mann mit ihr leiden und könne sich nicht von ihrem Bett entfernen. Dann heißt es 1,47:

> *aut si bona fuerit et suauis uxor, quae tamen rara auis est*[32], *cum parturiente gemimus, cum periclitante torquemur.*[33]

Oder wenn die Frau gut und angenehm sein sollte, wobei es sich jedoch um einen seltenen Vogel handelt, dann jammern wir mit ihr, wenn sie gebiert, und erleiden Qualen, wenn sie in Gefahr schwebt.

---

29 Auch Juvenal orientiert sich, wie oben bereits erwähnt, an der *callida iunctura* des Horaz. So dürfte er *rara auis* absichtlich an den Versanfang gestellt haben, um Horaz hinsichtlich der Versposition zu imitieren.
30 Vgl. dazu z.B. Makowski/Wilson 1990, 44–60.
31 Vgl. dazu z.B. Trillitzsch 1965, 44f.
32 Petrus Abelard zitiert die Stelle ohne *auis*: *quae rara, aut uix est*, s. dazu auch unten Anm. 61.
33 S. Bickel 1915, 389.

Von großer Bedeutung für diese Stelle und ihre Bewertung hinsichtlich der Quelle unserer Redensart ist die seit bereits mehr als 100 Jahren währende Forschungsdiskussion, welchen der ihm vorangehenden Autoren Hieronymus an dieser Stelle tatsächlich referiert. Zur besseren Übersichtlichkeit seien an dieser Stelle zunächst kurz die in der Forschung geäußerten Hauptthesen genannt:[34] Die meisten Forscher folgen der ursprünglich von Haase aufgestellten These, das Theophrast-Exzerpt sei über Senecas verlorene Schrift *De matrimonio* vermittelt worden. Bickel vertritt (gegen seine Vorgänger Haase und Bock; letzterer postuliert eine verlorene Schrift Tertullians als Quelle) die These, dass Hieronymus das Theophrast-Exzerpt aus einem verlorenen Werk des Prophyrius kannte.[35] Kaum akzeptiert wird schließlich die Meinung von Frassinetti, Hieronymus habe Theophrast selbst ins Lateinische übersetzt.

Wenn freilich auch die in der Forschung oft postulierten wahrscheinlich geringen Kenntnisse des Kirchenvaters in der paganen griechischen Literatur und Philosophie gegen die These Frassinettis sprechen,[36] wollte jedoch Hieronymus selbst anscheinend so verstanden werden. Jedenfalls nennt er den Namen Theophrasts sowohl in der Ein- als auch in der Ausleitung zum referierten Abschnitt.[37] Die Forschung zweifelte allerdings an dieser implizierten Darstellung des Hieronymus und wies stattdessen auf die übrigen von Hieronymus in adv. Iov. genannten Autoren hin, von denen der Kirchenvater vielleicht eher das Exzerpt aus Theophrast übernommen haben könnte. Unter den genannten wurde, wie bereits erwähnt, insbesondere Senecas verlorene Schrift *De matrimonio*, für die adv. Iov. das einzig greifbare Zeugnis zu sein scheint, als mögliche Quelle für das Theophrast-Fragment postuliert.[38] Zum Beleg dieser Hypothese

---

34 S. die Übersicht Vottero 1998, 26f., Torre 2000, 171–185.

35 S. Bickel 1915.

36 Vgl. z.B. die umfangreiche Untersuchung bei Courcelle 1948, 37–115, Hagendahl 1958, 317, Berschin 1980, 69. Für weitere Literatur s. auch Vottero 1998, 26, und Anm. 110–114.

37 Einleitung, Hier. adv. Iov. 1,47: *fertur aureolus* Theophrasti *liber de nuptiis, in quo quaerit an uir sapiens ducat uxorem*, s. Bickel 1915, 388. Ausleitung, Hier. adv. Iov. 1,48: *haec et huiuscemodi* Theophrastus *disserens, quem non suffundat Christianorum*, s. Bickel 1915, 390.

38 Hieronymus nennt den Stoiker explizit: adv. Iov. 41 *Lucani poetae patruus* (s. Bickel 1915, 383), 49 *scripserunt Aristoteles et Plutarchus et noster Seneca de matrimonio libros, ex quibus et superiora nonnulla sunt* (S. 392 Bickel). S. besonders Bickel 1915 für die Rekons-

Seltene Vögel und ihre Netze in Europa.
Eine motivgeschichtliche Studie zur *rara auis*

139

gab es Versuche, senecaische Formulierungen sowie senecaischen Wortgebrauch im Theophrast-Exzerpt nachzuweisen.[39] Meines Erachtens zu Recht ist dagegen eingewandt worden, dass die Sprache des Hieronymus von Senecaismen so durchsetzt ist, dass die im Theophrast-Exzerpt anzutreffenden Übereinstimmungen mit Seneca kaum als Argument gelten dürften, dass Hieronymus Theophrast über Seneca rezipiere.[40]

Bei der Betrachtung der *rara auis*, die ja im Kontext der *Adversus-Nuptias*-Literatur mit dem Thema Frauen und Ehe erstmals bei Juvenal nachgewiesen werden kann, stellt sich im Zuge dessen außerdem die Frage, inwieweit die sechste Satire des Dichters auf Senecas *De matrimonio* als mögliche Quelle zurückgreift. Es wäre also zu überlegen, ob nicht für den Einsatz der Redensart im Zusammenhang mit der Charakterisierung des weiblichen Geschlechts bei Juvenal bereits Seneca vorbildhaft gewirkt haben könnte, sei es durch eine eigenständige Bildung, sei es durch die potentielle Überlieferung des Theophrast-Exzerpts. In diesem Fall müßte zudem entweder angenommen werden, dass Seneca selbst aus Horaz die *rara auis* zu einer Redensart gemacht hat, oder dass sie bereits im Griechischen bei Theophrast existierte. Letzteres wäre natürlich auch denkbar, wenn Juvenal und Hieronymus Theophrast tatsächlich direkt rezipiert haben sollten.

Die Übereinstimmungen sowohl zwischen Senecas *De matrimonio* und Juvenal als auch zwischen dem Theophrast-Exzerpt und Juvenal hat Courtney zusammengestellt.[41] In beiden Fällen kommt er zu Recht zu dem Schluss, dass die thematisch übereinstimmenden Partien eher Gemeinplätze beträfen und daher ungeeignet seien, um Aussagen über eine Abhängigkeit zu treffen bzw. eine Abhängigkeit wahrscheinlich zu machen. Das einzige tatsächlich bedenkenswerte Argument sei laut Courtney die Formulierung *rara auis*, die sich sowohl bei Juvenal als auch im Theophrast-Exzerpt finden lässt. Überzeugend weist er jedoch darauf hin, dass Hieronymus die *rara auis* an mehreren weiteren Stellen in ganz

---

truktion der senecaischen Schrift. Vgl. auch Trillitzsch 1965, 43–45. Otto Zwierlein weist (per Mail) dankenswerterweise darauf hin, daß Hieronymus gelegentlich seine lateinische Zwischenquelle ungenannt läßt (vgl. Zwierlein 2015).

39 Vottero 1998, 27–30.

40 S. Bickel 1915, 8–10.

41 Courtney 1980, 260f. Einiges auch schon bei Bickel 1915, 10f.

unterschiedlichen Kontexten einsetzt und sie nicht zwingend aus Juvenal kennen muss.[42] Das Argument kann m.E. im Gegenteil sogar dazu verwendet werden, um zu zeigen, dass Hieronymus in seiner Theophrast-Version die *rara auis* ziemlich sicher nicht aus Juvenal übernommen hat (und wenn das Theophrast-Exzerpt bereits bei Seneca zu finden war, dann die Redensart bei ihm nicht vorkam).[43] Dafür spricht zunächst einmal die Formulierung *quae tamen rara auis est*, die derjenigen des Persius sehr viel ähnlicher ist, als der Juvenals.[44] Diese Überlegung wird umso wahrscheinlicher, wenn man die übrigen Stellen in Betracht zieht, an denen der Kirchenvater die Redensart einsetzt.

In der ebenfalls die Askese propagierenden Schrift *Adversus Helvidium* ist die Rede von den Vorteilen, die die Jungfrau gegenüber der Ehefrau in Bezug auf ihre Beziehung zu Gott hat. Haushalt, Kinder, Mann, Gäste, Rechnungen, schließlich auch und besonders der Ehestreit sowie vieles mehr würden die Zeit einer Ehefrau voll und ganz in Anspruch nehmen. Für Gott bliebe da keine Zeit. Ein Haus, in dem es nicht so zuginge, wie es sich Hieronymus in der Passage vorstellt, hält er für eine *rara auis* (Hier. virg. Mar. 20):

> *aut si aliqua inuenitur domus, in qua ista [sc. iurgia] non fiant, quae rara auis est.*

Wenn es aber ein Haus gibt, welchem solche Dinge [nämlich Streitigkeiten] fremd sind, was für ein seltener Vogel ist das?[45]

Über die Verbreitung eines Bibelverses (Mt 5,44) und dessen Inhalts bei den Pelagianern heißt es (Hier. adv. Pelag. 2,11):

42　Courtney 1980, 261.

43　Seneca gebraucht in seinen erhaltenen Werken weder die *rara auis* noch den vergleichbaren *coruus albus*. Dass die *rara auis* nicht von Theophrast selbst verwendet wurde, dürfte daraus erhellen, dass es sich bei der Redensart um eine dezidiert lateinische, nicht griechische handelt. Somit dürfte sich in der *rara auis* das Verhältnis der lateinischen zur griechischen Literatur widerspiegeln. Um Quintilian einmal scherzhaft zu variieren: *rara quidem auis tota nostra est.*

44　Bickel 1915, 11 und Courtney 1980, 261 führen die *rara auis* bei Hieronymus ebenfalls eher auf Persius zurück.

45　Übersetzung: nach Holzbauer 1914.

Seltene Vögel und ihre Netze in Europa.
Eine motivgeschichtliche Studie zur *rara auis*

141

illud autem quod dicitur: diligite inimicos uestros, benefacite his qui oderunt uos et orate pro persecutoribus et calumniatoribus uestris, forsitan in uestro coetu reperiatur: apud nos rara auis est,[46] qui peccata simpliciter confitentes meremur humilitate clementiam Saluatoris.

Jenes aber, was da gesagt wird: Liebt eure Feinde, tut Gutes denen, die euch hassen, betet für die, die euch verfolgen und nachstellen [Lk 6,27f.], das findet sich vielleicht in eurer Gemeinschaft, bei uns ist es ein seltener Vogel, denn wir bekennen ehrlich unsere Sünden und verdienen durch Demut die Gnade unseres Erlösers.

Im Prolog seines Hosea-Kommentars schreibt Hieronymus (Hier. in Osee prologus):

haec dico, ut noueris quos in prophetae huius campo habuerim praecursores; quos tamen ut simpliciter et non superbe – sicut quidam meorum amicorum semper insibilat – tuae prudentiae fatear, non in omnibus sum secutus; ut iudex potius operis eorum quam interpres exsisterem diceremque quid mihi uideretur in singulis, et quid ab Hebraeorum magistris uix uno et altero acceperim. quorum et apud ipsos iam rara auis est, dum omnes deliciis student et pecuniis, et magis uentris quam pectoris curam gerunt; et in hoc se doctos arbitrantur, si in tabernis medicorum de cunctorum operibus detrahant.

Ich sage dies, damit du weißt, welche Vorläufer ich auf dem Feld dieses Propheten hatte. Doch bin ich diesen, um es arglos und ohne Hochmut – so wie es mir einer meiner Freunde immer einflüstert – deiner Klugheit zu bekennen, nicht in allen Punkten gefolgt. Daher bin ich eher in der Rolle eines Richters über ihr Werk als in der eines Übersetzers und sage, was zu Einzelfragen meine Ansicht ist und was ich von meinen Hebräischlehrern, kaum von einem oder höchstens zweien, gelernt habe. Und auch bei ihnen selbst unter diesen ist das schon ein seltener Vogel, da sich alle nur um Wohlleben und Geld kümmern und sich mehr um den Bauch als um das

---

46 Zu Recht nennt Moreschini in seinem Similienapparat Pers. 1,46 als Vorbildstelle und nicht Juvenal.

Herz sorgen. Und darin halten sie sich für gebildet, wenn sie in den Behandlungsräumen der Ärzte über aller Arbeiten schlecht reden.

Schließlich findet sich die Redensart auch noch im Kommentar zu den Titus-Briefen (Hier. in Tit. 2,253–259):

> *et reuera usque hodie uidemus nonnullos in ecclesiis (quamquam haec rara auis sit) tantae grauitatis continentiaeque esse, ut etiam ab aduersariis habeant testimonium, et dicatur: uir magnus est ille, et sanctae conuersationis, probisque moribus, nisi esset haereticus. nemo est enim tam immoderatae impudentiae, ut solis radios possit accusare tenebrosos, et clarum lumen caligine noctis offundere.*

Und tatsächlich sehen wir bis heute, dass einige in den Kirchen (obwohl dies ein seltener Vogel ist) von solcher Ernsthaftigkeit und Selbstbeherrschung sind, dass sie sogar von den Gegnern ein Zeugnis erhalten und man sagt: Jener ist ein großer Mann, von untadeligem Umgang, von anständigem Charakter, wenn er nicht Häretiker wäre. Niemand ist nämlich von einer so maßlosen Schamlosigkeit, dass er sich beschweren könnte, dass die Sonnenstrahlen dunkel sind und das helle Sonnenlicht von der Schwärze der Nacht verfinstert wird.

An diesen Stellen ist das breite Spektrum der Kontexte erkennbar, an denen Hieronymus die Redensart einsetzt.[47] Stets verwendet er sie eher im persianischen Sinne einer potentiell vorstellbaren Sache, nicht im Sinne einer prinzipiell unmöglichen, wie es bei Juvenal der Fall ist. An all diesen Stellen liegt auch jeweils die Formulierung des Persius näher als die Juvenals. Es ist gewiss wahrscheinlich, dass Hieronymus Juvenal kannte

---

47　Nicht verschwiegen werden soll, dass sich auch Augustinus an einer Stelle der Redensart bedient: Aug. in evang. Ioh. 28,7 *modo autem quid necessarium est eis qui habent iustitiam? quod in illo ipso psalmo legitur: quoadusque iustitia conuertatur ad iudicium; et qui habent eam, omnes recti corde. quaeritis fortasse qui sunt recti corde? illos inuenimus in scriptura rectos corde, qui mala saeculi tolerant, et non accusant deum. uidete, fratres;* rara auis est ista quam loquor. *nescio quo enim modo quando euenit homini aliquid mali, deum currit accusare, qui deberet se. quando boni aliquid agis, te laudas; quando mali aliquid pateris, deum accusas.*

und rezipierte,[48] für die *rara auis* wird er sich allerdings sehr wahrscheinlich an Persius orientiert haben, vielleicht weil bei diesem die Redensart sehr offen erscheint.[49] Hinzu kommt die von Hagendahl beobachtete
verhältnismäßig engmaschige Rezeption der ersten Satire des Persius in
Adversus Iovinianum,[50] die weiterhin dafür spricht, dass der Kirchenvater
auch für die *rara auis* auf diesen Satiriker zurückgreift. Andererseits wäre
es grundsätzlich nicht unwahrscheinlich, dass Hieronymus, dem durchaus eine gewisse misogame Haltung unterstellt wird, gerade die sechste
Satire Juvenals verwendet hat.

    Es bleibt festzuhalten, dass Hieronymus bei seiner Gestaltung des
Theophrast-Exzerpts, sei es, dass er es aus Senecas *De matrimonio* kennt,
sei es aus einer anderen Quelle, die Redensart der *rara auis* aus den satirischen Vorbildern, aller Wahrscheinlichkeit nach aus Persius, eigenständig
eingesetzt hat. Die *rara auis* wird damit in einem weitestgehend satirischen
Kontext weitergetragen. Hieronymus dürfte der Redensart auch zu einer
weiteren Verbreitung verholfen haben, indem er sie für vielfältige Zusammenhänge fruchtbar macht, stets mit einem Fokus auf menschlichen
Charaktereigenschaften und moralischen Werten. In der Folgezeit wird
das Einsatzgebiet der Redensart im konkreten thematischen Rahmen der
Adversus-nuptias-Literatur, in die sie von Juvenal eingeführt und in der
sie von Hieronymus weitergetragen wurde, einen Schwerpunkt erhalten.
Aber auch in verschiedenen anderen Kontexten erfreut sich die *rara auis*
großer Beliebtheit, was sich ebenfalls auf Hieronymus zurückführen lässt,
der die Redensart für einen weiten thematischen Rahmen öffnet.[51] Dem
Kirchenvater Hieronymus kann also bei der Verbreitung der Redensart
ins Mittelalter eine Scharnierfunktion zugesprochen werden.

---

48 Vgl. etwa Bickel 1915, 11; Wiesen 1964, 9f., zweifelnd Kelly 1975, 12.
49 Für die Persius-Rezeption des Hieronymus s. z.B. Wiesen 1964, 5, 215–217 u.ö.,
Fetkenheuer 2001, 68–73, Adkin 2005.
50 Hagendahl 1958, 145.
51 Mit den verfügbaren elektronischen Hilfsmitteln (Poetria nova, Library of Latin
Texts) lassen sich für die mittellateinische Literatur ca. 60 Stellen ermitteln, was sicher
ein Bruchteil der tatsächlichen Gesamtmenge an *rara-auis*-Verwendungen ist. In diesem
Beitrag können nur ausgewählte Stellen besonders wichtiger Autoren vorgestellt sowie
summarisch Linien und Kontexte aufgezeigt werden.

2. Mittelalter

Die Redensart im Kontext misogyner und misogamer Äußerungen[52]

Es fällt auf, dass in der Literatur des Mittelalters die Redewendung *rara auis* im Kontext von misogynen oder auch misogamen Äußerungen einen zahlenmäßig höheren Stellenwert einnimmt als in anderen Zusammenhängen:[53] So schreibt z.b. Heiricus von Auxerre (ca. 841–nach 875) in seiner *Vita S. Germani* 1,64–73 über die eheliche Verbindung des Germanus in Rom mit einer Einheimischen:[54]

> *gratatur Latium tanto censore fruique*
> *hoc tantum praesente parum est: de posteritate*   65
> *cogitat, utque uiro non desit gloria prolis*
> *utque uiri non destituatur germine Roma,*
> *in consorte tori spes est, qua rite carere*
> *haud patiuntur opes aetasque obnoxia carni,*
> *prolis amor, mentis probitas in coniuge pulchra*   70
> *et gazae et mores et casti insigne pudoris.*
> *qualis ubi uisa est, digito patet, est quia nostris*
> rara auis in terris coruoque ignotior albo.

Latium zeigt seine Freude über einen so großen Censor, und dabei ist es zu wenig, nur dies Gegenwärtige zu genießen: Er denkt über die Zukunft nach; und dass dem Mann der Ruhm einer Nachkom-

---

52 Vgl. für misogyne und misogame Äußerungen des 12. Jahrhunderts besonders Roth 1998, der auf die Problematik, bei literarischen Werken, die misogyne Äußerungen aufweisen, von misogyner Literatur zu sprechen, aufmerksam macht und die Äußerungen allesamt aus einem praktisch-moralphilosophischen Bestreben der Autoren erklärt. Die Frauen oder die Ehe seien meist nicht *per se* als negativ anzusehen. Zu trennen ist davon freilich die breite Tradition der mittelalterlichen misogynen Dichtung, vgl. Klein/Walther 2015.

53 Für obligatorisch im Zusammenhang mit Misogynie und Misogamie halten den Topos der *rara auis* auch Makowski/Wilson 1990, 80; 90, s. auch Stensman 2013, 100 und Anm. 376.

54 Die Sitten- und Tugendhaftigkeit der Frau des Germanus wird auch von Constantius vita Germ. 1 betont: *dum multiplici laudis luce resplendet, sublimem genere, diuitiis, moribus sortitur uxorem.*

Seltene Vögel und ihre Netze in Europa.
Eine motivgeschichtliche Studie zur *rara auis*

145

menschaft nicht fehlt, dass Rom vom Spross des Mannes nicht im Stich gelassen wird, die Hoffnung ruht auf der Genossin des Ehelagers, auf die feierlich zu verzichten der Reichtum nicht zulässt und das dem Fleisch verfallende Alter, die Liebe zur Nachkommenschaft, die Herzensreinheit in einer schönen Ehefrau, die Schätze, der Charakter und das Zeichen von keuscher Scham. Sobald er sie so gesehen hatte, ist das klar zu fassen, weil es in unseren Landen ein seltener Vogel ist und noch unbekannter als ein weißer Rabe.

Hinsichtlich unserer Frage nach der Redensart der *rara auis* ist bemerkenswert, dass Heiric in einem Vers (74) zwei Zitate aus Juvenal kombiniert.[55] Dadurch wird das bereits vor der *rara auis* existente Adynaton des *coruus albus* mit der von den Satirikern neu gebildeten Junktur zusammengeführt. Der ursprünglich bei Juvenal nicht im Kontext der Misogynie erscheinende ‚weiße Rabe' ersetzt damit den ‚schwarzen Schwan'.[56]

Auch der „christliche Juvenal", Bernhard von Cluny, der in der ersten Hälfte des 12. Jahrhunderts in seinem Werk *De contemptu mundi* in ca. 170 Versen eine Diatribe gegen die schlechten Frauen verfasst (2,429–598), bezeichnet eine *bona femina* als *rara auis* (538f.).[57] Der Vagantenliederdichter Hugo Primas von Orleans (1093/94–ca. 1160) lässt seinen Odysseus dessen Freude über die Treue, Bescheidenheit und Selbstlosig-

---

55 Die *rara auis* ist hier sicher nicht auf Persius zurückzuführen, wie hingegen Liebl 1888, 38 will (so auch im Similienapparat der MGH-Edition von Ludwig Traube), sondern ebenso wie der zweite Halbvers (Iuv. 7,202) auf Juvenal (6,165). Dies erhellt neben der passenden Thematik schon daraus, dass auch *in terris* wörtlich aus Juvenal stammt (so auch bereits Fetkenheuer 2001, 128).

56 Erwähnenswert ist an dieser Stelle, dass auch die Redensart des *coruus albus* in der mittelalterlichen Literatur für misogyne respektive misogame Äußerungen vereinnahmt wurde, vgl. etwa Petrus Riga, Flor. asp. 1394 B *cum fidei mulier coruo sit rarior albo.*

57 Bernhard de Cluny, De contemptu mundi 2,537–542:
> *cui rata pactio, uel benedictio quae fit in ara?*
> *cui pia lumina? quae bona femina? credite, rara.*
> *carior haec auis, haec nimis est grauis herba repertu;*
> *talia mordeo, talia rideo, non sine fletu.*
> *rara fidem gerit, omnis enim perit ordo marito;*
> *grex sine turture, nam sine passere nulla cupito.*

keit der Penelope mit *dum sit* auis rara *mulier pauper nec auara* (10,54) ausdrücken.[58]

Andreas von Sankt-Viktor (gest. 1175) schreibt in seinen Auslegungen zum Prediger Salomo (*Expositio in Ecclesiasten*) 1251–1255 zum Vers 7,28:

> *Virum de mille unum repperi, mulierem ex omnibus non inueni. In turba mille uirorum uel unum bonum repperire potuit, sed ex omnibus mulieribus neque unam bonam inuenit, usque adeo:*
> *‚Rara auis est in terris nigroque simillima cygno.'*
> *Nec tamen hoc ideo dicit, quin aliqua bona inueniri possit, sed per hyperbolen nimiam raritatem expressit.*

‚Unter tausend habe ich *einen* Mann gefunden, aber eine Frau habe ich unter allen nicht gefunden.' In einer Zahl von tausend Männern konnte er wenigstens einen guten Mann finden, aber unter allen Frauen hat er nicht einmal eine einzige gute gefunden, in solchem Grade:
ist sie ein seltener Vogel auf Erden, fast so wie ein schwarzer Schwan.
Und doch sagt er dies nicht deswegen, weil man nicht irgendeine gute Frau finden könnte, sondern er brachte durch Übertreibung die allzu große Seltenheit zum Ausdruck.

Er relativiert die Aussage als Übertreibung, zitiert aber zuvor den für diese Zusammenhänge konstitutiven Juvenalvers.[59]

---

58 In seinem Gedicht (Nr. 10; eines der drei Gedichte Hugos mit Antikebezug, s. dazu Langosch 1954, 295f.; s. auch Stenmans 2013, 66–69) behandelt er den Besuch des Odysseus bei Teiresias, im Unterschied zur Odyssee nicht in der Unterwelt, sondern beim Seher zu Hause in Theben. Der berichtet ihm, dass seine Frau und sein Sohn noch lebten, aber auch, dass Penelope sich treu und tapfer gegen die Menge der Freier durchsetzen müsse. Ihr keuscher Lebenswandel führe allerdings dazu, dass sie gelegentlich hungern müsse und Mangel leide. Odysseus nimmt diese Botschaft zwar sorgenvoll, aber auch dankbar auf und bezeichnet seine tugendreiche Ehefrau als *rara auis* (54).

59 Es ist wahrscheinlich, dass er absichtlich das *est* ergänzt, so dass der Vers unmetrisch wird, der Satz aber grammatisch ohne Ellipse auskommt (1297f. ändert er etwa auch den Vers Verg Aen. 1,236 *qui mare qui terras omni dicione teneret* zugunsten der grammatischen Einpassung und zu Lasten der Metrik in *qui mare, qui terras omni ditione tenet*, vgl. auch das Zitat Verg. Aen. 2,79f. in 93–95).

Seltene Vögel und ihre Netze in Europa.
Eine motivgeschichtliche Studie zur *rara auis*

147

In seinen Predigten über das Hohelied setzt Johannes von Ford (ca. 1140–
1214) die übliche allegorische Auslegung *mulier* = *anima* an: Er bestätigt
die Aussage Salomos, dass eine *mulier fortis* schwer zu finden sei, weil es
sich bei einer solchen tapferen Frau eben um eine *rara auis* handele, wie
auch bei der Seele, die der Barmherzigkeit und der Wahrheit nacheifere.[60]
     Johannes von Salisbury, der in seinem *Policraticus* das ganze Theo-
phrast-Referat des Hieronymus wiedergibt (mit der *rara auis*)[61], zitiert
nur wenig später den vollständigen Juvenalvers der sechsten Satire als
Abschluss einer Reihe antiker Exempla von Männern, die in irgendeiner
Form mit negativen Eigenschaften der Frauen zu kämpfen hatten, und
bettet ihn folgendermaßen ein:[62]

> *Sunt aliquae pudicissimae, licet satiricus dicat quoniam*
> *rara auis in terris nigroque simillima cigno*
> *mulier exactae castitatis, et tragicus nullam esse feminam tam*
> *pudicam quae non peregrina libidine usque ad furorem incendatur.*

Es gibt einige sehr sittsame, mag auch der Satirendichter sagen,
dass ein sehr seltener Vogel auf Erden und ganz ähnlich einem
schwarzen Schwan eine Frau von herausragender Keuschheit ist,

60 Johannes von Ford, *Super extremam partem Cantici canticorum sermones* 98,114–117
et haec est fortasse mulier illa fortis, quam Salomon difficilem dicit inuentu, quod rara ni-
mirum *sit auis in terris mulier simul et fortis, hoc est mens misericordiae simul aemula et
ueritatis.*
Im Zusammenhang mit dem Hohelied (zu 1,14) gebraucht auch schon Bernhard von
Clairvaux die Redensart (*Sermones super cantica canticorum* 45,3): *merito admiranda, cui
sanctitas amissa humilitatem non attulit, sed seruata admisit. merito pulchra repetitur, cui
neutra defuit pulchritudo.* rara auis in terris, *aut sanctitatem non perdere, aut humilitatem
sanctimonia non excludi; et ideo beata quae utramque retinuit.*
61 Johannes von Salisbury, Policraticus 8,11,751b Webb. Vgl. auch Makowski/Wilson
1990, 81–87. Peter Abelard, der in seiner *Theologia christiana* 2,99f. ebenfalls das Theophrast-Fragment zitiert, wandelt *quae tamen rara auis est* in *quae tamen rara aut uix est* um
(vgl. Makowski/Wilson 1990, 74–81). Auch in seinen anderen Werken mit ehekritischen
Äußerungen findet sich die *rara auis* nicht. Wie er vermeidet gleichfalls Hugo von Folieto
in *De nuptiis* 2 (s. dazu Bickel, 1915, 21–48, Makowski/Wilson 1990, 98–101; Roth
1998, 62–64) in seinem Hieronymus-Theophrast-Zitat die *rara auis* und schreibt *quae
tamen rara aut nulla est.*
62 Für den Charakter des Werks als „philosophische Lehrschrift", in die sich die Frage
nach der Ehe und ihren *molestiae* thematisch gut einpasst, s. Roth 1998, 52–56. Vgl. für
die Stelle auch Klein 59–60.

und mag auch der Tragiker sagen, dass keine so keusche Frau vorhanden sei, dass sie sich nicht durch fremde Begierde bis zur Raserei entflammen ließe.[63]

Zuvor gibt Johannes zu, dass bei den verschiedenen Autoren überall viel über die *leuitas* der Frauen geschrieben werde, dass auch möglicherweise nicht alles der vollen Wahrheit entspreche, aber dennoch nichts daran hindere *ridentem dicere uerum*, um auch mit ausgedachten Geschichten aufzuzeigen, was in Sachen Charakter negativ sein könnte.[64]

An der Art, wie Johannes von Salisbury die Redensart gebraucht, können Aussagen über ihren Status getroffen werden. Der Autor setzt den thematisch einschlägigen und unabdingbaren Juvenalvers im frauenkritischen Kontext ein, zitiert aber im gleichen Kontext auch das gesamte Theophrast-Hieronymus-Fragment, das ebenfalls die *rara auis* enthält. Der Abstand zwischen beiden Zitaten beträgt ca. drei Teubner-Seiten und doch stellt Johannes keinen sichtbaren Zusammenhang zwischen den beiden *rarae aues* her. Zudem verwendet der Autor die Redensart auch im ersten Buch seines *Policraticus* ohne Bezug zu einem der Ursprungskontexte (s. dazu unten).[65] Daraus kann geschlossen werden, dass bei ihm die *rara auis* für misogame Zusammenhänge durch das Juvenalzitat konstitu-

---

63 Johannes von Salisbury, Policraticus 8,11,753b Webb. Der *satiricus* Juvenal wird mit dem *tragicus* Eumolp aus Petrons *Satyrica* 110,7 kombiniert.
64 Johannes von Salisbury, Policraticus 8,11, 753b: *in muliebrem leuitatem ab auctoribus passim multa scribuntur. fortasse falso interdum finguntur plurima; nichil tamen impedit ridentem dicere uerum et fabulosis narrationibus, quas philosophia non reicit, exprimere quid obesse possit in moribus.*
65 Nur hingewiesen sei auf das Juvenal-Zitat im *Polythecon* („poetische Blütenlese" des 13./14. Jahrhundert, s. Orbán 1990, VIIf.), wo unter der Überschrift *Qualiter uiuendum sit cum uxore* 13 unterschiedliche Verse der sechsten Satire Juvenals miteinander kombiniert werden. V. 531 entspricht dabei Iuv. 6,165. Bedenkt man den großen Umfang der Satire, die weit über 600 Verse umfasst, dann dürfte das Zitat des *rara auis*-Verses in einer Auswahl von 13 ein weiteres Argument für die Unabdingbarkeit der Redensart in misogamen Kontexten sein.
Ebenfalls zu erwähnen ist die Redensart bei Matheus von Boulogne in den *Lamentationes Matheoluli*: 3,900–3a *sed mala ne uidear tibi dicere de muliere,/dico, quod bona sit omni pretiosior ere./hec auis in terris reperitur raro perito/testificante tibi.* Die Reminiszenz an Juvenal ist hier mit einem weiteren Sprichwort kombiniert: „Eine gute Frau ist mehr wert als alles auf der Welt" (ThPMA s. v. Frau Nr. 810–823, s. Klein 2014, 267).
In den misogynen Dichtungen des Mittelalters lassen sich auch abgewandelte Formen finden, bei denen der Aspekt des Adynatons im Vordergrund steht, z.B. in folgendem

ierend wird, aber auch die davon unabhängig gewordene, frei anwendbare
und kontextübergreifende *rara auis* (wohl über Hieronymus vermittelt)
existiert.

Die Redensart im Kontext der Klerikerkritik

Das Mittelalter hält neben dem aus der Antike übernommenen Topos
der Misogynie einen weiteren Topikbereich bereit, in den die Autoren die
Redensart integrieren. Es ist der Topos der Kleriker- und Kirchenkritik,
der vielleicht zum einen wegen seiner großen literarischen Bedeutung[66]
prädestiniert war, um die stehende Redewendung dort fast themenkons-
tituierend einzusetzen; zum anderen möglicherweise auch wegen seiner
engen Verbindung zu misogamen Kontexten, bildet doch der Umgang
mit Frauen oft einen wichtigen Punkt im „klerikal-misogame[n] Diskurs".[67] Es könnte also der von seinem Ursprung her im Zusammenhang
mit Frauen gebrauchte Topos daher möglicherweise auch parallel auf den
verwandten Kontext übertragen worden sein.[68]

In diese Kategorie dürfte sich eine Stelle aus den Briefen des Bernhard von Clairvaux (1090–1153), der im Übrigen in seinem umfangreichen Werk die Redensart insgesamt acht Mal in verschiedenen Kontexten gebraucht,[69] einordnen lassen. In seinem Brief 249 des Jahres 1146

Spruch: *ater olor, niuea cornix, nigra nix, aqua sicca:/inueniuntur ea citius quam pulchra
pudica* (Klein/Walther 2015, 39).

66 Vgl. etwa Elm 1993.

67 Roth 1998, 49, 55, 65f.

68 Ein Grund für die Übernahme der Redensart in einen kirchenkritischen Kontext mag
auch die Form der Satire sein, die dabei eine große Rolle spielt und aus der die Redensart
ihren antiken Ursprung nimmt. So könnte also die aus der Satire bekannte Sprechweise
weiterhin für die Satire anderen Inhalts fruchtbar gemacht worden sein. Zur Kirchenkritik
vgl. Schüppert 1972.

69 Meist hebt er mit der *rara auis* positive Eigenschaften bestimmter Menschen hervor,
was sich gut als eine Verallgemeinerung des Frauen- und des Klerikerkontextes interpretieren lässt.

Bernhard von Clairvaux, epist. 96 *nec enim minus mira minusue iucunda ista promotio est,
quam illa mutatio: nisi quod multo facilius reperias multos saeculares conuerti ad bonum,
quam unum quempiam de religiosis transire ad melius. rarissima auis in terris est, qui de gra-
du, quem forte in religione semel attigerit, uel parum ascendat. uestrum proinde, dilectissimi,
tam insigne quam salubre factum non solum nos, qui serui uestrae sanctitatis esse percupimus,
sed et uniuersam merito laetificat ciuitatem Dei: quippe quo rarius, eo et clarius erat autem et
necessarium ad cautelam, proximam defectui mediocritatem transcendere, et declinare teporem,*

empfiehlt er den zum Bischof gewählten Prior von La Chaise-Dieu dem Papst, wobei die Seltenheit eines guten Hirten wie diesem mit der *rara auis* illustriert wird. Der Gedanke der Redewendung wird an dieser Stelle sogar noch etwas erweitert, wenn das Moment des Vogelfangs selbst mit *confestim iniciendae sunt manus* ergänzt wird, das man implizit auf das Festhalten des empfohlenen Mannes übertragen muss:

> *si rebus raritas pretium facit, nil in Ecclesia pretiosius, nil optabilius est bono utilique pastore. nempe rara auis est ista. proinde sicubi talis interdum reperiatur et occasio detur, confestim iniciendae sunt manus et totis nisibus satagendum, ne qua ui, ne qua arte malitiae fructuosa promotio ualeat praepediri.*

Wenn den Dingen die Seltenheit einen Wert verleiht, dann ist in der Kirche nichts wertvoller, nichts wünschenswerter als ein guter und nützlicher Hirte. Doch ist das ein seltener Vogel. Wo immer man daher bisweilen einen solchen findet und sich die Gelegenheit ergibt, soll man ihn sofort ergreifen und sich mit aller Kraft bemühen, damit seine fruchtbare Beförderung nicht durch irgendeine Gewalt, nicht durch irgendeinen Winkelzug des Bösen noch verhindert werden kann.

---

qui Deo uomitum prouocat; sed et sic oportebat propter conscientiam professis siquidem sanctam regulam, an citra eius puritatem sistere gradum tutum sit, ipsi sensistis.
Bernhard von Clairvaux, epist. 113,1 *porro quod tuum est, tanto carius est quanto rarius. Nam si in uiris uirtus, rara est auis in terris, quanto magis in femina fragili et nobili? denique mulierem fortem quis inueniet?* (Spr 31,10).
Bernhard von Clairvaux, sententiae 3,124: *hi tales, etsi sentiunt de Domino in bonitate, non tamen in scientia, non in simplicitate, quia mutabilem eum sentiunt, et simplicem in sua duplicitate duplicari existimant.* rara tamen auis est in terris *quae hunc possit transire profectum. quaerendus est igitur in simplicitate.*
Während er im überwiegenden Teil der Stellen die *rara auis* im übertragenen Sinne und als Redensart gebraucht, findet sie sich in der *Vita Sancti Malachiae episcopi* 65 auch im ornithologischen Sinne, als sich während eines Messopfers des Malachias eine weiße Taube zeigt: *obstupuit diaconus, et pauens tum pro luminis, tum pro uolucris nouitate, quod illa sit* rara auis in terra, *cecidit super faciem suam et, uix palpitans, sese erigere ausus est, uel quando officii sui necessitas postulauit* (Es sei nur beiwege darauf hingewiesen, dass ebenfalls im ornithologischen Sinne, aber dennoch spielerisch auch Alexander Neckham die Redensart in *De laudibus divinae sapientiae* 845f. nutzt, wo er über den Hahn schreibt: *pasceret intuitus hominum recreatio mira,/si tam uulgaris rara fuisset auis.*).

An anderer Stelle (epist. 372), die ebenfalls dieser Kategorie zugeordnet werden kann, bezeichnet Bernhard nicht einen Kleriker selbst als *rara auis*, sondern dessen Demut:

> *O rara auis in terris, humilitas cum sublimitate et tranquilla mens in medio negotiorum! Laetificasti, domine, animam serui tui; laetificet et tuam misericors Dominus in laetitia gentis suae.*

O ein seltener Vogel in unseren Landen, Demut mit Erhabenheit und ein ruhiges Gemüt inmitten der Geschäfte! Du hast, o Herr, die Seele deines Dieners froh gemacht; es möge der Herr in seinem Erbarmen auch die deine froh machen in der Freude seines Volkes.

Petrus, der Bischof von Palencia und Adressat des Schreibens, wird damit gleich zu Beginn dieses Briefes in positiver Weise unter anderen Klerikern hervorgehoben.

Bereits vor Bernhard von Clairvaux führt Rather von Verona (Ende 9./10. Jh.) die Redensart in diesen Topos ein. Im 20. Kapitel seines *Dialogus Confessionalis* zeigt er die Würde des Priesteramtes auf, die wirkt und sich eine Bahn bricht, auch wenn der Inhaber des Amtes sich als verdorbener und sündiger Mensch herausstellt. Gegenüber einem *fictus interlocutor*, der sich von dieser Sicht schwer überzeugen lässt, erinnert er an das Beispiel des Kaiphas, der aus seinem Amt als Hohepriester heraus weissagte, es sei besser, einer sterbe für alle, als dass das ganze Volk verderbe (Joh 11,50f.). Dieses Exemplum setzt Rather ein, um den *fictus interlocutor*, der wohl nur einen Priester akzeptieren würde, wie ihn der Apostel Paulus in seinem Brief an Titus charakterisiert, zu überzeugen. Paulus schreibt dort, dass ein Bischof ohne Tadel zu sein hat; kommentierend fügt Rather in einer Parenthese hinzu, dass ein solcher Bischof heutzutage eine *rara auis in terris* sei.[70]

---

70 Rather von Verona, Dialogus Confessionalis 20,532–534: *sed si tibi non ualet persuaderi, ut uelis <non> aliusmodi episcopos (quod Dei pietas uellet) nisi qualem depingit Apostolus dicens: oportet episcopum sine crimine esse (quod, proh dolor!, est rara hodie auis in terris), cogita Caipham, cui Petrus uisus est obedire.*
In einen anderen Zusammenhang stellt er die Redensart in seiner *Inuectiua de translatione sancti Metronis 7*: *quid nos ad hec peioribus irretiti et quod grauius consuetudinaliter facino-*

Festzuhalten ist an dieser Stelle, dass der bei Juvenal angeklungene Reflex auf eine „gute alte Zeit", in der vieles besser war, im Zusammenhang mit der Klerikerkritik eine große Rolle spielt, während sie in den misogamen Äußerungen weniger wichtig ist. Dies ist gewiss mit der Vorstellung zu erklären, dass die Frauen von Grund auf und schon immer als schwächer betrachtet wurden, während dies auf die Meinung über die Kleriker nicht zutrifft.[71]

Die Redensart in sonstigen Kontexten

Die Redewendung *rara auis* bezeichnet auch weiterhin seltene Phänomene an sich, ohne dass sie einer der beiden anderen Themengruppen zugeordnet werden könnte. So schreibt Lothar de Segni (1160/1–1216), der spätere Innozenz III., in seiner Schrift *De miseria humane conditionis* im Kapitel „Über die flüchtige Freude", dass kein Tag in vollkommener Freude vergehen könne, dass man täglich in Unruhe gebracht werde, sei es durch eigene innere Eigenschaften, sei es durch äußere Einflüsse. Wen das

---

ribus super plumam sudantes et psalmorum carmina quando hoc etiam rara auis est murmu-rando ueniam nobis huiusmodi penitentia inaniter promittentes.
71 In diese Kategorie der Kirchen- und Klerikerkritik kann vielleicht auch Columbans Selbstbeschreibung als *rara auis* zu Beginn eines kritischen Briefes an Bonifaz IV. (PL 80,274) eingeordnet werden (s. zu diesem Zitat Fetkenheuer 2001, 94). Auch bei Guibert von Gembloux (829–962) findet sich die Redensart, bzw. das gesamte Juvenalzitat in ep. 12,113f., der u.a. die Missstände im monastischen Leben thematisiert: *rara auis in terris nigroque simillima cygno stabilis in partibus nostris religio.*
Ebenso im Rahmen der Klerikerkritik erscheint die *rara auis* im *Speculum Prelatorum* (12. Jh.) V. 1494: *hec auis est in terris rara* und bei Johannes von Ford *Super extremam partem cantici canticorum sermones* 16,8 *heu, quam* rara auis *haec in diebus istis in finibus nostris. o ecclesia Dei, o columba et immaculata Iesu, quam dissimiles modo pastores et doctores experiris. rarus in ipsis est qui casta contemplatione contueatur te, qui prorsus amore currat in amplexus tuos, ruat in oscula tua.* Vgl. auch, weil bei Johannes in 16,7 die *simplicitas* thematisiert wird, Gilbert von Hoyland *Sermones in Canticum Canticorum* 22,3 *bona enim est oculata simplicitas, ita simulationem excludens, ut non caliget in ueritate.* rara *haec hodie* in terris auis*: et si qua est ejus usquam frequentia, occulta satis, et latens in foraminibus petrae, in cauerna maceriae, et desuper riuos aquarum* (diese Stelle ist sonst allerdings wohl eher den „sonstigen Kontexten" zuzurechnen).
Bei Walter von Châtillon (ca. 1135–1190) heißt es carm. 4,10 (die Vagantenstrophe schließt mit einem Hexameterzitat) *in quo mundi climate, sub quo celi signo/est abbas uel pontifex pectore benigno/dignus Christi nuptiis, dignus uite ligno?/rara auis in terris nigroque simillima cigno!* (Strecker 1929, 65).

alles nicht betreffe, der sei eine *rara auis in terris nigroque simillima cigno*.[72]
Der Juvenalvers wird hier völlig dekontextualisiert und illustriert durch
das mitzitierte Adynaton die äußerste Seltenheit einer menschlichen
Konstitution an sich; der Ursprungskontext spielt keine Rolle mehr.[73]

Dekontextualisiert findet sich der Juvenalvers ebenfalls zu Beginn des
13. Jh. bei Hermann von Werden in seiner umfangreichen Versifizierung
der Sprüche Salomos, dem *Hortus Deliciarum*. Den Vers 28,16 der *Proverbia Salmonis*, der lautet:

> *dux indigens prudencia multos opprimet per calumpniam; qui autem odit auariciam, longi fient dies eius,*

> ein Fürst, dem es an Klugheit mangelt, wird viele boshaft unterdrücken; wer aber die Habsucht verabscheut, dessen Tage werden lang sein,

formuliert er interpretierend in fünf Distichen aus.[74] Schließlich wird
der Herrscher, der nicht habgierig ist und sich freundlich gegenüber dem
Volk verhält, glücklich gepriesen, denn (8386f.) *rara auis in terris nigroque simillima cigno/dicatur, talis si reperitur homo* (der Juvenalvers aus
der rein hexametrischen Satire wird um das Prädikat syntaktisch erweitert, das nun den Anfang des Pentameters bildet). Vergleichbar mit dem
Ursprungskontext ist freilich, dass es positive menschliche Eigenschaften
sind, deren Seltenheit betont wird.

Auch die Redensart ohne den *niger cygnus* Juvenals verbreitet sich in
weiteren Kontexten. So findet es sich bei Johannes von Salisbury im ersten

---

72 Innozenz III., *De miseria humane conditionis* im Kapitel „Über die flüchtige Freude“:
quis unquam uel unicam diem totam duxit in sua delectatione iucundam, quem in aliqua parte diei reatus consciencie uel impetus ire uel motus concupiscentie non turbauerit? quem liuor inuidie uel ardor auaritie uel tumor superbie non uexauerit? quem aliqua iactura uel offensa uel passio non commouerit? quem denique uisus uel auditus uel actus aliquis non offenderit? rara auis in terris nigroque simillima cigno.
73 Auch Bernhard von Clairvaux verwendet die Redensart, um die positive Eigenschaft
der rechten Unterscheidung zu charakterisieren (*Sermones in circumcisione Domini* 3,11):
at uero, quia omnino rara ista auis est in terris, huius discretionis locum in uobis, fratres, suppleat uirtus oboedientiae, ut nihil plus, nihil minus, nihil aliter quam imperatum sit, faciatis.
74 Inhaltlich gehen die Auslegungen Hermanns auf den Kommentar des Beda Venerabilis zu den *Proverbia Salmonis* zurück, vgl. Schmidt 2005, Xf.

Buch des *Policraticus*, Kapitel 6 (117–122 Keats-Rohan), das von der (je nach Anwendung auch negativen) Wirkung der Musik handelt. Er stellt fest, dass es auch viele weitere Dinge gebe, die die Sitten verderben:

> *quae uero mentes emolliunt moresque subuertunt, a nostra aetate undique asciscuntur, licet ipsa ultra quam satis est uitiis suis abundet. si quemquam eorum qui uehementius his insistunt grauem uideris, si modestum, si pudicum, uiris fortibus nostrorum temporum ipsum connumerare memineris. quandoquidem haec rara auis est.*

Was aber die Gemüter verweichlicht und die Sitten untergräbt, das wird von unserer Zeit allenthalben akzeptiert, mag sie auch selbst mehr als genug Überfluss haben allen ihren Lastern. Wenn man irgendjemanden von ihnen besonnen sieht, der sich diesen recht entschlossen entgegenstellt, wenn ehrbar, wenn maßvoll, dann dürfte man ihn zu den tapferen Männern unserer Zeit rechnen. Denn das ist ein seltener Vogel.[75]

Nach dem Durchgang durch einige Beispiele für die Rezeption der *rara auis* in der mittellateinischen Literatur ist zu festzuhalten, dass eine Entwicklung der Redensart beobachtet werden kann, die der Genese von Sprichwörtern und Redensarten aus der Literatur heraus grundsätzlich nicht fremd ist: So lassen sich also sowohl das Vollzitat (gut erkennbar, wenn der Juvenalvers in Gänze verwendet wird), als auch nur ein Ausschnitt (etwa *rara auis in terris*) oder ein Anzitat finden. Dabei wird besonders oft der Ursprungskontext des Juvenalzitats beibehalten, er kann aber auch ganz in den Hintergrund rücken, so dass das (An-)Zitat ein eigenständiges Leben führt. Ein dekontextualisiertes Anzitat muss zudem nicht auf Juvenal zurückgehen, sondern kann auch über Persius und den freien Gebrauch bei Hieronymus übermittelt worden sein.

---

75 Vgl. für weitere Beispiele: Peter von Blois (1135–1211) schreibt in seinem Brief 175 anlässlich des Todes des Grammatiklehrers über diesen und seine Eigenschaften: *imo sicut aquila transcendit omnia genera pennatorum, uir potens* (sc. *professor grammatices*) *in opere et sermone; rara in terris auis, quae sine pluralitatis consortio meruit dici singularis.*
Bei Robert Partes (carm. 7,14f.) wird die freundschaftliche Liebe zwischen ihm und einem ehemaligen Weggefährten mit der Redensart illustriert: *hec auis in terris euo rarissima nostro.*

Seltene Vögel und ihre Netze in Europa.
Eine motivgeschichtliche Studie zur *rara auis*

155

3. Humanismus und Frühe Neuzeit

Zur Zeit des Humanismus und der Frühen Neuzeit bleibt die Verwendung der Redensart für misogame und klerikerkritische Äußerungen weiterhin von Bedeutung. So lässt etwa, um nur jeweils ein Beispiel zu nennen, Poggio Bracciolini in seinem Dialog *An seni sit uxor ducenda* seinen Freund Niccolò Niccoli gegen die Greisenehe sprechen und ihn dabei die charakteristische Redewendung einsetzen.[76] Erasmus von Rotterdam lässt in seinen 1518 erscheinenden *Colloquia* (*Abbatis et Eruditae*) die gebildete Frau Magdalia gegenüber dem Abt Antronius erwähnen, dass ungebildete Äbte ja früher eine *rara auis* gewesen seien.[77]

Auffällig und wahrscheinlich das überwiegende Einsatzgebiet ist in dieser Zeit der Gebrauch der *rara auis* zur Charakterisierung bestimmter Personen, und zwar besonders in den Briefen der Humanisten. Dabei fungiert die entsprechend charakterisierte Person entweder selbst als Adressat oder als (Teil-)Thema des Briefes. In den Briefen des Bernhard

---

76 Poggio Bracciolini, *An seni sit uxor ducenda* 12: *sed cum rara sit auis in terris* (sc. *adolescens optimis educata moribus, tibi morigera atque obsequens*). Erasmus von Rotterdam gebraucht die Redensart in seinem philogamen Werk *Declamatio in genere suasorio de laude matrimonii*, wobei er einen Kritiker der Ehe den Topos der *rara auis* in das Gespräch einführen lässt: rara, *inquis*, auis in terris, *mulier proba. et tu rara uxore dignum te finge.*

77 Auffälligerweise findet sich hier erstmals die Redensart auf ein negatives Phänomen bezogen (ungebildete Äbte), die es (was wiederum positiv ist) früher seltener gab. Der Hinweis auf eine frühere bessere Zeit lässt sich also auch in dieser Zeit in der Klerikerkritik finden (s. auch oben).
Magdalia, die die Notwendigkeit einer guten Bildung betont, erwähnt, dass die Frauen Paula und Eustochium sehr gebildet waren, was der Abt mit *Verum istuc nunc rarum est* kommentiert. Magdalia wiederum entgegnet: *Sic olim* rara auis erat *Abbas indoctus, nunc nihil uulgatius.*
Für den Klerikerkontext sind außerdem folgende Stellen zu nennen: Johannes Reuchlin bezeichnet in seinem Brief vom 11. Oktober 1508 (ep. 148) an den Abt von Ottobeuren, Leonhard Widenmann, den Adressaten als *rara auis*, weil er sich sowohl durch seine guten Eigenschaften als Klostervorsteher auszeichne, als auch durch seine Liebe zu den Wissenschaften – eine seltene Kombination. In den *Flores operum* des Eobanus Hessus heißt es unter der Überschrift Rara auis *bonus monachus: si bene perspicias introrsus et omnia lustres/ rarum animal dices esse bonum monachum* (181f. des Gedichts *Captiva Luthero*, wobei es dort am Anfang *uerum ubi perspicies* heißt).
Der Frauen- und der Kirchenkontext werden im Urteil des Henricus Bodo (vor 1505–1553) über Hrotsvit von Gandersheim, *rara auis in Saxonia* (in *De constructione cenobii Gandesiani, perfectione quoque et defectione eiusdem syntagma*, gedruckt in Leibniz: Scriptores rerum Brunsvicensium III, 712), kombiniert.

von Clairvaux hatte sich diese Verwendungsweise schon angekündigt und wurde vielleicht von ihm eingeleitet; nun entwickelt sie sich zu einer festen Größe.

Zur Illustration sollen zunächst ein Brief an die und ein Brief von der Humanistin Isotta Nogarola dienen.[78] Sie schreibt wohl 1434 aus Verona an den jungen Ermolao Barbaro (ca. 1410–1471), der gerade vom Papst in den Stand eines apostolischen Protonotar gehoben worden war. Sie beglückwünscht ihn zu diesem Erfolg und preist ihn in drei durch die Anapher *o* alliterierenden, klimaktisch angeordneten Sätzen:

> *O insignem nostri temporis gloriam! O peculiare ciuitatis Venetiarum decus! O rara auis in terris nigroque simillima cygno!*[79]

O herausragender Ruhm unserer Zeit! O besondere Zier Venedigs! O seltener Vogel in unseren Landen und ganz ähnlich einem schwarzen Schwan!

Man wird der Humanistin sicher eine ganz bewusste und spielerische Neckerei gegenüber dem jungen Mann zutrauen dürfen, zumal da sie als Frau den Juvenalvers, der über Frauen urteilt, vollständig und nicht nur anzitiert. Er fungiert in dieser Klimax als deutlicher Höhepunkt, indem die Rarität des jungen Mannes über die eigene Zeit (*insignis nostri temporis gloria*) und die eigene Gegend (*peculiare ciuitatis Venetiarum decus*) hinaus mit dem schwarzen Schwan verglichen wird, den es zu keiner Zeit in der bis dahin bekannten Welt gab. Gestützt werden dürfte diese Überlegung wohl auch dadurch, dass einige Jahre später einer der Lehrer des Barbaro, Guarino, an Jacopo Foscari, ebenfalls einen seiner Schüler, über Isotta und deren Schwester Ginevra schreibt:[80] *O ciuitatis immo et aetatis nostrae decus! O rara auis in terris nigroque simillima cygno!* Nun gelangt das Kompliment fast wortwörtlich wieder zur Urheberin zurück, diesmal in der originalen Konstellation, in der ein Mann über Frauen urteilt. Es

---

78   Für Isotta Nogarola und ihre lateinischen Briefe s. Grafton/Jardine 1986, 29–45; 52; 55f.

79   Isotta Nogarola, epist. 2, Abel 1886, 6–11, hier 10.

80   Isotta Nogarola, epist. 697, Sabbadini II 1915, 292–294, hier 293. Zu diesem Brief s. auch Grafton/Jardine 1986, 35f.

Seltene Vögel und ihre Netze in Europa.
Eine motivgeschichtliche Studie zur *rara auis*

157

sind nur zwei *o*-Anaphern gebraucht, aber sowohl Ort (*nostrae ciuitatis decus*) als auch Zeit (*nostrae aetatis decus*) und der Juvenalvers erscheinen hier, so dass der Bezug unleugbar sein dürfte. Ob man hier einen kritischen Unterton gegenüber Isottas Einsatz der Redensart als Frau gegenüber einem Mann heraushören soll?

Erasmus von Rotterdam gebraucht die Redensart *rara auis*, die der begeisterte Sammler von Redensarten und Sprichwörtern auch in seine *Adagia*[81] aufnimmt, ebenfalls in seiner brieflichen Kommunikation. So stammt das vielleicht berühmteste Beispiel für die Redewendung der *rara auis* überhaupt, auf das stets verwiesen wird, wenn man nicht auf Juvenal direkt zurückgeht, von Erasmus. Am 19. Oktober 1518 schreibt er an Eobanus Hessus, der kurz zuvor seine *Heroides* publiziert hatte und damit zu einem der bedeutendsten Dichter der Zeit wurde. In einer Art Klimax zählt Erasmus die von ihm bewunderten Autoren und Dichter seiner Zeit auf, nämlich Beatus Rhenanus, Philipp Melanchthon, Johannes Reuchlin und Ulrich von Hutten, um dann zu schreiben:

> *et ecce de repente Hessus, quod antehac in singulis uel amabam uel mirabar, unus uniuersum exhibuit. quid enim aliud Heroides tuae quam Christianum Ouidium referunt? cui uel in oratione soluta contigit ea facilitas quae tibi in omni carminis genere? eloquentiam aequat eruditio; et utrumque decorat Christiana pietas. iam in oratione prosa talis es ut alienus a carmine uideri possis. o uenam ingenii uere auream! nec a stilo mores abhorrent, quibus nihil candidius, nihil simplicius, nihil potest esse purius. rara auis, eximia doctrina sine supercilio. …*

Und siehe, plötzlich legte Hessus das, was ich vorher an den einzelnen liebte und bewunderte, als Einziger in Gänze offen. Was belegen deine Heroides denn anderes als einen christlichen Ovid? Wem

---

81   1,1,21 *Rara auis, prouerbio dicebatur res quaeuis noua et inuentu perrara. Persius: Si forte quid aptius exit quando haec rara auis est. Iuuenalis: Rara auis in terris, nigroque simillima Cygno. Idem : Coruo quoque rarior albo.*

Quin et Phoenicis raritas in prouerbium abijt. Ducta allegoria ab auibus peregrinis et inusitatis, quae nonnunquam casu in nostram regionem deuolant, uel miraculi gratia deportatur. Vnde illud saepius iteratum apud Aristophanem :

τίς ἐστιν ὄρνις οὑτοσί ;   *id est :*

Quae est haec auis?   *De hospite et ignoto.*

gelingt selbst in Prosa diese Leichtigkeit, die dir in jeder Dichtungs-
gattung gelingt? Die Bildung entspricht der Beredsamkeit. Und
beides krönt die christliche Frömmigkeit. Schon in der Prosarede
bist du so, dass es scheinen könnte, du stehst der Dichtung fern.
O wahrhaft goldene poetische Ader deines Geistes! Auch weicht
der Charakter nicht vom Geschriebenen, das das Strahlendste, Ein-
fachste und Reinste überhaupt ist. Ein seltener Vogel, eine herausragende Gelehrsamkeit ohne Hochmut. ….

Erasmus preist den Stil, die Kunst der Formulierung und die Bildung
des Eobanus als hervorragend und von christlicher Frömmigkeit durch-
drungen. Die *eruditio* und der Stil werden gleichzeitig auch als Abbild
seines Charakters gesehen, der ebenfalls auf das äußerste gelobt wird. Die
Seltenheit dieser Kombination – außerordentliche Bildung gepaart mit
einem von Hochmut freien Charakter – erhält ihre herausgehobene Betonung in *rara auis*. Die Redensart illustriert damit explizit die Eigenschaften des Eobanus und implizit den Träger der Eigenschaften selbst.
    Wie eine Art direkte Rezeption und Reaktion auf diesen Brief des Eras-
mus und sein Urteil über Eoban wirkt eine Äußerung des Johannes Senff
oder Sinapius (1505–1560) in einem Brief des Jahres 1534. Er schreibt an
Fileno Lunardi, den er zuvor dem Erasmus als Schüler empfohlen hatte,
wie sehr er selbst den Mann aus Rotterdam schätze (13. April 1534):[82]

> *ego certe a puero ex scriptis ejus et ad eruditionem quantulamcum-
> que et ad pietatem plurimum semper profeci. uerum nihil tam bo-
> num quin detur melius. sed rara auis est quae literas et pietatem inter
> latinos homines nostri temporis latius propaget. ab hoc proximus erit
> obseruandus Melanchthon tibi breuitate et fide literas aeque ac pie-
> tatem docendi nemini nostro seculo secundus. inter primarios autem
> doctos (dico priuatim doctos, quibus major eruditio est quam fama)
> uincit omnes Simon Grynaeus, acerrimi judicii et reconditarum rerum
> peritissimus, philosophus, rhetor ac theologus...*

Von Kindesbeinen an habe ich aus seinen Schriften sicher immer
ein klein wenig zur Bildung und sehr großes Maß zur Frömmigkeit gewonnen. Aber nichts ist so gut, dass es nichts Besseres gäbe.
Aber es ist ein seltener Vogel, der literarische Bildung und Frömmigkeit unter den lateinkundigen Menschen unserer Zeit weiter
verbreitet. Dem am nächsten kommt Melanchthon; ihn musst du
im Auge behalten wegen der Pointiertheit und Glaubensfestigkeit,
mit der er literarische Bildung und Frömmigkeit lehrt wie kein
zweiter unsrer Zeit. Unter den hervorragenden Gelehrten jedoch
(ich nenne in meinem Sprachgebrauch diejenigen Gelehrte, deren
Bildung größer ist als ihr Ruf) aber übertrifft alle Simon Grynaeus,
von messerscharfem Urteilsvermögen und überaus kundig in ent-
legenen Dingen, ein Philosoph, Rhetor und Theologe...

So wie es Erasmus gegenüber Eoban getan hatte, als er die Kombination
aus umfassender Bildung und gutem Charakter als seltenes Gut charakterisierte, rühmt Sinapius den Lehrer für dessen Bildung in Kombination
mit der *pietas* (wenn er hinsichtlich der *pietas* auch leicht kritisch ist),
die dieser verbreite. Als *rara auis* wird der bezeichnet, der beides in noch
breiteren Umlauf setzte als Erasmus. Dass danach eine Reihung im Sinne
einer Antiklimax mit anderen wichtigen, aber Erasmus eben nachstehen-
den Lehrern eröffnet wird, dürfte auch den letzten Zweifel einer direkten
Bezugnahme zerstreuen. Während Erasmus seine Reihe mit dem Höhepunkt Eoban enden lässt, beginnt Senff mit Erasmus und lässt Melanchthon und schließlich Simon Grynaeus folgen.
    Wie gesehen bleiben auch im Humanismus und der Frühen Neuzeit
die vorgeprägten Verwendungsweisen der *rara auis* erhalten. Wer als Autor misogyne oder misogame Gedanken äußert, kommt am Topos der
rara auis nicht vorbei, der sich offenbar durch die Vermittlung bei Hieronymus zu einem (fast) obligatorischen Beiwerk dieses Kontextes entwickelt hat. Dieser Gebrauch der Redensart zieht sich durch alle Zeiten
hindurch. Kleinere Nebenstränge wie der Einsatz in der Klerikerkritik
oder zur Bezeichnung der Seltenheit anderer Phänomene, oft moralischer
Werte, kommen hinzu. Zu einer Fokussierung kommt es im Humanismus in der brieflichen Kommunikation: Es werden ganz konkrete Men-

schen mit ihren positiven Eigenschaften bezeichnet, um sie von anderen abzuheben.[83]

In der Zeit des Humanismus scheint auch die Vermittlung in die Volkssprachen erfolgt zu sein. Zumindest für das Deutsche kann dies anhand von Martin Luther wahrscheinlich gemacht werden, der die Redensart als erster auf die deutsche Sprache überträgt.[84] In seiner Schrift „Von der weltlichen Obrigkeit" (1523) heißt es (WA 11, 267f., DDStA Band 3, 265):

> Du sollst auch wissen, dass von Anfang der Welt an ein kluger Fürst ein sehr seltener Vogel ist [gar eyn seltzam vogel], noch seltener ein gerechter Fürst. In der Regel sind sie die größten Narren oder die schlimmsten Schurken auf Erden, so dass man von ihnen immer das Schlimmste und selten etwas Gutes erwarten darf, besonders wenn es um Gott und das Seelenheil geht.

Ein weiteres Mal gebraucht er die Redensart auf Deutsch im Jahre 1525 in seiner Schrift „Ermahnung zum Frieden", in der er sich in einem Teil explizit „An die Bauernschaft" wendet (WA 18, 310, DDStA Band 3, 475):

---

83 Die Redensart ist freilich nicht nur auf die Gattung Brief beschränkt. Im Sinne einer gnomischen Aussage begegnet sie etwa, um nur ein Beispiel zu nennen, im Drama *Theophilus* (München 1596) 212f. *quam rara auis/constans amicus rebus afflictis* (vgl. Rädle 1979, 460).

84 Vgl. auch Tosi [15]2003, 321. Auf Latein gebrauchte Luther die Redensart etwa in seinem Brief von 1518 an Christoph Langenmantel: *uere rara auis est pura fides et syncera amicitia*. In Luthers Scholien zu den Psalmen heißt es zu Ps 100 *secundo quando illis manent, si in ipsis sunt talia, et tamen ex uirtute gratię distinguunt inter se et dona Dei et sic constanter seruant confessionem Deo in bonis acceptis et agnitionem sui in malis suis habitis, et ita semper sibi nihil sunt. sed o quam rara hęc auis, Deus bone! paucos ego uidi, qui non plus attendant dona Dei in se quam seipsos.* (WA 55/2, 764) und zu Ps 118,65 (WA 55/2, 934f.): *sed 'Bonus' est perfectior, sicut pater suus cęlestis, qui et malis benefacit et ingratis, reddens bonum pro malo et augens bona ingratis, sicut facit et Deus. o rara auis!* In den *Operationes in Psalmos* (1519–1521) schreibt Luther (WA 5,188): *Quid enim foelicius Ecclesia esse possit hodierna, si nemo eorum, qui haec iactant, mentiretur et nomen domini sui in uanum non assumerent? sed rara haec auis.* In seine Sprichwortsammlung hingegen hat der Reformator die Redensart weder auf Deutsch noch auf Latein übernommen (Thiele 1900).

Seltene Vögel und ihre Netze in Europa.
Eine motivgeschichtliche Studie zur *rara auis*

161

Leiden, Leiden, Kreuz, Kreuz ist das Recht der Christen, das und nichts anderes. Wenn ihr aber derart um das zeitliche Gut kämpft und nicht den Rock zum Mantel dazugeben, sondern den Mantel zurückholen wollt, wann wollt ihr dann sterben und den Leib zurücklassen oder eure Feinde lieben oder ihnen wohltun? O ihr nichtsnutzige Christen! Liebe Freunde, die Christen sind nicht so verbreitet, dass sich so viele auf einen Haufen versammeln sollten; ein Christ ist ein seltener Vogel [eyn seltzamer vogel]. Wollte Gott, die meisten von uns wären gut, rechtschaffene Heiden, die das natürliche Recht hielten, vom christlichen ganz zu schweigen.

Die vielfältigen Anwendungsgebiete[85] der Redensart sowie ihre Vermittlung in die Volkssprache in der Zeit des Humanismus und der Frühen Neuzeit wirkten weiter auf eine Dekontextualisierung und damit vollständige Entwicklung der *rara auis* zu einer sprichwörtlichen Redensart. Diese Zeit ist damit als unerlässlicher Wegbereiter für das Leben des Sprichworts in den heutigen modernen europäischen Sprachen zu betrachten.

---

85 Hingewiesen sei noch auf einige Stellen, die hier nicht weiter besprochen, aber zumindest genannt werden sollen, um die Fülle weiterer Verwendungsweisen der Redensart wenigstens anzudeuten (auch diese sind freilich nur als kleine Auswahl aus der Fülle des Materials zu verstehen): Scherzhaft schreibt John Owen sein 181., *In Nigellam candidatam* betiteltes Epigramm *Rara auis in terris, alboque simillima cygno es. Est tibi uestis enim candida, nigra cutis* (vgl. Durand 2012).
Im *Alphabetum aulicum Latinum*, das erstmals 1577 in der Anthologie *Aulica vita et opposita huic vita privata* von Henricus Petreus erschien, heißt es unter dem Buchstaben R *rara auis in toto uere pius Aulicus orbe* (sowohl das *Alphabetum* als auch der Vers werden immer wieder in verschiedenen Sprichwort- und Sentenzensammlungen angeführt).
Adam Siber (1516–1584) überschreibt seine Versifikation des Apostelstreits in seinem Werk *Sionion, seu historiae sacrae libri 8* (Leipzig: (Voegelin), 1573, p. 282) mit dem Epigramm *rara auis hoc seclo est, alboque simillima coruo,/qui, Cepha a Paulo quod reprehense, facit.*
Verbreitung fand die *rara auis* in dieser Zeit auch in Gnomologien und Sprichwörtersammlungen, wie etwa in Jan Gruters (1560–1627) *Bibliotheca exulum: Seu Enchiridion Divinae Humaneque prudentiae*, Frankfurt 1625.

4. Gegenwart

In der Einleitung hatten wir schon auf die unterschiedlichen Verwendungsweisen der Redensart im heutigen Europa verwiesen. Während sie die meisten Sprachen recht neutral für zum Ausdruck der Seltenheit gebrauchen, variiert besonders das Deutsche die Konnotation. Mit der Änderung der Bedeutungsnuancen von *seltsam*, das Luther ja noch ganz im Sinne von *selten* verwendet hatte,[86] ändert sich auch die Bedeutung der Redensart. Leicht despektierlich mutet sie heute an, wenn sie denn überhaupt gebraucht wird, und nicht ohnehin ihrer neueren und bekannteren Schwester „komischer Vogel" weichen muss. Die lateinische *rara auis* jedoch, die im 19. Jahrhundert durchaus in der deutschen Schriftsprache noch im Gebrauch war, ist dieser Sprache heute gänzlich entflogen.[87]

5. Fazit

Der kurze und nur oberflächliche Durchgang durch die Wanderungen und Wandlungen der Redensart *rara auis* konnte im Kleinen zeigen, wie die Antike oft unbewusst eine Grundlage bildet. Dass zur Vermittlung dieser Grundlage das Mittelalter und der Humanismus bekanntermaßen einen unschätzbaren Beitrag leisteten, konnte auch in dieser kleinen Analyse deutlich werden. Zumindest für das Deutsche ist besonders Luthers Übertragung der Redensart mit Blick auf die Rezeption wichtig geworden. Neben der Einführung in die Volkssprache an sich prägt er auch den Gebrauch der Redensart allein in Bezug auf Personen.

Es zeigte sich aber auch, dass mit dieser Basis Antike von Region zu Region, von Land zu Land, von Sprache zu Sprache unterschiedlich produktiv-rezeptiv umgegangen wurde und wird; dass aus der gemeinsamen Wurzel über die Zeiten hinweg ein kulturell und sprachlich ausdifferen-

---

86　„seltsam", in: Deutsches Wörterbuch von Jacob Grimm und Wilhelm Grimm, Erstbearbeitung (1854–1960), digitalisierte Version im Digitalen Wörterbuch der deutschen Sprache, <https://www.dwds.de/wb/dwb/seltsam>, [Stand: 26.02.2019].
„seltsam", bereitgestellt durch das Digitale Wörterbuch der deutschen Sprache, https://www.dwds.de/wb/seltsam [Stand: 26.02.2019]. S. auch Bergmann 2013.
87　Vgl. z.B. in der Botanikzeitschrift *Flora* 24, 1841, 363; oder im Brief von Anton Dohrn an Emil du Bois-Reymond von 1883 (Groeben 1985, 241).

Seltene Vögel und ihre Netze in Europa.
Eine motivgeschichtliche Studie zur *rara auis*

163

ziertes Europa, das unterschiedliche, einander zugehörige und sich von anderen abgrenzende kulturelle Gemeinschaften enthält, entstanden ist, kann auch an diesem Beispiel ersichtlich werden.

Dass die Rezeption der antiken Redensart *rara auis* noch nicht beendet ist, mögen abschließend zwei kuriose Beispiele zeigen. So beschreibt man in der Wirtschaft und der Politik unvorhergesehene Ereignisse, die eine entscheidende Wende bewirken, mit der sogenannten „Black-Swan-Theorie" (also mit der Konkretisierung des seltenen Vogels) des Finanzmathematikers und ehemaligen Wallstreethändlers Nassim Nicholas Taleb.[88] Auch im Bereich der Beamtenbeleidigung durfte die *rara auis* bereits eine Rolle spielen: Im Jahre 2008, nachdem ein Bürger einen Polizeibeamten als „komischen Vogel" bezeichnete, urteilte das Bamberger Oberlandesgericht, dass dieser Ausdruck keine diffamierende Bezeichnung sei.[89]

Das Material gäbe viele weitere Seiten her, doch an dieser Stelle soll ungern das von Laurentius von Brindisi (1559–1619), des „Apostels auf den Straßen Europas"[90], in ein Dictum gekleidete Klischee bestätigt werden, das besagt *rara auis silentium in muliere*.[91]

---

88 Taleb 2007. Vgl. auch die künstlerische Umsetzung durch Olaf Nicolai am 19.05.2018 mit einem echten schwarzen Schwan: https://pam2018.de/artists/olaf-nicolai/?PHPSESSID=20170117adda21474db841efdada06c8 [Stand: 25.02.2019].
89 https://openjur.de/u/468951.html [Stand: 25.02.2019]. Im Urteil des Bamberger Oberlandesgerichts heißt es: „Mit der Redewendung vom ‚seltsamen Vogel' oder – wie hier – mit der synonym zu verstehenden (neuzeitlichen) Wendung vom ‚komischen Vogel' wird seit jeher nicht mehr und nicht weniger als ein sonderbarer, (ver-)wunderlicher, eigentümlicher, merkwürdiger, befremdlicher oder mitunter auch ‚kauziger' (vgl. daher die verwandte Redensart: ‚komischer Kauz') Mensch bezeichnet. Ein ehrenrühriger Bedeutungsinhalt ist der umgangssprachlichen Redewendung darüber hinaus nicht beizumessen." Diese Ansicht muss m. E. korrigiert werden. Im Gegenteil war in der Antike die *rara auis* eine überaus positive und die Seltenheit wertschätzende Redensart, während ein „seltsamer Vogel" aufgrund der Bedeutungswandlung von „seltsam" eher abwertend wirkt.
90 Kuster 2010.
91 *Mariale, serm. in canticum virginis Deiparae* 2,2: *non sine ratione autem existimo dixisse Salomonem quod „aperuit os suum". tenebat os clausum, seruabat silentium. Rara auis silentium in muliere.* Er gebraucht die Redensart auch in anderen Zusammenhängen: *Mariale, serm. in canticum virginis Deiparae* 6,2 *dici solet quod humilitas honorata rara auis*, *Sermones de tempore, in dominica II, homilia* 2,3: *at uero, quia contempta uirtus in mundo est, quam paucissimi sunt qui eam ex animo curent! hinc perfecta uirtus in mundo rara auis.*

Literaturverzeichnis

Abel, Eugenius (1886), Isotae Nogarolae Veronensis opera quae supersunt omnia, pars 1, Wien.

Adkin, Neil (2005), Persius in Jerome, Maia 57, 1–11.

André, Jacques (1949), Étude sur les termes de couleur dans la langue latine, Paris.

Avery, William T. (1953), Corvus albus, The Classical Journal 48, 111f.

Battaglia, Salvatore (Hrsg.; 1961–2009), Grande Dizionario della lingua italiana, Torino.

Bergmann, Rolf (2013), Tiere in der Sprache und im Wörterbuch, online unter: https://eckersbestiarium.wordpress.com/2013/08/17/rolf-bergmann-schrage-vogel/ [Stand: 17.06.2018].

Berschin, Walter (1980), Griechisch-Lateinisches Mittelalter. Von Hieronymus zu Nikolaus von Kues, Bern.

Bickel, Ernst (1915), Diatribe in Senecae Philosophi Fragmenta, Volume 1 Fragmenta de matrimonio, Leipzig.

Bramble, John C. (1974), Persius and the programmatic satire. A study in form and imagery, Cambridge.

Courcelle, Pierre (1948), Les lettres grecques en occident. De Macrobe a Cassiodore, Paris.

Courtney, Edward (1980), A commentary on the satires of Juvenal, London.

Cowie, Anthony Paul/Mackin, Ronald/McCaig, Isabel R. (1983), Oxford dictionary of current idiomatic English, Oxford.

Cresson, André (2009), De contemptu mundi. Bernard Le Slunisien. Une vision du monde vers 1144. Texte latin, introduction, traduction e notes, Turnhout.

Der Duden in 12 Bänden, herausgegeben vom Wissenschaftlichen Rat der Dudenredaktion, Band 11 (1992), Duden. Redewendungen und sprichwörtliche Redensarten. Wörterbuch der deutschen Idiomatik, bearbeitet von Günther Drosdowski und Werner Scholze-Stubenrecht, Mannheim.

Derolez, Albert (1988), Guiberti Gemblacensis Epistolae, Pars 1, Epistolae I–XXIV, Turnhout.

Deutsches Wörterbuch von Jacob Grimm und Wilhelm Grimm, Leipzig 1899/1905/1951 [DWB], digitalisierte Version im Digitalen Wörterbuch der deutschen Sprache online unter: https://www.dwds.de/wb/ dwb [Stand: 07.09.2019].

Digitales Wörterbuch der deutschen Sprache. Herausgegeben von der Berlin-Brandenburgischen Akademie der Wissenschaften, http:// www.dwds.de/[DWDS].

Durand, Sylvain (2012), La récréation poétique. Traduction et commentaire des Epigrammes de John Owen (1564?–1622), Littératures. Université de la Sorbonne nouvelle 3, Paris, online unter: https://tel. archives-ouvertes.fr/tel-00921382/document [Stand: 07.09.2019].

Elm, Kaspar (1933), Antiklerikalismus im Deutschen Mittelalter, in: Peter Alan Dykema/Heiko Augustinus Oberman (Hrsg.), Anticlericalism in late medieval and early modern Europe, Leiden, 3–18.

Fetkenheuer, Klaus (2001), Die Rezeption der Persius-Satiren in der lateinischen Literatur. Untersuchungen zu ihrer Wirkungsgeschichte von Lucan bis Boccaccio, Bern.

Flood, John L./Shaw, David J. (1997), Johannes Sinapius (1505–1560), Hellenist and physician in Germany and Italy, Genève.

Gottschalk, Walter (1930), Die sprichwörtlichen Redensarten der französischen Sprache, Heidelberg.

Grafton, Anthony/Jardine, Lisa (1986), From humanism to the humanities. Education and the liberal arts in fifteenth- and sixteenth-century Europe, London.

Griffiths, Bruce/Jones, Dafydd Glyn (1995), The Welsh academy English-Welsh dictionary, Cardiff.

Groeben, Christiane (1985), Emil du Bois-Reymond [1818–1896]. Anton Dohrn [1840–1909]: Briefwechsel, Berlin.

Hagendahl, Harald (1958), Latin fathers and the classics, Göteborg.

Herrmann, Gerd/Fink, Gerhard (2000), Q. Horatius Flaccus, Satiren, Briefe – Sermones, Epistulae. Lateinisch-deutsch, Düsseldorf/Zürich.

Holzbauer, Karl (1914), Hieronymus, Adversus Helvidium de perpetua virginitate beatae Mariae – Über die beständige Jungfrauschaft Mariens. Gegen Helvidius, in: Ludwig Schade, Des heiligen Kirchenvaters Eusebius Hieronymus ausgewählte Schriften, Kempten/München, 259–292.

Kelly, John N. D. (1975), Jerome. His life, writings, and controversies, London.

Kissel, Walter (1990), Aules Persius Flaccus. Satiren, herausgegeben, übersetzt und kommentiert, Heidelberg.

Klein, Annette (2003), Das Andere Schreiben. Satire gegen die Frau und gegen die Ehe als Schreibmodell in lateinischen und altfranzösischen Texten des 12. und 13. Jahrhunderts, online unter: https://ub-madoc.bib.uni-mannheim.de/31446/1/Klein_Annette.pdf [Stand: 07.09.2019].

Klein, Thomas (2014), Matheus von Boulogne. Lamentationes Matheoluli. Kritisch herausgegeben und kommentiert. Mit Beiträgen von Thomas Rubel und Alfred Schmitt, Stuttgart.

– (2015), Carmina misogynica. Frauenfeindliche Proverbien und Gedichte des lateinischen Mittelalters. Aus dem Nachlaß Hans Walthers kritisch herausgegeben und vermehrt, Stuttgart.

Kuster, Niklaus (2010), Laurentius von Brindisi. Apostel auf den Straßen Europas, Kevelaer.

Liebl, Hans (1888), Die Disticha Cornuti, auch Cornutus oder Distigium des Jo. v. Garlandia genannt, und der Scholiast Cornutus. Mit dem Text des Cornutus antiquus und novus, Straubing.

Lorenz, Sven (2017), Juvenal, Satiren – Saturae. Lateinisch-deutsch, Berlin/Boston.

Luther, Martin (1883–2009), D. Martin Luthers Werke, 120 Bände, Weimar.

Makowski, Elizabeth M./Wilson, Katharina M. (1990), Wykked wyves and the woes of marriage. Misogamous literature from Juvenal to Chaucer, New York.

Nadeau, Yvan (2011), A commentary on the sixth satire of Juvenal, Brüssel.

Orbán, Árpád Péter (1990), Polythecon, Turnhout.

Otto, August (1890), Die Sprichwörter und sprichwörtlichen Redensarten der Römer, Leipzig (ND Hildesheim 1965).

Pittàno, Giuseppe (1992), Frase fatta capo ha: dizionario dei modi di dire, proverbi e locuzioni, Bologna.

Rädle, Fidel (1979), Lateinische Ordensdramen des XVI. Jahrhunderts. Mit deutschen Übersetzungen, Berlin.

Robert, Paul (Hrsg.) ([2]1989), Le Grand Robert de la langue française. Dictionnaire alphabétique et analogique de la langue française, Paris.

Roth, Detlef (1998), Mittelalterliche Misogynie – ein Mythos? Die antiken *molestiae nuptiarum* im *Adversus Iovinianum* und ihre Rezeption in der lateinischen Literatur des 12.Jahrhunderts, Archiv für Kulturgeschichte 80, 39–66.

Sabbadini, Remigio (1915–1919), Epistolario di Guarino Veronese, 3 Bände, Venezia.

Schmidt, Paul Gerhard (Hrsg.) (2005), Hermannus Werdensis. Hortus Deliciarum, Turnhout.

Schüppert, Helga (1972), Kirchenkritik in der lateinischen Lyrik des 12. und 13. Jahrhunderts, München.

Stenmans, Anna (2013), Penelope in Drama, Libretto und bildender Kunst der frühen Neuzeit. Transformationen eines Frauenbildes, Münster.

Strecker, Karl (1929), Moralisch-satirische Gedichte Walters von Chatillon aus deutschen, englischen, französischen und italienischen Handschriften, Heidelberg.

The Australian Encyclopaedia (1958), 10 Bände, Sydney.

Taleb, Nassim Nicholas (2007), The Black Swan: The Impact of the Highly Improbable, New York.

Thesaurus Proverbiorum Medii Aevi (1995–2002), Lexikon der Sprichwörter des romanisch-germanischen Mittelalters. 13 Bände und Quellenverzeichnis, herausgegeben vom Kuratorium Singer der Schweizerischen Akademie der Geistes- und Sozialwissenschaften, Berlin.

Thiele, Ernst (1900), Luthers Sprichwörtersammlung. Nach seiner Handschrift zum ersten Male herausgegeben und mit Anmerkungen versehen, Weimar

Torre, Chiara (2000), Il matrimonio del *sapiens*. Ricerche sul *De matrimonio* di Seneca, Genova.

Tose, Renzo ([15]2003), Dizionario delle sentenze latine e greche. 10000 citazione dall'antichità al rinascimento nell'originale e in traduzione con commento storico, letterario e filologico, Milano.

Trillitzsch, Winfried (1965), Hieronymus und Seneca, Mittellateinisches Jahrbuch 2, 42–54.

Vottero, Dionigi (1998), Lucio Anneo Seneca. I frammenti, Bologna.

Wageningen, Jacob van (1917), Seneca et Juvenalis, Mnemosyne 45, 417–429.

Watson, Lindsay/Watson, Patricia (2014), Juvenal. Satire 6, Cambridge.

Wiesen, David S. (1964), St. Jerome as a satirist. A study in Christian Latin thought and letters, Ithaca.

Zanoner, Ángela María (2016), Ipse dixit. Frases latinas, Barcelona.

Zschoch, Hellmut (Hrsg.) (2016), Martin Luther. Deutsch-Deutsche Studienausgabe, Band 3, Leipzig.

Zwierlein, Otto (2015), Die antihäretischen Evangelienprologe und die Entstehung des Neuen Testaments, Mainz.

Teil 3:
Antike und Europa in der Fachdidaktik der
Alten Sprachen heute

Mit Latein kulturelle Grenzen überschreiten: Ideen für eine transkulturelle Akzentuierung der Europabildung im Lateinunterricht

Leoni Janssen

1. Europa – *in varietate concordia?*

Ohne Zweifel ist die Vielfalt, zu der sich die EU in ihrem lateinischen Europamotto *in varietate concordia* bekennt, ein besonderes Merkmal Europas: In der Europäischen Union leben 512,6 Millionen Einwohner mit unterschiedlichen kulturellen Traditionslinien.[1] Sie verwalten sich in 24 Amtssprachen und mit drei offiziellen Alphabeten. Dazu gesellen sich außerdem 60 regionale Sprachen und Minderheitensprachen sowie jene Sprachen, die die Einwanderer aus 175 Staaten der Welt nach Europa gebracht haben.[2] Für einen Großteil der Europäer bedeutet die europäische Vielfalt einen Reichtum, mit dem sie sich bereitwillig identifizieren.[3] Der Brexit, der Wahlerfolg der Lega in Italien oder das Erstarken der AfD in Deutschland erwecken jedoch den Eindruck, dass die europäische Di-

---

1 Vgl. Statista 2018.
2 Vgl. EU-Info.de.
3 Vgl. European Comission.

versität für einige zu einer Bedrohung geworden ist und der Europa-Diskurs aus diesem Grund immer mehr auch zu einer „Identitätsfrage" wird.[4] Der europäischen Identität scheint dabei gerade aufgrund der Vielfalt die Angst vor dem Verlust der nationalen Identität entgegen zu stehen; eine Angst, die auch in Deutschland zu neuen Debatten über den Begriff „Heimat" geführt hat. Angesichts dieser gesellschaftlichen Entwicklungen bleibt es weiterhin notwendig, eine kollektive europäische Identität auszubilden, in der die eigene nationale bzw. individuelle Identität mit der kulturellen und sprachlichen Vielfalt Europas vereinbart werden kann. Dies scheint m.E. eine Aufgabe zu sein, der wir uns auch in den Schulen und im Unterricht zu stellen haben. Grundlage sollte dabei die Vermittlung eines offenen Kulturverständnisses sein: So sollten Kulturen sich nicht allein an Nationalstaaten gekoppelt und durch Abgrenzung nach außen definieren. Auch der in jeder Kultur immer schon bestehende Austausch mit anderen Kulturen sollte in seiner Produktivität und Dynamik erkannt und einbezogen werden.

Sobald die Frage nach einer kollektiven Identität Europas aufkommt, wird meist die antike und christliche Vergangenheit Europas als gemeinsame kulturelle Wurzel und als Kontinuum in der europäischen Geschichte beschworen. Geistes- und kulturwissenschaftliche Stimmen, die in den Europa-Debatten eine Rückbesinnung auf das gemeinsame historische Erbe der Antike und des Christentums anmahnen, haben das Projekt Europa schon seit Gründung der EG und dann der EU mitbegleitet.[5] In Deutschland beginnt die Lateindidaktik vermehrt in den 90er Jahren, das besondere europabildende Potenzial des Lateinunterrichts für seine Curricula zu diskutieren. Seitdem wird der Lateinunterricht als „Schlüsselfach der europäischen Tradition" verstanden, das gewissermaßen das geistige Fundament des geeinten Europas vermitteln und somit zur Schaffung einer europäischen Identität beitragen kann.[6] Kulturgeschichtliches Wissen dient somit nicht nur instrumentell dem Spracherwerb und Textverstehen, sondern stellt im Kontext Europas ein eigenständiges Bildungsziel des Lateinunterrichts dar.[7] Im Sinne eines wie oben propagierten offenen

---

4 Vgl. z.B. Stratenschulte 2018.
5 Vgl. z.B. Alföldy 1999 oder Eco 2013.
6 Vgl. Kipf 2006, 227–231.
7 Vgl. Bode 2008, 72; Kipf 2014, 23.

Mit Latein kulturelle Grenzen überschreiten: Ideen für eine transkulturelle
Akzentuierung der Europabildung im Lateinunterricht

173

Kulturverständnisses könnte sich die Didaktik bei ihrer Aufgabe von dem
Bild von Kultur inspirieren lassen, das der italienische Altphilologe Maurizio Bettini entwirft. Das kulturelle Erbe der Antike und des Christentums versteht er nicht mehr als „Wurzeln", von welchen aus sich die europäische Kultur in klarer und unverfälschter Abstammungslinie entwickelt
hat, sondern als einen Fluss, der für eine fließende kulturelle Entwicklung
und ein bewegliches Konzept von Kultur steht: Ein Fluss braucht Zuflüsse
von außen, um sich zu einem großen und breiten Strom zu entwickeln.
Manchmal teilt er sich auch in Seitenarme auf, in die wiederum Wasser
von anderen Flüssen fließen kann. Mithilfe dieser Metapher kann veranschaulicht werden, dass Tradition, und auch die europäische Kultur,
„kein vertikales Geflecht von Wurzeln […] ist, sondern ein vielgestaltiges
Ensemble unterschiedlicher Lebensweisen"[8].

Gerade die antike und christliche Kultur bieten viele Beispiele, die
Schülerinnen und Schülern das lebendige Bild von Kulturen als sich verzweigende und stetig verändernde Flüsse nachvollziehbar machen.[9] Deshalb möchte dieser Artikel den Vorschlag unterbreiten, in die Europabildung die Ideen des transkulturellen Lernens mitaufzunehmen, das die
Ausbildung eines offenen, integrativen Kulturverständnisses zum Ziel hat.
Hierzu werden zunächst das kulturwissenschaftliche Konzept der Transkulturalität und bisherige Ansätze zur kulturellen Europabildung im Lateinunterricht kurz dargestellt. Anschließend werden Möglichkeiten einer
transkulturellen Akzentuierung der Lehrpläne beschrieben, welche mit
Umsetzungsideen für den Elementar- sowie den Lektüreunterricht veranschaulicht werden.

2. Transkulturalität und transkulturelles Lernen

Der Ansatz der Transkulturalität geht im Wesentlichen auf Wolfgang
Welsch zurück, der sich damit gegen die Vorstellung von Kultur als homogener, abgeschlossener Nationalkultur wendet.[10] Seiner Auffassung nach
sind Kulturen – vor allem in Zeiten von Globalisierung, aber auch schon

---

8   Bettini 2018, 39f.
9   Zur christlichen Kultur s. Freund in diesem Band.
10 Vgl. Welsch 1994; 2012; 2017.

in der Vergangenheit – von ständiger Durchmischung und Verflechtung geprägt. Menschen haben durch Reisen, Freunde, Migration, Medien etc. an mehreren Kulturen Anteil und „die Lebensformen enden nicht mehr an den Grenzen der Einzelkulturen von einst (der vorgeblichen Nationalkulturen), sondern überschreiten diese, finden sich ebenso in anderen Kulturen"[11]. Kulturelle Phänomene können aus diesem Grund nicht als genuin „deutsch" oder „italienisch" bezeichnet werden, sondern sind hybride, vielfältig beeinflusste und im kulturellen Austausch gewachsene Komplexe. Auch Menschen können nicht mehr stereotyp einer Nationalkultur zugeordnet werden, sondern sind stattdessen durch verschiedene kulturelle Muster geprägt und haben so eine kulturelle „Patchwork-Identität". Welsch (2012, 31) geht davon aus, dass diese innere Transkulturalität der Menschen sie dazu befähige, mit der äußeren Transkulturalität besser zurecht zu kommen:

> Denn ein Individuum, in dessen Identität eine ganze Reihe kultureller Muster Eingang gefunden hat, besitzt bezüglich der Vielzahl kultureller Praktiken und Manifestationen, die sich in seiner gesellschaftlichen Umwelt finden, größere Anschlusschancen, als wenn die eigene Identität nur durch ein einziges Muster bestimmt wäre.

Damit entwirft Welsch das Bild einer Kultur, die durch Dynamik, Verflechtung und Grenzüberschreitungen gekennzeichnet ist, und von Menschen als kulturellen Wesen, die selbst an verschiedenen Kulturen Anteil haben und auch souverän mit verschiedenen Kulturen umgehen können.

Welschs Ansatz ist vielfach rezipiert worden, hat aber auch wesentliche Kritik erfahren: Zu Recht wird ihm vorgeworfen, dass sein Entwurf von Transkulturalität, den er als Bestandsaufnahme der derzeitigen Verhältnisse verstanden wissen will, auf manche Bewohner multikultureller Großstädte zwar zutreffen mag, im Ganzen aber wohl eher einer Utopie bzw. einer neuen Norm denn der Realität entspricht.[12] Indem er die Vorgänge von Kulturmischungen zur idealen Verfasstheit von Kulturen stilisiert, lässt er außerdem außer Acht, dass diese oft in Zusammenhang mit Macht, Unterwerfung oder Marginalisierung stehen, unfreiwillig erfolgen

---

11 Welsch 2012, 28.
12 Vgl. Delanoy 2014, 25; s. auch Volkmann 2014.

Mit Latein kulturelle Grenzen überschreiten: Ideen für eine transkulturelle
Akzentuierung der Europabildung im Lateinunterricht

| 175

und für Individuen schmerzhaft sein können (dies räumt er selbst in späteren Aufsätzen ein, jedoch nur ansatzweise und nicht überzeugend).[13] Deshalb bleibt sein Ansatz letztendlich oberflächlich und in wesentlichen Punkten vage.[14]

Trotz der berechtigten Kritik gingen von Welschs Transkulturalitätskonzept jedoch wichtige Impulse auf die Didaktik moderner Fremdsprachen aus, die begann, sich kritisch mit ihrem eigenen Kulturkonzept auseinanderzusetzen. Auf der Basis von Welschs idealistischer Kulturvorstellung bildete sich das Konzept des transkulturellen Lernens aus, das versucht, ein offenes, „nichtessentialistisches Verständnis von Kultur zur Grundlage der Vermittlung kultureller Inhalte bzw. Kompetenzen zu machen"[15]. Im Mittelpunkt des transkulturellen Lernens steht die Auseinandersetzung mit kultureller Hybridität und *contact zones*. Ziel ist es hierbei, die vielfältigen Prozesse von Kulturmischungen, die das „Eigene" geprägt haben, für die Schüler offen zu legen und das „Eigene" aus der strengen Fixierung auf eine Nationalkultur zu lösen.[16] Damit wird ihnen ein Konzept von Kultur vermittelt, welches „Eigenes" und „Fremdes" als relationale und dynamische Begriffe konzipiert.[17] Um dies zu illustrieren, wird nun nicht mehr nur auf transkulturelle Phänomene zurückgegriffen, die sich aufgrund von Kulturkontakt vermischt und verbreitet haben, sondern auch auf universale, urmenschliche Schöpfungen und Verhaltensweisen, wie z.B. Sprache, Schrift und Rituale für Geburt und Tod, die auch ohne kulturellen Austausch als transkulturell gelten können.[18] Die Fremdsprachendidaktik will ihr Konzept kulturellen Lernens jedoch nicht kulturuniversalistisch verstanden wissen und grenzt sich hier von Welsch ab. So berücksichtigt sie auch die Faktoren Macht und Ungleichheit und betont die Bedeutung regionaler, lokaler und nationaler Kontexte sowie sozialer Zusammenhänge.[19] Folglich wird großer Wert darauf gelegt, trotz des eingenommenen Fokus auf transkulturelle Gemeinsamkeiten sprachliche und kulturelle Vielfalt als jeweils selbstverständliche und erhaltenswerte

13 Vgl. Delanoy 2014, 24f.
14 Vgl. Siepmann 2014, 169.
15 Matz/Rogge/Siepmann 2014, 8.
16 Ebd.
17 Vgl. Alter 2014, 56.
18 Ebd. 55.
19 Vgl. Matz/Rogge/Siepmann 2014, 8.

Elemente von Gesellschaften zu betrachten – transkulturelle Bildung mit der Vermittlung eines offenen Kulturverständnisses realisiert sich also im Anerkennen von Gemeinsamkeiten und Vielfalt.

Auch die Erziehung zu Europa ist eine idealistische: Ziele einer Europabildung sind ein Bejahen von Vielfalt und die Entwicklung eines europäischen Zusammengehörigkeitsgefühls. Hierfür sollen die Schülerinnen und Schüler „kulturübergreifende Aufgeschlossenheit" lernen, die gleichzeitig aber auch „die eigene kulturelle Identität wahrt"[20]. Dieser Prozess könnte durch die Vermittlung eines offenen Kulturbegriffs im Sinne der Transkulturalität unterstützt werden. Indem Schülerinnen und Schüler verstehen, dass kulturelle Phänomene allen zur Rezeption offenstehen, neu geprägt werden und vielfältig weiterwirken können, werden ihnen individuelle Gestaltungsspielräume aufgezeigt – über die Grenzen einer Nationalkultur hinaus.[21] Sie werden dazu ermutigt, sich selbstbewusst über all die (europäischen) Kulturen zu definieren, an welchen sie Anteil haben, ohne sich dabei für eine entscheiden zu müssen. Vorbild hierfür kann ihnen Europa selbst sein: Auch die europäische Kultur entwickelte sich durch unzählige Kulturkontakte, durch die Weitergabe und Rezeption von Motiven und Ideen und es sind transkulturelle Phänomene, die die Europäer bei aller Vielfalt heute verbinden – und diese reichen zum Teil bis in die Antike zurück.

3. Europabildung und kulturelles Lernen im Lateinunterricht in transkultureller Akzentuierung

Die lange Wirkungsgeschichte der Antike in Europa bietet viele Anknüpfungspunkte für transkulturelles Lernen. Die Rezeption antiker Motive und Ideen aus den Bereichen Literatur, Mythos, Politik, Philosophie, Religion, Kunst und Architektur in der europäischen Geschichte führte zu hybriden kulturellen Phänomenen, die sich ähnlich, aber je nach Entstehungskontext auch wieder unterschiedlich, über die Grenzen der Nationalstaaten hinweg in mehreren europäischen Ländern wiederfinden können. Europäische Kultur entstand in wesentlichen Teilen durch Kul-

---

20 Empfehlung KMK 1978/2008, 5.
21 Ebd. 55.

Mit Latein kulturelle Grenzen überschreiten: Ideen für eine transkulturelle
Akzentuierung der Europabildung im Lateinunterricht

I77

turmischung. Auch die lateinische Sprache selbst kann als transkulturelles Phänomen betrachtet werden:[22] Zum einen wurde das antike Latein
selbst transkulturell geprägt, da sich die Sprache und Kultur Latiums im
ständigen Kontakt mit benachbarten Völkern entwickelte und das Lateinische so Wörter und Strukturen z.b. aus dem Etruskischen (z.b. *persona,
populus, taverna, magister* oder *atrium)* oder dem Griechischen (z.b. *oliva)*
übernahm.[23] Zum anderen bereitete es sich über die Grenzen Roms hinweg aus, zuerst in den Provinzen, dann über die Grenzen des Imperium
Romanum hinweg bis nach Nordengland, Skandinavien und Polen. Mit
Beginn des Heiligen Römischen Reiches deutscher Nation wurde das Lateinische europaweit Kirchen-, Verkehrs- und Bildungssprache, ohne dabei an eine Nation gebunden gewesen zu sein, und behielt seine Funktion
als *lingua franca* Europas bis weit in die Neuzeit hinein bei. Dabei kam
es zu zahlreichen Wechselwirkungen zwischen dem Lateinischen und den
Volkssprachen, so dass Latein heute „in vieler Hinsicht die erfolgreichste
und produktivste Kultursprache der Welt" ist.[24] Aus diesem Grund ist der
Lateinunterricht nicht nur prädestiniert für die Vermittlung der europäischen Grundlagen, sondern kann gleichzeitig auf besonders anschauliche
Weise zeigen, welche Bedeutung *contact zones* und transkulturelle Phänomene, in Gestalt von Kultur- und Sprachmischungen, für Kulturentwick-
lungen haben und schon immer gehabt haben: „Latein hat dabei etwas zu
bieten, worauf wir bei den modernen Fremdsprachen noch lange warten
müssen: Eine zweitausendjährige Geschichte, an der sich die Langzeit-
entwicklung bestimmter Konstellationen studieren lässt".[25] Obwohl eine
Anbindung transkulturellen Lernens mit Vermittlung eines offenen und
dynamischen Kulturbegriffs an die Europabildung im Lateinunterricht
also ohne weiteres möglich wäre, wurde das transkulturelle Lernen bisher jedoch noch nicht explizit in die Programmatik des Lateinunterrichts
aufgenommen. Im Folgenden soll aber aufgezeigt werden, dass auch die
Lehrpläne implizit bereits Ideen des Transkulturalitätsansatzes enthalten
und deshalb im Sinne des transkulturellen Lernens akzentuiert werden
könnten.

---

22 S. hierzu auch Leonhardt 2009.
23 Vgl. Haarmann 2002, 30, 67.
24 Ebd. 69; vgl. auch Haarmann 2006, 236–240.
25 Leonhardt 2009, 15.

Schlüsselbegriff des kulturellen Lernens im Lateinunterricht ist die historische Kommunikation. Sie stellt das zentrale Prinzip in der Auseinandersetzung mit der antiken Kultur dar: „Unter Nutzung kognitiver und affektiver Zugangsmöglichkeiten treten die Schülerinnen und Schüler in einen Dialog mit dem lateinischen Text und erschließen seine Mitteilung. Sie setzen sich mit den vorgefundenen Aussagen und Fragestellungen auseinander, stellen Beziehungen her zu ihrer eigenen Zeit und Lebenssituation und suchen nach individuellen Antworten auf die Mitteilungen des Textes"[26]. Da sich historische Kommunikation im Kontext von Europabildung vor allem im Hinblick auf gemeinsame Grundlagen europäischer Tradition und auf Rezeption und Tradition entwickelt, sind wichtige Elemente des transkulturellen Lernens hier bereits angelegt bzw. können problemlos in den Lehrplan mitaufgenommen werden. Wenn den Schülerinnen und Schülern ein historisch fundierter Einblick in wichtige gemeinsame Grundlagen europäischer Kultur vermittelt werden soll, sie „die prägenden Verbindungslinien in der europäischen Geschichte"[27] erkennen lernen und anhand von Rezeptionsbeispielen „Elemente von Kontinuität und Wandel"[28] begreifen und ihr „historisches Bewusstsein stärken"[29], so schwingt in diesen Formulierungen auch ein transkultureller Blick auf Kulturentwicklung mit. Indem die Schülerinnen und Schüler antike, transkulturell wirksam gewordene Phänomene in vielen verschiedenen europäischen Ländern aufspüren, wird die Wirkmacht der antiken Kultur bzw. der lateinischen Sprache erst richtig einsichtig – und das Phänomen von Kulturmischung, Hybridisierung und Transformation wird als selbstverständliches Moment von Kulturentwicklung vermittelt. In der historischen Kommunikation mit der Antike, dem Mittelalter und dem Humanismus erkennen die Schülerinnen und Schüler sowohl Vertrautes als auch Fremdes wieder – und manchmal sind dieselben Lehrinhalte des Lateinunterrichts in Polen, Norwegen oder Frankreich ebenso vertraut wie in Deutschland oder Italien, was die Begriffe „Fremd" und „Eigen" relativiert und die Grenzen zwischen den Nationalstaaten Euro-

---

26 KLP NRW SI 2008, 11.
27 RLP Berlin 2015, 3.
28 KLP NRW SI 2008, 11.
29 https://www.altphilologenverband.de/index.php/latein-schule/44-was-macht-den-heutigen-lateinunterricht-unverwechselbar [Stand: 04.01.2019].

Mit Latein kulturelle Grenzen überschreiten: Ideen für eine transkulturelle
Akzentuierung der Europabildung im Lateinunterricht

179

pas durchlässig macht. Diese Erkenntnis des Gewachsenseins von europäischen Traditionen in Auseinandersetzung mit der Antike und der daraus resultierenden kulturellen Verbindungslinien innerhalb Europas kann Anlass geben, über das Wesen von Kultur und die transkulturellen Anteile im Leben der Schülerinnen und Schüler zu reflektieren – die Rezeption und Transformationen der Antike dienen hier als Denkmodell, das zur Auseinandersetzung mit der eigenen Gegenwart einlädt. Dies leistet auch einen Beitrag zur „Unterstützung bei der persönlichen Orientierung und Selbstbestimmung in der Gegenwart und Zukunft"[30]. Eine explizite transkulturelle Akzentuierung bereits vorhandener Formulierungen im Lehrplan könnte der Vermittlung eines offenen Kulturverständnisses als Ziel einer Europabildung im Lateinunterricht noch mehr Gewicht verleihen, ohne dass hierfür die Inhalte an sich geändert werden müssen.

4. Anwendungsbeispiele

Aufgrund des transkulturellen Charakters der lateinischen Sprache und der antiken Kultur in der europäischen Geschichte finden sich zahlreiche Anknüpfungsmöglichkeiten für transkulturelles Lernen nicht nur in den Lehrplänen, sondern auch in den Inhalten von Lehrbüchern und Lektüreheften. Ein paar mögliche Beispiele sollen im Folgenden kurz skizziert werden.

4.1 im Elementarunterricht

Bereits im Elementarunterricht finden sich Inhalte, die mit entsprechender Akzentuierung eine Thematisierung von Hybridisierung als Wesensmerkmal von Kulturentwicklung möglich machen. In Bezug auf Kulturmischung und die Bedeutung von *contact zones* in der Antike soll an dieser Stelle zunächst näher auf das kapitelübergreifende Thema „Vom Hüttendorf zum Weltreich" (Kap. 11–17) über die Stadtgeschichte Roms bis zur Ermordung Cäsars im Lehrbuch *Prima. Nova* eingegangen werden.[31] Im Rahmen dieser thematischen Einheit könnte gezeigt werden, welch vielfältigen kulturellen Verflechtungen die lateinische Sprache zu der Sprache

30 KLP NRW SI 2008, 11.
31 Utz/Kammerer (Hrsg.) 2011.

gemacht haben, die heute gelernt und unterrichtet wird. In den Kapiteln, die die Frühgeschichte Roms behandeln, wird in den Informationstexten an einigen Stellen bereits kurz auf den prägenden Einfluss der Etrusker auf die römische Kultur hingewiesen (Kap. 11, 12 und 13), so zum Beispiel auf die etruskische Herkunft der Toga und der *fasces* sowie die vermutete etruskisch-lateinische Bilingualität vieler Bürger Roms (Kap. 12). Im Zentrum der Übersetzungstexte stehen jedoch mit den legendenhaften Erzählungen über die Heldentaten des Horatius Cocles und der Cloelia oder über die Vertreibung von Tarquinius Superbus aus Rom nur die kriegerischen Auseinandersetzungen gegen die Etrusker. Da auf Übersetzungstexte natürlicherweise viel mehr Zeit verwendet wird als auf die deutschen Begleittexte, droht an dieser Stelle die Thematisierung der besonderen Bedeutung von Sprach- und Kulturmischung für die frühe Entwicklungszeit Roms unterzugehen. Ein eigener thematischer Schwerpunkt zu Multilingualität und Sprachmischung im frühen Rom könnte hier Abhilfe schaffen: Denkbar wäre hier eine Sprachenlandkarte Italiens zu Roms Frühzeit, die zeigen kann, dass zu Beginn vor allem das Etruskische, Umbrische, Griechische und Oskische von Einfluss waren. Auch mit dem Zitat aus Gellius' *Noctes Atticae* 17,17,1 über Quintus Ennius, nach dem er drei Herzen habe, weil er drei Sprachen sprechen könne, nämlich Griechisch, Oskisch und Latein (*Quintus Ennius tria corda habere sese dicebat, quod loqui Graece et Osce et Latine sciret*), kann die Bedeutung von Mehrsprachigkeit für die Kulturentwicklung in dieser Zeit illustriert werden. Als Beispiele können einige Wörter etruskischen Ursprungs aufgeführt und in ihrer Sprachentwicklung erklärt werden. Teilweise reicht diese auch noch über die römische Zeit hinaus, wie zum Beispiel bei den Worten *taverna* oder *magister*. Die Transkulturalität dieser Wörter kann also bis in unsere heutige Zeit hinein nachvollzogen werden. Ein Ausblick auf Sprachmischungen heutzutage und auf aktuelle Diskussionen um beispielsweise Anglizismen im Deutschen können den thematischen Exkurs abschließen. Die historische Distanz zu Sprachmischungen in der Antike sowie der Umstand, dass zentrale, heute eindeutig als römisch wahrgenommene Bräuche auf die Etrusker zurückgehen, kann an dieser Stelle dazu genutzt werden, um über Sprach- und Kulturmischung als normalen historischen Vorgang zu reflektieren. Gleichzeitig kann die etwas ausführlichere Thematisierung von hybriden Sprach- und Kulturphänomenen

Mit Latein kulturelle Grenzen überschreiten: Ideen für eine transkulturelle
Akzentuierung der Europabildung im Lateinunterricht

181

zusammen mit der in den Lektionstexten vorherrschenden Darstellung der kriegerischen Frühgeschichte Roms ein umfassenderes Bild von Kulturkontakten in der Antike abgeben.

Auch das vielfältige Fortwirken des Lateinischen und der antiken Kultur in Europa kann zu einer Reflexion über transkulturelle Phänomene genutzt werden. Als Beispiel mag hier zum einen das den Schülerinnen und Schülern gut bekannte lateinische Alphabet herausgegriffen werden.[32] Bereits in der Antike ein Hybrid (es geht auf die Schrift der Etrusker zurück – die sich wiederum aus der griechischen Schrift entwickelt hat – und wurde von den Römern entscheidend weiterentwickelt) etablierten die Römer es zunächst in den Provinzen des Römischen Reichs. Mit der Ausbreitung des Christentums wurde es auch in Gebieten jenseits der ehemaligen römischen Grenze verwendet, das Einflussgebiet reichte bis nach Skandinavien und Osteuropa. Da nicht alle Laute mit dem lateinischen Alphabet wiedergegeben werden konnten, entwickelten die einzelnen Sprachen zusätzlich neue Buchstaben. Das Isländische beispielsweise integrierte für jene Laute, die in der Aussprache dem englischen <th> ähnlich sind, eigene Schriftzeichen aus der alten Runenschrift in das lateinische Alphabet (Eth <Ð> und Thorn <Þ>) und macht damit die Kulturmischung sichtbar, die für die gemeinsamen Grundlagen Europas kennzeichnend ist – schließlich sind transkulturelle Phänomene stets auch durch regionale oder nationale Besonderheiten geprägt. Diese Vielfalt kann auch in den Lehrbüchern sichtbar gemacht werden, indem neben dem in Deutschland gebräuchlichen auch andere europäische Alphabete samt den für sie besonderen Schriftzeichen im Vergleich mit dem römischen Alphabet zur Anschauung aufgeführt werden. Eine Art Stammbaum kann die Weiterentwicklung des Buchstabensatzes aufgrund neuer kultureller Einflüsse visualisieren. Bezieht man außerdem die Einführung der Lateinschrift in der Türkei oder im Zuge von Kolonialisierung beispielsweise in Vietnam in die Überlegungen mit ein, kann mit den Schülerinnen und Schülern auch die Verknüpfung von Macht mit Schrift bzw. Rolle von Macht bei der transkulturellen Verbreitung bestimmter Phänomene thematisiert werden. Eine Weltkarte, die die Ausbreitung des lateinischen Alphabets zeigt, könnte an dieser Stelle einen guten Einstieg in das Thema bieten.

---

32 Vgl. hierzu auch Haarmann 2006, 295–308.

Zum anderen kann das Weiterwirken mythologischer Motive in heutigen europäischen Sprachen den transkulturellen Einfluss der Antike auf die europäische Kultur und Sprache verdeutlichen. Die Bezugnahme auf die antike Mythologie im deutschen Sprachgebrauch wird in den Lehrbüchern bereits thematisiert, z.B.: „Erkläre, was damit gemeint ist, wenn jemand sagt, er habe eine Odyssee hinter sich" (*Prima.Nova*), oder: „Mit dem Trojanischen Krieg verbinden sich einige heute noch gängige Redewendungen. Finde heraus, was sie bedeuten: Zankapfel, Danaergeschenk, Kassandraruf, Achillesferse, Trojaner(virus)" (*Adeamus!*). Um zu zeigen, dass die antike Mythologie eine der gemeinsamen Grundlagen Europas darstellt, sollten die Lehrbücher aber auch auf Bezugnahmen anderer Sprachen verweisen: Den Zankapfel in Anspielung auf die Ilias gibt es beispielsweise auch in Polen (pol. *jabłko niezgody*) und auch die Achillesferse wird im Polnischen nach dem griechischen Helden benannt (pol. *pięta achillesowa*). Ein paar weitere beliebige, unsystematische Beispiele: Auch über Sisyphusarbeiten kann man auf Polnisch klagen: *to istna syzyfowa praca!* Den Fachbegriff für überzogene Selbstliebe leitet nicht nur das Deutsche von Narziss ab, sondern beispielsweise auch das Russische (russ.: нарциссизм). Wer sich im Deutschen auf seinen Lorbeeren ausruht, tut dies im Portugiesischen in ihrem Schatten: *deitar-se à sombra dos lauros*. Zauberhaftes Bezirzen mit Anspielung auf Circe kann man jedoch nur auf Deutsch und nur das Italienische hat in einem Wort für Labyrinth, *dedalo*, den antiken Erfinder verewigt. Auch die im Lateinunterricht aufgeführten Beispiele müssen keinerlei Anspruch auf Vollständigkeit erheben, aber schon eine Erweiterung der Perspektive um die ein oder andere europäische Sprache kann den Schülerinnen und Schülern vor Augen führen, wie sehr die Antike als verbindendes Element unser Denken in ganz Europa prägt – und zwar nicht nur in den romanischen, mit dem Lateinischen verwandten Sprachen, sondern auch in slawischen oder nordischen Sprachen. Außerdem kann auf diese Weise ein Bezug zur europäischen Mehrsprachigkeit und zu vergleichender Sprachreflexion hergestellt werden und ggf. können jene Schülerinnen und Schüler, die eine andere europäische Sprache als das Deutsche als Herkunftssprache haben, auch ihr herkunftssprachliches Wissen in den Lateinunterricht miteinbringen.

Mit Latein kulturelle Grenzen überschreiten: Ideen für eine transkulturelle
Akzentuierung der Europabildung im Lateinunterricht

183

4.2 im Lektüreunterricht

Auch im lateinischen Lektüreunterricht ist die Ausgangslage für transkulturelles Lernen aufgrund der besonderen Geschichte der lateinischen
Sprache bereits gegeben (Kuhlmann u.a. (Hrsg.) 2010, 12):

> Eine Besonderheit gerade lateinischer Texte liegt in der großen
> Kontinuität des Lateinischen als sprachlichem Medium von der
> Antike bis in die Neuzeit, die z.T. ganz verschiedenen Kulturen
> entstammen und Schülern so Kamerablicke in die gesamte euro-
> päische Kulturgeschichte liefern. Dies macht gerade den Wert des
> Lateinunterrichts so einmalig im Kontext der sprachlich-literari-
> schen Fächer. Lateinische Sprache und Literatur ist nicht auf eine
> bestimmte ‚nationale' Kultur fokussiert [...]. Lateinische Literatur
> überschreitet schon per se kulturelle und nationale Grenzen.

Aus diesem Grund bietet der Vergleich antiker Texte mit Rezeptionsdo-
kumenten aus verschiedenen Teilen Europas und der jeweiligen Entstehungskontexte die besondere Chance, exemplarisch Funktion und Wesen
von Kulturmischungen und ihre Bedeutung für die Entstehung einer gemeinsamen europäischen Kultur herauszuarbeiten und zu reflektieren. In
den letzten Jahrzehnten sind einige neulateinische Textsammlungen und
Lektürehefte zum Thema Europa erschienen, die hierfür eine Textauswahl
anbieten.[33] An dieser Stelle soll jedoch nur kurz auf Akzentuierungsmög-
lichkeiten für transkulturelles Lernen im 2015 erschienen Lehrbuch *European Symbols*[34] eingegangen werden:

Dieses Lektürebuch entstand in europäischer Zusammenarbeit, die
Info-Texte und Arbeitsaufträge sind auf Englisch und das Lehrbuch
ist so in ganz Europa einsetzbar. Jedes Land Europas wurde dazu ein-
geladen, einen repräsentativen lateinischen Text und Arbeitsmaterialien
auszuwählen, so dass das Lehrbuch einen vielfältigen Blick auf die neulateinische Rezeption der Antike in Europa bietet: von einem Textaus-
schnitt der *descriptio Moldaviae* des rumänischen Humanisten Demetrius
Cantemir bis zu Motiven des Mythos von Peleus und Thetis auf dem
berühmten Kriegsschiff der schwedischen Königsdynastie Vasa von 1628

---

33 Für einen Überblick s. Kipf 2008.
34 Glatz/Thiel (Hrsg.) 2015.

– von einem Text über die älteste Universität Portugals in Coimbra von Inácio de Morais (gest. 1580) bis zu einem lateinischen Epitaph auf der Kathedrale von Vilnius von 1551. Auch Art, Zielsetzung und Qualität der Arbeits- und Interpretationsaufgaben unterscheiden sich. Aus diesem Grund bleiben die einzelnen Kapitel der europäischen Länder unverbunden, Möglichkeiten thematischer Gruppierung und Vergleiche, eine Abstimmung der zu erlernenden Kompetenzen und Inhalte sowie aufeinander abgestimmte Interpretationsaufträge werden hier aufgrund der landesspezifischen Konzeption nicht berücksichtigt. Wenn es aber Ziel ist, einzelne transkulturelle Phänomene genauer in den Blick zu nehmen und im Vergleich unterschiedlicher Rezeptionsmöglichkeiten auch Entstehungskontexte und -besonderheiten sowie das Wesen von Rezeption und Tradition herauszuarbeiten, bietet es sich an, die Texte nach gemeinsamen thematischen Fragestellungen zu behandeln. So könnte beispielsweise an den Textbeispielen aus Österreich und Schweden aufgezeigt werden, wie in dem jeweils vorgestellten Panegyricus („*Szenen aus dem Österreichischen Erbfolgekrieg 1741–1745. Epos eines unbekannten Lothringers in neun Büchern*" und „*Gustavidos libri IX, quibus Gustavi II vere Magni et Augusti Suecorum, Gothorum, Vandalorum … Regis Serenissimi, Victoriarum heroicarum, rerumque per Germaniam gestarum series carmine Heroico narratur*" von Venceslaus Clemens, 1589–1636) antike Literatur zur Verherrlichung Gustavs II bzw. Maria Theresias eingesetzt wird und welche wichtige Rolle Augustus für beide Inszenierungen der *translatio imperii* spielt. Einen weiteren möglichen Fokus könnte der Humanismus als transkulturelle europäische Bewegung bilden. Mögliche Textmaterialien bieten die Kapitel der Niederlande und Belgiens mit Texten von Erasmus von Rotterdam, das Kapitel Deutschlands mit einem Text von Philipp Melanchthon oder dasjenige Portugals mit der Beschreibung der Universität in Coimbra des Humanisten Inácio de Morais. Diese Vorschläge sollen jedoch nur als skizzierte Ideen verstanden werden, eine thematische Gruppierung der Länderbeiträge würde eine entsprechende Aufarbeitung der Inhalte und Lern- bzw. Kompetenzziele der Kapitel auch unter Aspekten transkulturellen Lernens notwendig machen.

Mit Latein kulturelle Grenzen überschreiten: Ideen für eine transkulturelle
Akzentuierung der Europabildung im Lateinunterricht

185

Fazit

Dies sind nur wenige Beispiele, die zeigen, dass transkulturelles Lernen
ohne weiteres an die bisherigen Inhalte der Lehrbuchphase und des Lek-
türeunterrichts angebunden werden kann – was hier anhand des Lateinunterrichts aufgezeigt wurde, gilt genauso für das Griechische, das ebenso
transkulturell geprägt war. Um die besonderen Potenziale im Unterricht
der Alten Sprachen für transkulturelles Lernen auszuschöpfen, bedarf
es nur einer veränderten Fokussierung in der Aufgabenstellung, der Erweiterung von bereits bestehenden Aufgaben um Beispiele aus anderen
europäischen Ländern oder einer systematischeren Nebeneinanderstel-
lung. Der transkulturelle Charakter mancher antiken Motive kann so
noch augenfälliger werden. Im Zuge der historischen Kommunikation
werden dann mit den Schülerinnen und Schülern auch Kulturmischungen, Grenzüberschreitungen und die vielfältigen Aneignungsprozesse
‚fremden' Kulturguts in die eigene Tradition reflektiert. Auf diese Weise
kann ein transkulturell ausgerichteter altsprachlicher Unterricht dazu beitragen, die europäische Kultur als einen mäandernden Fluss zu verstehen
und schätzen zu lernen, der sogar noch vor der griechisch-römischen Antike entspringt und wie in der Vergangenheit so auch in Zukunft noch aus
verschiedenen Quellen schöpfen, sich verändern, verzweigen und wieder-
vereinen wird – und uns allen die Freiheit der Gestaltung bietet.

Literaturverzeichnis

Alföldy, Géza (1999), Das Imperium Romanum – ein Vorbild für das vereinte Europa?, Basel.

Alter, Grit (2014), „Zum Glück ging das grad nicht um mich" – Transkulturelles Lernen und die Wahrnehmung von „Anders Sein", in: Frauke Matz/Michael Rogge/Philipp Siepmann, Transkulturelles Lernen im Fremdsprachenunterricht. Theorie und Praxis, Frankfurt a.M., 53–64.

Berchtold, Volker/Janka, Markus/Schauer, Markus (2016), Adeamus! Texte und Übungen. Ausgabe A, München.

Bettini, Maurizio (2018), Wurzeln. Die trügerischen Mythen der Identität, München.

Bode, Reinhard (2008), Kulturgeschichte, Archäologie und Bilder im Lateinunterricht, in: Friedrich Maier/Klaus Westphalen (Hrsg.), Lateinischer Sprachunterricht auf neuen Grundlagen II. Innovationen in der Praxis, Bamberg, 72–103.

Bothe, Marie-Luise/Hellwig, Antje/Schücker-Elkheir, Dagmar/Siewert, Walter/Weeber, Karl-Wilhelm (Hrsg.) (2014), Pontes 1, Stuttgart.

Delanoy, Werner (2014), Transkulturalität als begriffliche und konzeptuelle Herausforderung an die Fremdsprachendidaktik, in: Frauke Matz/Michael Rogge/Philipp Siepmann (Hrsg.), Transkulturelles Lernen im Fremdsprachenunterricht. Theorie und Praxis, Frankfurt a.M., 19–35.

Eco, Umberto (2013), Europa? Das ist Mona Lisa plus Spaghetti, in: WELT online, Artikel vom 02.07.2013, online unter: https://www.welt.de/kultur/article117617219/Europa-Das-ist-Mona-Lisa-plus-Spaghetti.html [Stand: 04.01.2019].

EU-Info.de, Sprachen, online unter: http://www.eu-info.de/europa/sprachen/[Stand: 04.01.2019].

European Commission (2017), PublicOpinion, online unter: http://ec.europa.eu/commfrontoffice/publicopinion/index.cfm/Survey/getSurveyDetail/instruments/SPECIAL/search/culture/surveyKy/2150 [Stand: 04.01.2019].

Glatz, Peter/Thiel, Andreas (Hrsg.) (2015), European Symbols. United in diversity. A schoolbook for European Students, Horn.

Haarmann, Harald (2002), Lexikon der untergegangenen Sprachen, München.

Mit Latein kulturelle Grenzen überschreiten: Ideen für eine transkulturelle
Akzentuierung der Europabildung im Lateinunterricht

187

– (2006), Weltgeschichte der Sprachen. Von der Frühzeit des Menschen
bis zur Gegenwart, München.

Kipf, Stefan (2006), Altsprachlicher Unterricht in der Bundesrepublik
Deutschland: historische Entwicklung, didaktische Konzepte und me-
thodische Grundfragen von der Nachkriegszeit bis zum Ende des 20.
Jahrhunderts, Bamberg.

– (2008), Latein und Europa – Neulateinische Literatur im Lateinunterricht, in: Rolf Kussl (Hrsg.), Lateinische Lektüre in der Mittelstufe,
Speyer, 155–176.

– (2014), Integration durch Sprache. Schüler nichtdeutscher Herkunftssprache lernen Latein, Bamberg.

Kuhlmann, Peter/Eickhoff, Birgit/Horstmann, Birgit/Rühl, Meike
(Hrsg.) (2010): Lateinische Literaturdidaktik, Bamberg.

Kultusministerkonferenz aller Länder (Hrsg.) (1978/2008), Europabildung in der Schule. Empfehlung der Ständigen Konferenz der
Kultusminister der Länder in der Bundesrepublik Deutschland (in
der Fassung vom 05.05.2008) [Empfehlung KMK], online unter:
https://www.kmk.org/fileadmin/veroeffentlichungen_beschluesse/1978/1978_06_08_Europabildung.pdf [Stand: 23.12.2018].

Leonhardt, Jürgen (2009), Latein. Geschichte einer Weltsprache, München.

Matz, Frauke/Rogge, Michael/Siepmann, Philipp (Hrsg.) (2014), Transkulturelles Lernen im Fremdsprachenunterricht. Theorie und Praxis,
Frankfurt a.M.

Ministerium für Schule und Weiterbildung Nordrhein-Westfalen (Hrsg.)
(2008), Kernlehrplan für das Gymnasium – Sekundarstufe I in Nordrhein-Westfalen – Latein [KLP NRW S I], Frechen.

Senatsverwaltung für Bildung, Jugend und Familie Berlin (Hrsg.) (2015),
Rahmenlehrplan für Klassen 1–10, Teil C Latein [RLP Berlin], online
unter: https://bildungsserver.berlin-brandenburg.de/fileadmin/bbb/
unterricht/rahmenlehrplaene/Rahmenlehrplanprojekt/amtliche_Fas-
sung/Teil_C_Latein_2015_11_10_WEB.pdf [Stand: 03.01.2019].

Siepmann, Philipp (2014), Transnational Cultural Studies im Englisch-
unterricht der Sekundarstufe II, in: Frauke Matz/Michael Rogge/Phi-
lipp Siepmann (Hrsg.), Transkulturelles Lernen im Fremdsprachenunterricht. Theorie und Praxis, Frankfurt a. M., 167–178.

Statista (2018), Einwohner in Europa, online unter: https://de.statista.com/statistik/daten/studie/14035/umfrage/europaeische-union-bevoelkerung-einwohner/ [Stand: 04.01.2019].

Stratenschulte, Eckart D. (2018), Zukunft der EU – Mehr als Geld, in: Cicero Online, Artikel vom 23.04.2018, online unter: https://www.cicero.de/aussenpolitik/europa-eu-identitaet-merkel-macron-werte [Stand: 04.01.2019].

Utz, Clemens/Kammerer, Andrea (Hrsg.) (2011), Prima.Nova Textband, Bamberg.

Volkmann, Laurenz (2014), Die Abkehr vom Differenzdenken: Transkulturelles Lernen und global education, in: Frauke Matz/Michael Rogge/Philipp Siepmann (Hrsg.), Transkulturelles Lernen im Fremdsprachenunterricht. Theorie und Praxis, Frankfurt a.M., 37–51.

Welsch, Wolfgang (1994), Transkulturalität – Die veränderte Verfassung heutiger Kulturen. Ein Diskurs mit Johann Gottfried Herder, VIA REGIA – Blätter für internationale kulturelle Kommunikation 20, online unter: https://www.via-regia.org/bibliothek/hefte/nr20_00.php [Stand: 03.01.2019].

– (2012), Was ist eigentlich Transkulturalität?, in: Dorothee Kimmich/Schamma Schahadat (Hrsg.), Kulturen in Bewegung. Beiträge zur Theorie und Praxis der Transkulturalität, Bielefeld, 25–40.

– (2017), Transkulturalität: Realität – Geschichte – Aufgaben, Wien.

Die Alten Sprachen und die Schule. Ein Blick in die europäische Gegenwart

Rosaria Luzzi

1. Die Alten Sprachen im europäischen Bildungssystem und der Fall Italien

Lange Zeit waren die Alten Sprachen in den Lehrplänen der meisten europäischen Länder die Bildungsfächer schlechthin. Ihre Kenntnis war Voraussetzung für den Zugang zum universitären Studium und damit für den Zugang zu den Berufen mit hohem Sozialprestige und entsprechendem Einkommen. Diese Situation hat sich um die Mitte des 20. Jahrhunderts gewandelt. Hintergrund waren politische, wirtschaftliche, sozialer und kulturelle Veränderungen und der zunehmenden Geschwindigkeit des wissenschaftlichen und technologischen Fortschritts, die sich auch in neuen Bildungskonzepten niederschlugen, die wiederum die zentrale Stellung der Alten Sprachen in der gymnasialen Bildung relativierten. Diese Entwicklung war so oder so ähnlich in den meisten europäischen Ländern zu beobachten. Die gegenwärtige Situation lässt sich für eine Reihe von diesen so skizzieren:

Frankreich: Latein und Griechisch sind Wahlfächer; sie werden im Alter von 14 oder 16 begonnen.

Deutschland und Österreich: In Deutschland ist die Situation in den einzelnen Bundesländern unterschiedlich. Häufig gibt es den Typ des humanistischen bzw. altsprachlichen Gymnasums, in dem Latein und Griechisch angeboten, Ersteres oft verpflichtend. Auch andere Gymnasialtypen bieten Latein als Wahlfach vom Beginn des gymnasialen Unterrichts oder später beginnend an. Latein-, teilweise auch Griechischkenntnisse werden für bestimmte universitäre Studiengänge vorausgesetzt. Die Situation in Österreich ist der in Deutschland ähnlich.

Belgien: Sowohl im französischsprachigen als auch im flämischen Raum gehören Latein und Griechisch zu den Wahlfächern der Sekundarstufe II.

Niederlande: Griechisch und Latein werden nur im Gymnasium, einer besonderen Form der Sekundarschule, angeboten.

Luxemburg: Es gibt Latein als Wahlfach ab dem zweiten Jahr der Sekundarschule, die wiederum in zwei Abschnitte von drei und vier Jahren unterteilt ist. Wenn man sich für die klassische Ausrichtung entscheidet, wird während des gesamten Schulzeit weiterhin Latein gelernt.

Großbritannien: In England und Wales sind Latein und Griechisch Wahlfächer und werden nur noch in wenigen, meist privaten Gymnasien unterrichtet. In Schottland ist Latein ein Wahlfach im sprachlich-literarischen Bereich der Gymnasien.

Irland: Latein ist ein Lehrplanfach in einer bestimmten Gymnasialform.

Spanien: Seit 1995 gibt es in der obligatorischen Sekundarschule einen allgemeinen Unterricht in „klassischer Kultur", der aber zu den Wahlfächern gehört. Dieses Fach wird im Alter von 12 bis 16 Jahren gelernt.

Portugal: Latein und Griechisch sind in einer speziellen Ausrichtung in den ergänzenden Kursen der Sekundarschule enthalten und werden ab dem Alter von 15 Jahren unterrichtet.

Dänemark: Latein ist ein Wahlfach der sprachlich ausgerichteten Oberschule.

Finnland: Nur in einer Minderheit von Gymnasien wird Latein unterrichtet wird.

Die Alten Sprachen und die Schule.
Ein Blick in die europäische Gegenwart

191

Trotz der Unterschiede, die mit der spezifischen Schulorganisation sowie mit der Tradition der Alten Sprachen in jedem Land verbunden sind, ist klar, dass Latein und Griechisch nicht mehr zu den grundlegenden und wesentlichen Fächern für die Ausbildung junger Europäer gehören, aber doch in Curricula noch präsent sind. Eine gesonderte Betrachtung verdienen indes zwei andere Länder, Griechenland und Italien, die lange Zeit eine Ausnahme dieses allgemeinen Trends darstellten. Beide hatten an einem verpflichtenden Unterricht in den Alten Sprachen festgehalten hatten. Erst in den letzten Jahren hat sich die Situation auch in diesen Ländern grundlegend verändert:

In Griechenland war Altgriechisch Pflichtfach an allen Gymnasien, Latein hingegen Wahlfach, das nur im letzten Jahr einer Schule mit humanistischer Ausrichtung gelernt wurde. Im Jahr 2017 leitete die Regierung Tsipras jedoch eine Schulreform ein, die unter anderem darauf abzielt, den Pflichtunterricht in Altgriechisch auslaufen zu lassen, und die die Zahl der Unterrichtsstunden dieses Fachs in der Gymnasialzeit bereits deutlich (um drei Stunden) reduziert hat.[1]

In Italien war zwar Altgriechisch nur an humanistischen Gymnasien Pflichtfach, Latein aber an allen Gymnasialausrichtungen (mit Ausnahme der künstlerisch orientierten). Diese Ausnahmesituation[2] des italienischen Schulsystems im Vergleich zu der in den meisten europäischen Ländern vorherrschenden Situation hat 2008 jedoch eine radikale Veränderung erfahren: Die gesamte Sekundarstufe II wurde auf Betreiben von Mariastella Gelmini, seinerzeit Bildungs- und Forschungsministerin unter Silvio Berlusconi, zwischen 2008 und 2010 reformiert, dabei kam es zu einer Neudefinition alles Schultypen im Sekundarbereich und einer Umgestaltung der Lehrpläne. Die Zahl der wurde Gymnasialformen wurde auf jetzt elf erhöht.[3] In diesem Rahmen wurde auch an einigen dieser Formen und

---

1 G. Lyghounis, *Grecia: la "Buona scuola" di Tsipras*, su https://www.balcanicaucaso.org/aree/Grecia/Grecia-la-Buona-scuola-di-Tsipras-180115 [Stand: 09.06.2020].
2 Vgl. die 2008 publizierte Studie „Latino perché? Latino per chi?" der Associazione TreeLLLe, die sich als Think Tank für lebenslanges Lernen versteht, einsehbar unter http://www.treelle.org/files/lll/QA1.pdf [Stand: 09.06.2020].
3 Nämlich humanistisch, europäisch bzw. international humanistisch, naturwissenschaftlich, orientiert auf angewandte Wissenschaften, sportwissenschaftlich, neusprachlich, künstlerisch, geisteswissenschaftlich, geisteswissenschaftlich mit wirtschafts- und sozialwissenschaftlicher Option, musisch und orientiert auf Tanz.

an anderen Sekundarschultypen der Lateinunterricht abgeschafft, an den anderen – mit Ausnahme allein der beiden humanistischen Gymnasialtypen – erheblich reduziert.

Während also auf den einen Seite ursprünglich andere Typen von Sekundarschulen dem Gymnasium angenähert wurden,[4] weichen diese neuen gymnasialen Formen von der historischen Konzeption des italienischen Gymnasiums („liceo") ab. Dessen Lehrpläne stellten, unabhängig von den einzelnen Ausrichtungen, Latein und Philosophie als grundlegende und wesentliche Bildungsfächer in den Mittelpunkt. Mit der Gelmini-Reform hingegen wurde das ,liceo' zu einer Sekundarschule mit einer sehr allgemeinen Prägung. Wie sich das Wahlverhalten der Eltern und der Schülerinnen und Schüler zwischen diesen neuen Formen dauerhaft entwickelt, lässt sich noch nicht mit Bestimmtheit sagen. Jedoch, auf der Grundlage der vom italienischen Ministerium für Bildung, Universitäten und Forschung zur Verfügung gestellten Daten[5] lassen sich im Hinblick auf die Wahl der weiterführenden Schule durch die Eltern und die Schülerinnen und Schüler für die sieben Schuljahre zwischen 2012 und 2019 folgende drei Tendenzen festmachen:

1. Die Gymnasien wachsen konstant im Verhältnis zu den anderen Sekundarschulen und beruflich orientierten Fachschulen (istituti tecnici, istituti professionali). Der Anteil aller Gymnasialtypen zusammen wächst konstant von 47,5 % im Schuljahr 2012/2012 auf 55,3 % im Jahr 2018/2019 pro Übertrittsjahrgang. Unter den Gymnasialtypen wiederum verzeichnet das naturwissenschaftliche den größten Anstieg (22,2 % auf 25,6).

2. Die Gymnasialtypen ohne Latein werden bevorzugt gewählt. Das betrifft neben einigen anderen neu eingeführte Typen, die freilich aufgrund ihrer landesweit geringen Anzahl nicht so sehr ins Gewicht fallen (etwa das geisteswissenschaftliche mit wirtschafts- und sozialwis-

---

4 Ein erster Versuch einer solchen „Gymnasialisierung" der Sekundarschulen war bereits mit noch radikaleren Ansätzen von der Vorgängerministerin Letizia Moratti 2003 unternommen worden, allerdings erfolglos.

5 Unter dem Titel „Le iscrizioni al primo anno delle scuole primarie, secondarie di primo e secondo grado del sistema educativo di istruzione e formazione" einsehbar unter https:// www.miur.gov.it/documents/20182/0/Focus+Iscrizioni.pdf/6ae983cd-9e0e-48a3-9108-7959d7938861?version=1.0&t=1549538600592 [Stand: 09.06.2020].

Die Alten Sprachen und die Schule.
Ein Blick in die europäische Gegenwart

193

senschaftlicher Option, das musische-tänzerische), vor allem die neu vom herkömmlichen naturwissenschaftlichen Gymnasium abgeleiteten Typen wie das auf angewandte Wissenschaften orientierte (von 4,1 % auf 8,2 %) und das sportwissenschaftliche (von 0,8 % auf 1,8 %), während das herkömmliche naturwissenschaftliche Gymnasium leicht verliert (von 18,1 % auf 15,6 %).

3. Das humanistische Gymnasium kann seine Position mit leichten Einbußen (von 6,6 % auf 6,2 %) und zwischenzeitlichen Einbrüchen halten und ist damit die am vierthäufigsten gewählte Gymnasialform.

Das Ansteigen der Gymnasialquote insgesamt ist die wahrscheinlich augenfälligste Folge der Gelmini-Reformen. Dem entspricht auch ein Wandel in der öffentlichen Wahrnehmung: Während früher das Gymnasium wegen seiner curricularen Anforderungen als anspruchsvolle Schulform für besonders begabte und motivierte Schülerinnen und Schüler wahrgenommen wurde, erscheint und nun offener und moderner zu sein und, insbesondere durch seine neuen Formen, denjenigen entgegenzukommen, die zwar das Sozialprestige einer ‚gymnasialen' Bildung, aber zugleich ein vermeintlich stärker zeitgemäßes Profil ohne hinderliche Anforderungen (wie insbesondere Latein) wünschen.[6]

Es ist ein Paradox dieser ‚umfassenden Krise der bislang kanonischen Gymnasialformen'[7], dass sich die Lage der humanistischen Gymnasien den Zahlen nach weniger dramatisch darstellte, als man zunächst angenommen hatte – so war in den Schlagzeilen zunächst vom Tod dieser Schulform, dann von ihrer plötzlichen Auferstehung die Rede. Interessant ist freilich die Schülerpopulation am humanistischen Gymnasium, wie sie sich aus den Zahlen des Ministeriums für Bildung, Universitäten und Forschung:

---

6 Vgl. die am 17.07.2016 in La Repubblica erschienenen Artikel „Più sport e meno latino: il liceo light conquista tutti" von Salvo Intravaia (https://www.repubblica.it/scuola/2016/07/17/news/piu_sport_e_meno_latino_il_liceo_light_conquista_tutti-144296297/ [09.06.2020]) und „Quella scelta al ribasso che alla lunga non paga" von Mariapia Valediano (https://ricerca.repubblica.it/repubblica/archivio/repubblica/2016/07/17/quella-scelta-al-ribasso-che-alla-lunga-non-paga21.html [Stand: 09.06.2020]).
7 Federico Condello, La scuola giusta. In difesa del liceo classico, Milano 2018, 36: „Diffusa crisi degli indirizzi fino a oggi più canonici".

1. Der Anteil von Schüler*innen* ist auffallend hoch.

2. Regional betrachtet werden humanistische Gymnasien vor allem in Mittel- und Süditalien, zudem in den größten Städten des Landes, in Rom und, in jüngster Zeit, in Mailand gewählt.[8]

3. In sozialer Hinsicht kommen die meisten Schülerinnen und Schüler an Gymnasien aus einer bürgerlichen Mittelschicht, ihre Eltern verfügen über einen Hochschulabschluss.

Der erste Punkt, der steigende weibliche Anteil am humanistischen Gymnasium, ist ein seit längerer Zeit beschriebenes Phänomen. In den Zahlen des Bildungsministeriums für das Schuljahr 2018/19 liegt der Anteil von Schüler*innen* bei 70,8 %. Gemeinhin erklärt man dieses Phänomen damit, dass das humanistische Gymnasium besonders gute Voraussetzungen für ein Studium im geistes- und sozialwissenschaftlichen Bereich, oft verbunden mit der Perspektive Lehramt, also in einem insbesondere Frauen zugeschriebenen Tätigkeitsbereich, zu bieten scheint.

Die regionale Verteilung in Mittel- und Süditalien lässt sich damit erklären, dass in diesen Gegenden in Ermangelung einer Industrieinfrastruktur und der damit verbundenen Arbeitsplätze die Mittelschicht sich an sozialprestigeträchtigsten Bildungsweg orientiert, der auch eine hinreichende ökonomische Absicherung verspricht. Auch der Boom der humanistischen Gymnasien in den Großstädten Rom und Mailand erklärt sich aus dem nach wie vor bestehenden Nimbus dieser Gymnasialtyps als Eliteschule, der eine breite Allgemeinbildung verspricht.[9]

Diese Analyse wird in Teilen durch die Statistiken bestätigt, die das Bildungsministerium jährlich bezüglich der Studienwahlentscheidungen der Sekundarschulabsolventinnen und Sekundarschulabsolventen anfer-

---

8   Vgl. den am 08.02.2018 erschienen in Il Giorno erschienen Artikel von Simona Ballatore, „Scuola: i licei non passano di moda. Tecnici in calo" (https://www.ilgiorno.it/milano/cronaca/scelta-scuola-superiore-1.3710919 [Stand: 09.06.2020]).

9   In diesem Zusammenhang ist auch zu berücksichtigen, dass gerade in jenen Sektoren der Bedarf an Absolventinnen und Absolventen geisteswissenschaftlicher Studiengänge stetig steigt, vgl. den am 19.02.2018 in Il Sole 24 Ore erschienen Artikel „Le "inutili" lauree umanistiche danno sempre più lavoro" von Alberto Magnani (https://www.ilsole24ore.com/art/le-inutili-lauree-umanistiche-danno-sempre-piu-lavoro-AE82cT1D   [Stand: 09.06.2020]).

Die Alten Sprachen und die Schule.
Ein Blick in die europäische Gegenwart

195

tigt. In den Zahlen für das Studienjahr 2016/2017 zeigt sich, dass, wer ein humanistisches Gymnasium absolviert hat, überwiegend Studiengänge im geisteswissenschaftlichen (14,2 %), juristischen (18,4 %) und ökonomisch-statistischem (10,7 %) Bereich wählt. Freilich entschieden sich die Absolventinnen und Absolventen der humanistischen Gymnasien auch in ähnlichem Umfang für naturwissenschaftliche Studiengänge (9,2 % im Bereich Biologie/Geologie und 6,8 % im Bereich Chemie/Pharmazie) wie diejenigen naturwissenschaftlicher Gymnasien (9,6 % Biologie/Geologie und 7,2 % im Bereich Chemie/Pharmazie), größer sind die Unterschiede bei der Studienwahl im Bereich der Medizin (5,9 % zu 8,7 %) und im Bereich Mathematik/Physik/Informatik (5,9 % zu 8,7 %)

Insgesamt betrachtet ist das humanistische Gymnasium in Italien nach wie vor dort die erste Wahl, wo sich keine industriellen Zentren finden und qualifizierte Arbeitsplätze im Tertiär- und Quartärsektor finden. Auch handelt es sich um eine überwiegend weibliche Gymnasialform, deren Schülerinnen und Schüler großenteils aus einer gebildeten bürgerlichen Mittelschicht kommen und die die Perspektive einer universitären Ausbildung haben. Diese findet dann häufig, aber nicht ausschließlich, in einem geistes- oder gesellschaftswissenschaftlichen Bereich statt, wobei das humanistische Gymnasium weiterhin als allgemeine Propädeutik für alle Studienbereich gelten kann.[10]

2. (K)eine Renaissance der humanistischen Bildung in Europa?

Dem konstatierten Bedeutungsverlust der altsprachlichen Bildung seit den 1950er Jahren stehen seit Beginn des neuen Jahrtausends freilich in den einzelnen westeuropäischen Ländern auch immer wieder gegen-

---

10 Diese Aussage wird untermauert durch eine Untersuchung des Universitätsverbandes AlmaLaurea aus dem Jahr 2016, nach der die Absolventinnen und Absolventen humanistischer Gymnasien im Verhältnis zur Gesamtzahl in der kürzesten Zeit ihren Studienabschluss erreichen und die besten Noten erzielen, vgl. den am 01.11.2016 im Corriere della Sera erschienen Artikel „Il Classico è meglio, le storie (di successo) di chi lo ha frequentato" von Antonella De Gregorio (https://www.corriere.it/scuola/secondaria/cards/classico-meglio-storie-di-successo-chi-ha-frequentato/francesco-co-architetto_principale.shtml [09.06.2020]).

läufige Tendenzen in der öffentlichen Debatte gegenüber. Anhand von Beispielen aus Deutschland, den Niederlanden, Großbritannien, Spanien und Italien sei dies näher beleuchtet:

In Deutschland lebte eine Diskussion um den Bildungswert des Lateinischen und des Griechischen im Zusammenhang mit einer wieder ansteigenden Zahl von Schülerinnen und Schülern in Latein und Griechisch im ersten Jahrzehnt des neuen Jahrtausends auf. Zunächst wurde diese Entwicklung in der Presse begrüßt,[11] seit Mitte der 2010er-Jahre sinken die Zahlen wieder langsam, aber stetig,[12] wie schon 2014 Franziska Bolz in der ‚Welt' konstatierte.[13]

In den Niederlanden zeigt sich gegenüber dem Stand Anfang der 1990er Jahre, wo an den Gymnasien etwa 6.500 Schülerinnen und Schüler ein altsprachliches Fach für ihre Abschlussprüfungen wählten, ein Anstieg auf über 10.000 im Jahr 2015, von denen ungefähr ein Drittel Griechisch gewählt hatte.[14] Angesichts dessen entspann sich eine Diskussion um die nicht immer als hinreichend empfundenen Übersetzungskompetenzen der Absolventinnen und Absolventen, die zu einer Betonung der Latinitas viva und dem Entstehen einer Reihe von etwa zwanzig nichtstaatlichen Bildungsanbietern führte, die Kurse und Summer Schools nach der Methode Ørberg anbieten.

In Großbritannien hat 2015 der Fall der *Camden School for Girls* einiges Echo ausgelöst: Um eine Abschaffung des Angebots in Griechisch an der letzten staatlichen Schule in England ohne Zugangsbeschränkun-

---

11   Vgl. den am 29.06.2008 in der FAZ erschienen Artikel „Totgesagte leben länger" von Siynet Spangenberg (https://www.faz.net/aktuell/karriere-hochschule/campus/alte-sprachen-totgesagte-leben-laenger-1542266.html [Stand: 09.06.2020]).

12   Vgl. Gherardo Ugolini, Lingue classiche e ginnasio umanistico tedesco, in: Lingue antiche e moderne 1 (2012) 7–36; zu den Schülerzahlen vgl. die Daten des Statistischen Bundesamtes im Bericht: Bildung und Kultur. Allgemeinbildende Schulen, Schuljahr 2017/2018 (https://www.destatis.de/DE/Themen/Gesellschaft-Umwelt/Bildung-Forschung-Kultur/Schulen/Publikationen/Downloads-Schulen/allgemeinbildende-schulen-2110100187004.pdf?__blob=publicationFile [Stand: 09.06.2020]).

13   Vgl. den am 01.04.2014 in der ‚Welt' erschienen Artikel „Wozu überhaupt Latein und Altgriechisch lernen?" von Franziska Bolz (https://www.welt.de/politik/deutschland/article126437070/Wozu-ueberhaupt-Latein-und-Altgriechisch-lernen.html [Stand: 09.06.2020]).

14   Vgl. https://www.addisco.nl/classics-between-prosperity-and-crisis-greek-and-latin-education-in-21st-century-holland/ [Stand: 09.06.2020].

Die Alten Sprachen und die Schule.
Ein Blick in die europäische Gegenwart

197

gen zu verhindern, startete man eine Fundraising-Kampagne.[15] Im Sommer 2016 veröffentlichte Harriet Sherwood im *Guardian* einen Artikel[16] über das bemerkenswerte Phänomen, dass einige der ältesten Klöster des Landes kostenpflichtige Summer Schools zur lateinischen Sprache und Kultur anbieten und damit enormen Zulauf haben – und dies angesichts dessen, dass im Land der altsprachliche Unterricht sich auf wenige exklusive Privatschulen beschränkt. Darauf schlug Dennis Hayes, Professor an der Universität von Derby, in seiner wöchentlichen Kolumne „School Weeks" vor, die Alten Sprachen an allen Schultypen wieder ins Angebot aufzunehmen.[17]

In Spanien, wo Latein und Griechisch, wie erwähnt, nur noch in dem Schulfach „klassische Kultur" vorkommen, hat die Sociedad Española de Estudios Clásicos im September 2018 zusammen mit anderen Verbänden eine Protestdemonstration für die Wiedereinführung der altsprachlichen Fächer organisiert,[18] die zu einem Treffen von Verbandsvertretern und Vertretern des Bildungsministerium führte.

In Italien begann mit der Gelmini-Reform eine höchst lebendige Debatte, die sich auch nicht mehr nur auf Expertenebene beschränkt. Im Jahr 2013 erlebte sie einen Höhepunkt in Zeitungen und in den sozialen Netzwerken auch unter außenstehenden Beteiligten aus Kultur, Kunst und Wirtschaft. In diesem Zusammenhang erschienen auch zahlreiche Veröffentlichungen, die den Bildungswert der alten Sprachen unterstrichen.[19] Auch eine Reihe von öffentlichen Aktivitäten zur Erhaltung des

---

15 Vgl. den am 05.07.2015 im Guardian erschienenen Artikel „Classics charities and campaigners pledge to save ancient Greek A-level" von James Meikle (https://www. theguardian.com/education/2015/jul/05/ancient-greek-a-level-camden-school-for-girls [Stand: 09.06.2020]).
16 Vgl. Harriet Sherwood, „Latin Revival", im Guardian vom 04.07.2016 (https:// www.theguardian.com/world/2016/jul/04/latin-revival-cathedral-courses-find-new-fans-of-dead-language [09.06.2016]) . Die Diskussion um das neu entfachte Interesse an den Alten Sprachen wurde zwischen 2010 und 2016 lebhaft in Zeitungen wie dem Guardian und dem Independent geführt.
17 Zugänglich unter: https://schoolsweek.co.uk/academic-calls-for-return-of-the-classics-in-all-schools/ [Stand: 09.06.2020].
18 Siehe http://www.estudiosclasicos.org/nuestros-estudios/en-defensa-del-griego-y-el-latin-en-el-bachillerato-oncentracion-ante-el-ministerio-de-educacion-8-de-septiembre-1200/ [Stand: 09.06.2020].
19 Typische Beispiele in diesem Sinne sind die beiden auch in auf Deutsch erschienenen Bücher Andrea Marcolongo, La lingua geniale, Roma/Bari 2016 (Warum Altgriechisch

humanistischen Gymnasiums (z.B. der „Processo al liceo classico" 2014 in Turin, die „Notte Nazionale del Liceo classico"[20] und die „Task Force per il Liceo classico") erfreuten sich großen Zulaufs. Bei aller Lebendigkeit der Debatte ist freilich nicht zu verkennen, dass die Verhärtung der Fronten, vor allem, wo sich prinzipielle Haltungen von Bewahrern und Reformern gegenüberstanden, punktuell der sachlichen Diskussion eher abträglich war. Die Frage nach dem Bildungswert der Alten Sprachen müsste in eine Diskussion um den Bildungsauftrag von Schule insgesamt integriert werden.

3. Neue Wege: interkulturelles Lernen

Versucht man nun die Situation der Alten Sprachen in Europa insgesamt zu überblicken, ergibt sich ein vielfältiges Bild, dessen Facettenreichtum auch mit den unterschiedlichen Schulsystemen zusammenhängt, aber in dem sich doch eine Reihe von gemeinsamen Punkten festmachen lässt:

a) Es besteht eine klare Fokussierung auf den Erwerb von Kompetenzen für die Arbeitswelt.

b) Dabei stehen insbesondere die MINT-Fächer im Mittelpunkt.

c) Ein Bildungskonzept des lebenslangen Lernens rückt die Methodenkompetenz und metakognitive Fähigkeit des Lernen Lernens gegenüber Bildungsinhalten in den Vordergrund.

d) Schulkonzepte von Offenheit und der Inklusion sollen sich einer auch sprachlich und kulturell heterogenen Gesellschaft anpassen.

---

genial ist: Eine Liebeserklärung an die Sprache, mit der alles begann, München 2018), und Nicola Gardini, Viva il latino, Milano 2016 (deutsch: Latein lebt: Von der Schönheit einer nutzlosen Sprache, Reinbek bei Hamburg 2017).

20   Es handelt sich um eine 2014 von Rocco Schembra vom Gymnasium „Gulli e Pennisi" in Acireale bei Catania ins Leben gerufene Veranstaltungsreihe, an der eine sehr große Zahl humanistischer Gymnasien teilnimmt. Beim Durchgang an 11.01.2019 beispielsweise waren landesweit 433 humanistische Gymnasien aktiv, vgl. www.nottenazionaleliceoclassico.it.

Die Alten Sprachen und die Schule.
Ein Blick in die europäische Gegenwart

199

Dieser Rahmen ist es, in dem sich eine konstruktive Reflexion über den Bildungswert des Lateinischen und des Griechischen entwickeln muss. Wenn man sich einer Schulwirklichkeit nicht stellt, in der die MINT-Fächer und die modernen Fremdsprachen näher zu liegen scheinen und in der die sprachliche und kulturelle Heterogenität neue Schwerpunktsetzungen im Bereich der sprachlich-kulturellen Bildung verlangt, dann riskiert man, in eine fruchtlose und um sich selbst kreisende Verteidigung eines *status quo* zu verfallen. Genauso wenig freilich darf sich ein altsprachliches Bildungskonzept in Aktualisierung und unkritischer Anpassung an die Nützlichkeitserwägungen der Arbeitswelt erschöpfen. Vielmehr geht es darum, den Alten Sprachen Relevanz durch die Gegenüberstellung mit der gesellschaftlichen Wirklichkeit der Gegenwart zu verleihen, durch eine klar dialektische, kritische und antithetische, jedenfalls aber stets präsente Gegenüberstellung. Wenn es also das Ziel ist, dem Latein- und Griechischunterricht wieder Relevanz in den europäischen Schulen der Gegenwart zu verleihen, dann ist der günstigste Ausgangspunkt wahrscheinlich die Frage nach dem exklusiven Bildungswert der Alten Sprachen.

Ein Aspekt in diesem Zusammenhang könnte folgender sein: Die Antike ist das gemeinsame kulturelle Erbe ganz Europas: Ein Teil der seiner Sprachen und Literaturen, seiner Kunst und Wissenschaft, seines Rechtssystems, seiner Denkmodelle, seiner Konzepte von urbanem Leben und Architektur, seiner Traditionen und sogar seiner Landschaften sind vom Einfluss der Antike geprägt. Es handelt sich also um ein gewaltiges, vielschichtiges kulturelles Erbe – das übrigens in seinen materiellen Formen auch eine ökonomische Ressource darstellt –, das zu seinem bestmöglichen Schutz nicht nur konserviert, sondern in lebendiger Kenntnis bewahrt werden muss. Dabei geht es nicht nur um die gelehrte fachwissenschaftliche Kenntnis des Spezialisten, sondern um die Kenntnis des einzelnen mündigen Bürgers, der sich der Wirklichkeit, die umgibt, und seiner Geschichte bewusst ist. Der Bezugspunkt ist das grundlegende Konzept des kulturellen Gedächtnisses von Jan Assmann.[21] Maurizio Bettini definiert es in diesem Zusammenhang als „jenes verbreitete Bewusstsein von einer Vergangenheit, das man mit einer Gemeinschaft teilt

---

21 Jan Assmann, Das kulturelle Gedächtnis. Schrift, Erinnerung und politische Identität in frühen Hochkulturen, München [8]2018.

und das nicht nur aus der historischen Kenntnis vergangener Ereignisse resultiert (eine Erinnerung, die in ihren differenziertesten Formen den Nutzern von Archiven und Bibliotheken zukommt), sondern auch aus einem Erbe an Erzählungen, Traditionen und Bildern, die die gemeinsame Grundlage der Vergangenheit im Bewusstsein einer Gemeinschaft bilden."[22] Dieses Bewusstsein ist notwendig für die Bewahrung des kulturellen Erbes, weil es „nicht keine Bewahrung ohne Erinnerung geben kann: Die Denkmäler und Kunstwerke sterben, wenn die folgenden Generationen ihren Kontext und ihre Bedeutung sowie die Überlegungen, die sie hervorgebracht haben, und die Kultur, die seit ihrer Zeit vergangen ist, nicht kennen."[23] – Man kann in diesem Zusammenhang auch daran erinnern, dass die Europäische Union als eine der acht Schlüsselkompetenzen europäischer Bürgerinnen und Bürger das kulturelle Bewusstsein („cultural awareness"), 2018 von der Europäischen Kommission definiert als eine Kompetenz, die erlaubt, „a voice and a way (tools/processes) to view and shape the world"[24] zu haben.

In diesem Zusammenhang erlangt die Beschäftigung mit der griechisch-römischen Kultur also eine besondere Bedeutung im Hinblick auf das kulturelle Bewusstsein, geht es dabei doch um Kenntnisse, die in entscheidender Weise zur Ausbildung und Bewahrung unseres kulturellen Gedächtnisses beitragen, die den uns gegenwärtig umgebenden Hinterlassenschaften und Spuren einen besonderen historischen Wert und Sinn verleihen und die uns ein Gemeinschaftsgefühl jenseits unserer geographischen, historischen, kulturellen und sprachlichen Unterschiede vermitteln können. Es handelt sich jedoch nicht um einen Rückgriff auf

22 Maurizio Bettini, A cosa servono i Greci e i Romani?, Torino 2017, 29: „[...] quella consapevolezza diffusa del passato, condivisa da una certa comunità, che risulta non soltanto dalla conoscenza storica degli eventi trascorsi (una memoria che, nelle sue forme più elaborate, appartiene soprattutto ai frequentatori di archivi e biblioteche); ma anche dal patrimonio di racconti, tradizioni, immagini, che formano la sostanza condivisa del passato nella consapevolezza di una comunità".
23 Bettini (wie Anm. 22) 30: „Non può esistere conservazione senza memoria: i monumenti e le opere d'arte muoiono se le generazioni ne ignorano il contesto e il significato, così come le ragioni che li hanno prodotti e la cultura che nel tempo da essi è scaturita."
24 Vgl. Commission Staff Working Document Accompanying the document Proposal for a Council Recommendation on Key Competences for LifeLong Learning, vom 17.01.2018, https://eur-lex.europa.eu/legal-content/EN/TXT/PDF/?uri=CELEX-:52018SC0014&from=EN [Stand: 09.06.2020], dort 59.

Die Alten Sprachen und die Schule.
Ein Blick in die europäische Gegenwart

201

die eigenen historischen ‚Wurzeln' im Sinn einer autoreferentiellen Betrachtung allein der eigenen Identität. Vielmehr heißt es im Dokument der Europäischen Kommission von 2018: „Cultural ideas, values and products also transcend cultural borders, and influence other cultures. In this way cultural ideas and products are mobile across cultural borders"[25].

Schon vor einiger Zeit übrigens haben kulturanthropologische Untersuchungen gezeigt, wie problematisch das Konzept der ‚Wurzeln' ist.[26] Das gilt auch für die griechisch-römische Kultur, die (bzw. deren Deutung und Verständnis) mit der Unseren in einem in einer komplexen Dialektik interagiert, in der neben Aspekten der Kontinuität wesentliche Elemente der Andersartigkeit vorliegen, die häufig unserer Gegenwärtigen Konzeption von Mensch und Wirklichkeit widersprechen. Und wahrscheinlich kann eben diese Kategorie der Andersartigkeit oft der Schlüssel dafür sein, die Bedeutung altsprachlicher Bildung in einer immer stärker multiethnischen und multikulturellen Gesellschaft zu bestimmen. Denn während in einer traditionellen Sichtweise die Beschäftigung mit der Antike als Ausdruck eines Willens zur Abschottung gegenüber dem Anderen und als furchtsame Affirmation der eigenen Identität verstanden werden kann, so hat die Auseinandersetzung mit der griechisch-römischen Lebenswelt unter einem kulturanthropologischen Blickwinkel, der uns ihre Komplexität und Vielschichtigkeit erkennen lässt (und damit auch als eine von der unseren verschiedene Welt, trotz der Beiträge, die sie zum Werden unserer Gegenwart geleistet hat) meines Erachtens einen außerordentlichen paradigmatischen Wert für eine interkulturelle Bildung. Die Schülerinnen und Schüler, ihre eigenen historisch-kulturellen Traditionszusammenhänge nach den Kriterien von Kontinuität und Fremdheit zu reflektieren, könnte sie zur Komplexität im Denken erziehen, eine Haltung geistiger Offenheit fördern und die Einbindung derer mit Migrationshintergrund fördern beziehungsweise einem vermeintlich kulturell bedingten Ausgeschlossenheitsempfinden entgegenwirken). Außerdem trüge dies, wie wiederum Bettini beobachtet, bei zum „Bewusstsein, dass eben auch die Antiken der anderen existieren, nicht nur die unseren: auch China, Afrika

25 Commission Staff Working Document (wie Anm. 24) 60.
26 Dazu vgl. Maurizio Bettini, Contro le radici, Bologna 2011, und ders., Radici. Tradizione, identità, memoria, Bologna 2016 (beide zusammen deutsch: Wurzeln: Die trügerischen Mythen der Identität, München 2018).

oder Südamerika haben ihre eigene kulturelle Antike, die sich mit der europäischen Antike vergleichen lässt. Dabei gilt es, stets die Analogien und Unterschiede herauszuarbeiten und jenes stille Vorurteil zu bekämpfen, dass nur das Abendland eine kulturelle Vergangenheit habe, die es wert sei, gelehrt und untersucht zu werden, und die bekannt sei, während die ‚anderen' über keine wirkliche kulturelle Vergangenheit verfügten (Barbarenvölker, Primitive, Kulturlose …) oder, wenn doch, dass sich diese der abendländischen unterlegen erscheine."[27].

Dass diese Perspektive ein hochinteressantes Potenzial für den altsprachlichen Unterricht hat, zeigen einige Modellprojekte, die in den letzten Jahren in der Schulpraxis umgesetzt wurden. Besonders erwähnenswert erscheinen mir zwei Fälle:

Das erste findet am Ernst-Abbe-Gymnasium in Berlin statt. Die Schule hat einen Anteil von 83 % an Schülerinnen und Schülern mit (meist türkischem) Migrationshintergrund. Dort wurde Lateinunterricht bewusst als Instrument zur Stärkung des sozialen Zusammenhalts und zur Entschärfung des kulturellen Konfliktpotenzials eingesetzt. Die Beschäftigung mit der antiken Kultur hilft, so die Schulleiterin, den Schülerinnen und Schülern türkischer Herkunft, ein „Gefühl der Heimatlosigkeit" zu überwinden, indem sie ihnen das antike Europa vor Augen führt, in dem das, was heute die Türkei ist, eine bedeutsame Rolle spielte, und indem der Lateinunterricht einen wichtigen Beitrag zur Steigerung der Sprachkompetenz auch im Deutschen leistet.[28]

Ein zweites bemerkenswertes Beispiel ist, in einem gänzlich anderen Zusammenhang, dasjenige, von dem Vincio Ongini berichtet:[29] Es geht um ein Latein-Projekt an der Gesamtschule „Sampierdarena 2" in Genua im Schuljahr 2009/2010. Daran beteiligt war eine Gruppe aus der fünf-

27 Bettini (wie Anm. 22) 135: „ […] la consapevolezza che esistono, per l'appunto, anche le antichità degli altri, non solo le nostre: anche cinesi, africani o sudamericani hanno una loro propria antichità culturale che si può mettere a confronto con l'antichità degli europei, sempre per far emergere analogie e differenze[…] erodendo quel tacito pregiudizio secondo cui solo l'Occidente possiederebbe un passato culturale degno di essere studiato e conosciuto, mentre gli "altri" o non dispongono di un vero passato culturale (popoli barbari, primitivi, senza cultura…) o, se lo hanno, esso si presenta necessariamente inferiore a quello occidentale."
28 Vgl. https://www.ernst-abbe.de/unt-zus/f%C3%A4cher-3-latein/unser-fach-in-der-presse-latein/ [Stand: 09.06.2020].
29 Vincio Ongini, Noi domani: un viaggio nella scuola multiculturale, Roma/Bari 2011.

Die Alten Sprachen und die Schule.
Ein Blick in die europäische Gegenwart

203

ten Jahrgangsstufe (davon vier italienischer Herkunft und 15 mit Migrationshintergrund). Über die Maßnahme, die zum Exzellenzprojekt für die Schule wurde, sagte der Lehrer, der sie initiiert und durchgeführt hatte: „Ich glaube, dass der Lateinunterricht als Integrationsbasis fungierte, als eine Basis, die den Schülerinnen und Schülern ein gemeinsames ‚Anderswo' bot, von dem aus sie zusammen neu aufbrechen konnten, jenseits von den persönlichen Stereotypen und den herkömmlichen Unterrichtsmustern. Für jeden Einzelnen war es auch eine Art und Weise, sich auf die Probe zu stellen, ein ‚Anderswo', das auch eine Befreiung bedeutet. [...] Ich glaube auch, dass eine gewisse Vorliebe für das Lateinische auf Seiten der Schülerinnen und Schüler mit Migrationshintergrund durch die erst frisch erworbene und weniger konventionelle Kenntnis des Italienischen und auch durch die Entdeckung lexikalischer Verwandtschaftsbeziehungen befördert wurde, von Ähnlichkeiten mit der eigenen Muttersprache, vor allem im Fall des Spanischen, oder auch des Rumänischen oder Albanischen."[30].

Es ist bezeichnend, wie, trotz der charakteristischen Unterschiede dieser zwei Erfahrungen (Kontext, Alter der Beteiligten, Schultyp und Unterrichtsweise), in beiden Fällen der Bildungswert der antiken Kultur (und insbesondere des Lateinischen) im Hinblick auf zwei äußerst wichtige Aspekte zutage tritt: das Potenzial nämlich, einen sozialen Zusammenhalt zu schaffen und die Unterschiede zu überwinden, und die Fähigkeit, und das Potenzial, den Erwerb der Zweitsprache zu unterstützen. Auch wenn es sich um einzelne Erfahrungen handelt, deren Rückwirkung auf das Schulsystem insgesamt gering ist, bestätigen diese Unterrichtserfahrungen dennoch auf schulpraktischer Ebene, dass die Alten Sprachen immer noch ein großes Bildungspotenzial in sich bergen und in bedeutsamer Weise zur Entwicklung einer modernen und demokratischen europäischen Schule beitragen können – einer Schule, die, auch dank ihres

---

30 Ongini (wie Anm. 29) 54: „Credo che le lezioni di latino abbiano funzionato come uno *integratore*, uno sfondo che ha offerto agli alunni un *altrove* comune da dove ripartire insieme, al di fuori degli stereotipi personali e degli schemi tradizionali delle lezioni. Per qualcuno è stato anche un modo per mettersi alla prova, un *altrove* che significava anche riscatto [...] Credo anche che una certa simpatia per il latino da parte degli alunni stranieri sia stata favorita da una conoscenza più recente e meno convenzionale della lingua italiana e anche dalla scoperta di affinità lessicali, di somiglianze con la propria lingua madre, soprattutto nel caso dello spagnolo o anche del rumeno e dell'albanese."

kulturellen Vergangenheitsbewusstseins, umfassend gebildete und geistig offene Bürgerinnen und Bürger hervorzubringen vermag, die die Wirklichkeit, in der sie leben, verstehen und begreifen können.

Landschaften: Neue Leitlinien für die Bildung

Rossana Valenti

Das Italienische Wort ‚formazione‘ und das deutsche Wort ‚Bildung‘ bezeichnen einen sich im Laufe der Zeit über das Studium, das Lernen, über ‚formende‘ Begegnungen vollziehenden Erziehungs- und Bildungsprozess. Gehen wir aber über den offensichtlichsten, institutionellen Gebrauch des Wortes hinaus – Bildung als schulische und universitäre Aufgabe und Verpflichtung – wird uns bewusst, dass ‚bilden‘ heißt, das Leben, den Geist, die Ideen jener jungen Menschen, auf die sich unser Einsatz als Lehrende richtet, ‚zu formen, zu gestalten‘.

Welche Form und Gestalt gedenken wir also unseren Kindern und Jugendlichen zu vermitteln? Welche Ideen, Begriffe und Fertigkeiten, insbesondere in Bezug auf das Verhältnis zwischen klassischer Kultur und Europa, erachten wir als wichtig, sie den neuen Generationen zum Aufbau eines modernen Europas zu vermitteln? Welche ‚Form‘, welche ‚Gestalt‘ soll dieses Europa haben?

Das Projekt Europa wurde als ein Prozess der Vereinheitlichung von Normen, Produkten und Konsummustern konzipiert, was letztendlich dazu geführt hat, die europäische Idee abzuwerten und sie mit einem westlichen Konsumstandard zu identifizieren. Auf Bildungsebene ist das von der Europäischen Union indizierte Leitmotiv eine miteinander geteilte Darstellung von Geschichte, die auf dem demokratischen Ideal basiert, also auf einem antitotalitären Paradigma. Doch die Unterrichtung von Geschichte in einer überstaatlichen Sichtweise erweist sich als komplex, geradezu spaltend: Über Jahrhunderte entwickelte sich die europäische Geschichte im Zeichen von Kriegen und Konflikten. Der bedeutendste Austragungsort der unterschiedlichen Auffassungen ist der Zweite Weltkrieg, der die europäische Ordnung neu definiert hat: Die osteuropäischen Nationen deklinieren das antitotalitäre Thema in einer antikommunistischen Perspektive, während Deutschland oder Italien im Gegensatz dazu an Nazismus und Faschismus denken. Darüber hinaus verhindert die Rückkehr von Nationalismen de facto eine gemeinsame historiographische Erinnerung: Dieses Klima der Konfrontation belegt nur zu gut die Krise von Museumsprojekten, die Geschichte in einer gemeinsamen Perspektive reflektieren sollen, Museen, die sich in Schauplätze ideologischer Gefechte um weit voneinander entfernte nationale Forderungen zu verwandeln drohen. Augenfällige Beispiele sind der unterbrochene Bau des Geschichtsmuseums von Danzig und die Polemiken um das Museum der Europäischen Geschichte in Brüssel, das die größte Investition Europas für eine Politik der Erinnerung darstellt.

Ein Versuch, Polemiken und ideologische Konflikte im historiographischen Bereich zu umgehen, ist der Rückgriff auf das Thema und die Metapher der ‚Wurzeln'. In den ‚Wurzeln', speziell den griechisch-römischen, glauben wir Authentizität und gemeinsames Lebensgefühl zu finden: Hier entstehen die gängigen Appelle an die europäische Identität. Doch Kulturen sind keine Museen einbalsamierten Überlebens, sondern wechselhafte und komplexe Prozesse[1]. In diesem Zusammenhang kann die Antike weder nur ein Wertedepot sein, im Sinne von *exempla maiora*, wie in der Renaissance, noch ein Argument in der Polemik um den Eurozentrismus, sondern vielmehr ein ernstzunehmendes Werkzeug geschichtlichen Bewusstseins und Wissens, das wandelbar ist – und nicht so, wie es jene Denkrichtung möchte, die den biologisch unhistorischen Begriff der ‚Rasse' mit dem auf kultureller Ebene gleichermaßen unhistorischen Begriff der ‚Identität' ersetzt.

In den letzten Jahren ist die Aufmerksamkeit für die Kultur der ‚Anderen' und ihr Anderssein auffallend gestiegen, sowohl bei jenen, die diese kulturelle Vielfalt als Bereicherung ansehen, als auch bei jenen, die

---

1 S. Valenti 2011; Bettini 2016.

sie fürchten und bekämpfen. Beide Haltungen machen klar, dass diese Unterschiede reell sind und nicht außer Acht gelassen werden können. Der Akzent liegt dabei immer auf der Verschiedenheit und fast nie auf den gemeinsamen Elementen, die als selbstverständlich angesehen, verschwiegen, nicht berücksichtigt werden. In dieser Hinsicht ist die Verschiedenheit ein ‚Problem‘ geworden, nicht mehr eine Passage innerhalb eines dynamischen Verständigungsprozesses unserer selbst und der Welt, sondern Ausgangs- und Zielpunkt, eine Tatsache, statisch und unveränderbar.

‚Identität‘ und ‚Verschiedenheit‘ haben demnach eine Bedeutung und eine Konnotation angenommen, die sie tendenziell in Gegensatz zueinander setzen und nicht als komplementär betrachten. Es ist interessant, dass das Aufkommen der Begriffe ‚Identität‘ und ‚Volkscharakter‘ in der politischen und kulturellen Debatte ein recht neues Phänomen darstellt: In der 1968 veröffentlichten *Enciclopedia internazionale delle scienze sociali* taucht der Begriff ‚Identität‘ allein im Zusammenhang der psychosozialen Identität der Jugendlichen auf, und im *Oxford English Dictionary* von Anfang der siebziger Jahre ist ‚Volkscharakter‘ ein rares Wort, das mit Paganismus und heidnischem Aberglauben assoziiert ist. Identität und Ethnie sind also moderne Konfliktthemen, und es ist symptomatisch, dass wir immer häufiger von Identität sprechen, je weiter die sogenannte Globalisierung fortschreitet.

Unsere Epoche charakterisieren übernationale ökonomische und politische Strukturen, die paradoxerweise Regionalismen und ‚Lokalismen‘ gefördert haben, gerade weil der Nationalstaat als Zentrum der kollektiven Identität an Bedeutung verloren hat. So sind regionale ‚Anpassungen‘ auf der Basis von Affinitäten zwischen Dialekten, Milieus und Lebensstilen entstanden, welche die Einwohner als bedeutsamer empfinden als die nationale Identität. Unsere Zeit ist einer jener Epochensprünge, in denen herausgeforderte Identitäten dazu tendieren, sich in sich selbst zurückzuziehen oder aggressiv zu werden und zu starren Oppositionen zu tendieren: lokal gegen global, Tradition gegen Wandel, Wurzeln gegen Veränderung, Einheit gegen Vielfalt. Doch gerade diesen einfachen Dualismen gilt es sich zu entziehen und dagegen Geschichte frei von der Versuchung zu betrachten, sie voreilig zu benutzen oder zu instrumentalisieren, denn je tiefer man in die Analyse der kulturellen Aspekte eines Problems eindringt, umso stärker treten die Facetten zutage, und die Unmöglichkeit dieses auf einen einzigen Standpunkt zu reduzieren.

Salvatore Settis[2] verweist in Bezug auf die klassische Kultur und ihre politische Instrumentalisierung auf ein interessantes Paradox: Je mehr sich das Bild der klassischen Kultur als alleiniger und einziger Ursprung der gesamten westlichen Zivilisation verfestigt, als Depot der höchsten Werte – wie gerade der Demokratie – , umso weniger kennt und studiert man die griechisch-römische Antike. Auf der einen Seite herrscht das perfekte Bild der ‚Klassik‘ als Grundsubstanz der europäischen Identität, auf der anderen Seite das schnelle Verschwinden des klassischen Bildungsgutes aus der gemeinsam gelebten Kultur und den vorherrschenden Bildungswegen. Gerade in Bezug auf die Bildung können wir einem Problem nicht ausweichen, vor das uns die Unterrichtung der Geschichte nur im Sinne einer Sequenz von Ereignissen stellt: Welchen Platz können die Antiken einnehmen in einer Welt, in der sich zusehends Völker und Kulturen vermischen, Imperialismus verurteilt wird und ethnische Identitäten eingefordert werden? Settis fragt sich: Wie können wir uns rühmen, über die ‚Anderen‘ in Marathon gesiegt zu haben, ohne an Algerien zu denken oder an Vietnam?

Das Problem liegt einerseits darin, dass die Geschichte, wie auch ihre Unterrichtung, an sich polarisierend ist, und andererseits darin, die Klassik als unnachahmliches Modell zu betrachten und sich nostalgisch an ästhetischen Perfektionen zu erfreuen, ohne aber dieses Modell dem historischen Sinn des Heute zu unterziehen, was es *de facto* unfähig macht, auf die Fragen und Forderungen der Gegenwart zu antworten.

Es gibt jedoch, meiner Ansicht nach, ein gemeinsames identitätsstiftendes Element, auf das wir im Bildungswesen zurückgreifen können: die europäische Landschaft.

Das bestimmende und gemeinsame Element der europäischen Landschaft ist ihr physischer Aspekt: Vergangenheit materialisiert sich hier in Räumen, Städten, Gemeinden, die eng beieinanderliegen. George Steiner (2006) schreibt[3]:

2 S. Settis 2004.
3 Steiner 2006, 33–34. Die europäische Identität basiert nach Steiner auf folgenden Grundlagen: den Cafés, in ihrer Eigenschaft als Kommunikationsorte, der begehbaren Landschaft, da die Distanzen zwischen Städten und Gemeinden in Europa fußläufig oder

L'Europa è stata, e viene ancora, ‚camminata'. È un elemento fondamentale. La cartografia dell'Europa è il frutto delle possibilità del piede umano, e degli orizzonti che ci può far percepire.

Europa wurde, und wird noch immer, ‚erlaufen'. Das ist ein grundlegendes Element. Die Kartographie Europas ist Frucht der Möglichkeiten des menschlichen Fußes, und der Horizonte, die er uns wahrnehmen lässt.

Im Gegensatz zu den Weiten Amerikas, Asiens, Afrikas und Russlands kann die europäische Landschaft zu Fuß durchquert werden, die Distanz zwischen einzelnen Zentren ist gering, begehbar, messbar mit dem Auge: Dabei handelt es sich nicht um einen generischen ‚Raum', bestehend aus einander gleichen oder gleichwertigen Teilen, sondern aus ‚Orten', die spezifische Eigenschaften besitzen und somit nicht aufeinander reduzierbar sind: Orte, die ‚Identität' produzieren, nicht im Sinne einer abstrakten und rhetorischen Idee, sondern einer entscheidenden und lebenswichtigen Erfahrung; Räume, in denen es unmöglich ist, Grenzen zu ziehen zwischen Natur und Geschichte, Landschaft und Kunst, lokalem Brauchtum und Literatur.

Die europäische Landschaft stellt sich uns in ihrem materiellem Kontext und ihrer geistigen Dimension dar als ein Wirken ohne Urheberschaft – oder besser: als das gemeinsam firmierte Werk vielfältiger Formen der Gemeinschaft: von ihrer ‚Entdeckung' – die Petrarca zugeschrieben wird, der nach dem Aufstieg zum Monte Ventoux den Blick von oben zum ersten Mal nicht zu militärischen Zwecken, sondern zu ästhetischer und moralischer Betrachtung schweifen ließ – zur Wertschätzung und Kontemplation bis hin zur künstlichen Umgestaltung. Entlang dieses

per Fahrrad erschließbar sind (während man auf dem amerikanischen Kontinent ohne Auto oder Flugzeug nicht weit kommt); den Straßennamen, die keine Nummern sind, sondern an unsere Geschichte erinnern; und schließlich der Sinn und das Bewusstsein für das Endliche, den Amerika nicht besitzt, das allein in die Zukunft projiziert ist. Der Text beruht auf einer 2003 am Nexus Institute in Holland gehaltenen Rede; er reflektiert die hoffnungsvolle Stimmung in Bezug auf die Europaidee, die heute nicht mehr besteht. Sie sollte uns anhalten, die von Steiner vorgeschlagenen ‚Institutionen' (Café, Landschaft, Toponomastik, letztendlich die ‚Kultur') wieder neu zu bewerten, um eine wirkliche Europäische Union aufzubauen.

Weges, der keine Trennung gestattet zwischen Natur und Geschichte entwickeln sich dialektische Paare, denen sich spezifische Kategorien zuordnen lassen: Stadt – Land (über *Villa* und *otia* klassischer Herkunft), kultiviert – ursprünglich (das in der Architektur im Modell des Belvedere Ausdruck findet), Garten – Hof und so weiter: Im Laufe der Epochen gewinnt das Gewebe aus unterschiedlichen Ideen und Praktiken, Sach- und Wissensgebieten, welche die europäische Landschaft von Mal zu Mal kennzeichnen, klare Konturen. Milan Kundera hat einmal die europäische Formel definiert als „Maximum an Vielfalt auf dem kleinsten Raum"[4].

Im Übrigen formiert sich in der Forschung eine neue Definition von Landschaft, die nicht mehr ausnahmslos an ihre ästhetische Dimension gebunden ist, sondern sich auf die Gesamtheit der ‚Abdrücke' bezieht, die verschiedene Gruppen und Individuen in einem Territorium hinterlassen haben. Die *European Landscape Convention*, die im Jahr 2000 in Florenz von den Kultus- und Umweltministern des Europarats signiert wurde, erklärt: „,Landscape' means an area, as perceived by people, whose character is the result of the action and interaction of natural and/or human factors; […]"[.5] Die Definition unterstreicht die gesellschaftliche Komponente des Begriffs, in dem sich Geschichte und Geographie kreuzen.[6]

Entlang dieser Linie können die Werke der klassischen Tradition und die architektonischen Monumente, die dauerhaftesten Elemente unserer Kultur und Mittler im Dialog zwischen uns und vergangenen Generatio-

---

4   Kundera 1984, 45.
5   Cf. https://rm.coe.int/1680080621 [Stand: 03.09.2019].
6   Die italienische Übersetzung unter http://www.convenzioneeuropeapaesaggio.benicul-turali.it [Stand: 03.09.2019] ist in der Definition des Begriffes Landschaft nicht überein-stimmend mit dem englischen Originaltext: Die Präzisierung „Paesaggio designa una de-terminata parte di territorio" ist in der englischen Version nicht enthalten, während auch die französische Fassung schreibt „une partie de territoire", in der die Bestimmung durch die Wahrnehmung der Bevölkerung erfolgt wie im Folgenden definiert: „così come è per-cepita dalle popolazioni, il cui carattere deriva dall'azione di fattori naturali e/o umani e dalle loro interrelazioni". Ein Territorium *per definitionem* zu erfassen ist unsinnig, gemäß der italienischen Verfassung ist das gesamte Territorium Landschaft. Die Präzisierung ist vermutlich ein Überbleibsel der italienischen Auffassung von der Landschaft im Sinne von Natur-Schönheit, wie im Gesetz 1497/39 „protezione delle bellezze naturali" festgelegt. In der Forschung wird folgende italienische Version bevorzugt: „Zona o territorio, quale viene percepito dagli abitanti del luogo o dai visitatori, il cui aspetto o carattere derivano dalle azioni di fattori naturali e/o culturali (antropici)", s. Giordano 2006.

nen, in enger Beziehung zur Geschichte des Territoriums, seiner Erinnerung und seiner Identität eingeordnet werden.

Ein interessantes Element in diesem Prozess stellt die jüngste Direktive der Europäischen Union dar, ‚Symbol'-Orte zu fördern. Es handelt sich um das Projekt „Europäisches Kulturerbe-Siegel"[7], das für die europäische Geschichte und Kultur bedeutende Stätten fördern soll. Im Gegensatz zum „Weltkulturerbe" der UNESCO ist das europäische Siegel nicht gebunden an ästhetische oder architektonische Kulturgüter der designierten Gebiete, sondern an ihren symbolischen Wert. Die Maßnahme zielt weniger auf Denkmalpflege als auf Förderung sowie Organisation populärwissenschaftlicher und didaktischer Aktivitäten.

Aber wie unterrichtet man Landschaft? – Es handelt sich nicht um einen abstrakten Begriff, auch nicht um eine Geographie, sondern vielmehr um eine Narration, die auf die Literatur als außerordentliches Reservoir von Informationen und Bedeutungen zurückgreifen kann. Die Lektüre literarischer Texte mit Fokus auf der Landschaft, auf der Suche nach den Worten, mit denen Europa über die Jahrhunderte von ihr spricht, erlaubt es uns, diese Worte zu einem neuen Diskurs zu verweben. Wenn wir unsere Forschung auf Orte stützen, bewahren wir den Sinn, der zwar unterschiedlichen Autoren, Sprachen und Literaturen anvertraut ist, aber seinen Berührungspunkt, seine ‚Wurzel' in einem lebendigen Ort schriftstellerischer und künstlerischer Erfahrung hat und eben damit fähig ist, Sinn und Emotion zu schaffen.

Die Identität der Europäer gründet ja auf einem langen Dialog zwischen Literatur, Philosophie, Musik und Theater: Sie kann folglich nicht einer Sprache allein zugeordnet werden, sondern der Erfahrung der Relativität der verschiedenen kulturellen und religiösen Identitäten, die sich in historischen und bestimmten Orten verkörpern: den Städten, Dörfern, Flüssen und Bergen, all den Elementen der so reichen und lebendigen Landschaft Europas.

Michael Jakob, der seine Studien dem Verhältnis zwischen Landschaft und Literatur gewidmet hat, zeichnet eine an Zitaten und genauen Beobachtungen reiche Geschichte der literarischen Landschaft von der Literatur der Antike bis zu jenem „Schwellen-Moment für die Landschaft"

---

7 S. https://ec.europa.eu/programmes/creative-europe/actions/heritage-label_it [Stand: 03.09.2019].

(„momento-soglia per il paesaggio") nach, den er selbst an der Wende des 18. zum 19. Jahrhundert ausmacht, als ‚die Dichte des landschaftlichen Diskurses [...] zum ersten Mal das Gebiet der Kunst übertrifft und mit großem Nachdruck auf die Wahrnehmung der Natur in situ schaut' („la densità del discorso paesaggistico [...] per la prima volta supera il campo artistico e riguarda, con grande vigore, la ricezione della Natura *in situ*"[8]).

Das Paradigma, das Landschaft mit der Geographie der in literarischen Texten beschriebenen Orte in enge Verbindung setzt, wurde noch nicht eingehend auf die klassische Literatur angewendet. Der Begriff, das Konzept ‚Landschaft' in Verbindung mit der Antike ist zumindest problematisch, wird von einigen Forschern sogar bestritten.

Das Prinzip der ‚Inexistenz' der Landschaft in der Antike basiert auf verschiedenen Elementen, darunter der fehlende Wortschatz von einer oder mehreren Bezeichnungen, die den Begriff definieren (im Lateinischen bezeichnet von Vokabeln wie *locus* oder *regio*, oder von konkreten Definitionen wie z.B. *montes*): Diese These wird vielfach von renommierten Wissenschaftlern gestützt, die objektive, notwendige Kriterien für das Vorhandensein des Konzeptes und der Idee ‚Landschaft' in einer bestimmten Kultur definieren wollen. Insbesondere Augustin Berque hat hierzu vier Kriterien vorgeschlagen: Das Vorhandensein

(1) von einem oder mehreren Wörtern zur Definition des Begriffes wie ‚paesaggio', ‚paysage', ‚landscape' und ‚Landschaft';

(2) einer Literatur, in der die Beschreibung der Landschaft Raum findet;

(3) einer Landschaftsmalerei;

(4) einer Gartenarchitektur, aus der eine ästhetische Wertschätzung der Natur spricht.[9]

Die Theorie von Berque schließt die Antike von jedem landschaftlichen Bewusstsein aus. Zwei französische Forscher[10] halten dagegen, dass einige

---

8 Jakob 2005, 227; s. auch Jakob 2009.
9 Vgl. Berque 1994, 16; später hat Berque seinen Vorschlag noch weiter ‚begrenzt' mit der Forderung, dass über Begrifflichkeit und Begriff der Landschaft hinaus auch das Bewusstsein und die Reflexion darüber vorhanden sein müsste: s. Berque 2008.
10 S. Rouveret 2004, 325–344; Thomas 2006, 105–125.

lateinische Termini als legitime Entsprechungen des modernen Begriffes in seiner vollen Bedeutung angesehen werden können, und zwar *topia, -orum* und das davon gebildete Adjektiv *topiarius, -a, -um:* Es handelt sich um Gräzismen, die ungefähr zwanzigmal in römisch-lateinischer Literatur vorkommen, aber der griechischen unbekannt sind. Zwei Abschnitte bei Vitruv und Plinius seien genannt (Vitr. 7,5,2 und Plin. nat. 35,116), in denen *topia* als Hyperonym auftaucht, das eine lange Liste von Landschaften, Häfen und ländlichen Szenen vereint.

In jüngster Zeit scheint sich jedoch vor allem im Bereich der lateinischen Literatur eine Forschungsrichtung zu etablieren, welche versucht, die Interpretationsstarre aufzubrechen: Ich beziehe mich vor allem auf die Arbeit von Ermanno Malaspina[11] und die Protokolle des internationalen Symposiums zum Thema[12].

Der Römer gibt sich der Landschaft nicht hin, er will sie kontrollieren und dominieren: In diesem Blickwinkel handelt es sich um eine entfernte Welt, möglicherweise im Gegensatz zur Landschaftserfahrung der Moderne, die seit der Renaissance die Natur sowohl von Arbeitszwängen als auch sakralen Kontexten befreit und ihr eine ästhetische Dimension verleiht. Trotzdem gibt es – in der Ausbeutung der Umwelt, in der Kontraposition von Stadt und Land, im anthropozentrischen Weltbild – Berührungspunkte zwischen der Antike und unserer Epoche.

Von meinem Standpunkt aus soll es jedoch nicht darum gehen, das Thema des Ortes in der Literatur zu studieren (mit seinen unvermeidbaren Konventionen: die literarische Landschaft als *locus amoenus* in der Vision Arkadiens oder im Gegensatz dazu als *locus horridus*, getränkt von Schauerbildern), als vielmehr darum, die Literatur im Ort zu erforschen und dabei Beobachtungen und Beschreibungen zu sammeln, die sich auf spezifische geografische Orte beziehen.[13]

Aus dieser Forschungsrichtung profiliert sich ein situiertes Wissen, der Versuch die Texte, die Gegenstand unserer Behandlung und Lektüre sind, zu verankern, das heißt ihnen Wurzeln zu geben; ein situiertes Wissen, das die Schüler einbinden möchte, denn eine Geschichtslektion kann sich nur von einem ‚lebendigen Thema' aus bewegen, von etwas, das einen

---

11 S. etwa Malaspina 2011, 45–85.
12 S. Baldo/Cazzuffi (Hrsg.) 2013.
13 S. http://www.literaturatlas.eu/ sowie Petroncelli 2019.

Bezug zu ihnen hat und sie aus dem Klassenraum hinaus in eine Welt leitet, die sie zwar beständig vor Augen haben, deren Koordinaten sie aber kaum verstehen.

Ein situiertes Wissen in Übereinstimmung mit der Philologie, die uns vor einem Text eine Reihe unumgänglicher und präziser Fragen stellt – Wer hat ihn geschrieben? Wann? Wo? Warum? Für wen? Wie? – Fragen, die uns dazu einladen, Texte und Werke nicht nur in der Zeit, sondern auch im Raum zu verankern.

Ein situiertes Wissen, das in Einklang steht mit den Worten von Wolfgang Sachs (Senior Researcher am Wuppertal Institut), der die Notwendigkeit betont, in der Schule mit einem situierten Wissen zu erteilen.[14]

14 Vgl. Sachs 2002; s. auch Sachs/Morosini (Hrsg.) 2011 sowie Casucci 2006 und Alastra/Kaneklin/Scaratti 2012.

Literaturverzeichnis

Alastra, Vincenzo/Kaneklin, Cesare/Scaratti, Giuseppe (2012), La formazione situata. Repertori di pratica, Roma.

Baldo, Gianluigi/Cazzuffi, Elena (Hrsg.) (2013), *Regionis forma pulcherrima*. Percezioni, lessico, categorie del paesaggio nella letteratura latina, Atti del convegno di studio. Palazzo Bo, Università degli studi di Padova, 15–16 marzo 2011, Firenze.

Berque, Augustin (1994), Cinq propositions pour une théorie du paysage, Seyssel 1994 [= Les raisons du paysage. De la Chine antique aux environnements de synthese, Paris 1995].

– (2008), La pensée paysagère, Paris.

Bettini, Maurizio (2016), Radici. Tradizioni, identità, memoria, Bologna.

Casucci, Simone (2016), Apprendere, comunicare e lavorare in gruppo, Perugia.

Giordano, Andrea (2006), Per codice di progetto del paesaggio, in: Andrea Giordano/Carlo Zanchetta (Hrsg.), Frames. Frammenti di architettura e paesaggio, Padova.

Kundera, Milan (1984), Un Occident kidnappé, oder: Die Tragödie Zentraleuropas, Kommune 7, 43–52 [Original: Un occident kidnappé ou la tragédie de l'Europa centrale, Le débat 27 (1983), 3–22].

Malaspina, Ermanno (2011), *Descriptiones locorum* e teorie del paesaggio da Roma a oggi, in: Giovanni Tesio/Giulia Pennaroli (Hrsg.), Lo sguardo offeso. Il paesaggio in Italia: storia geografia arte letteratura (Atti del convegno internazionale di studi, 24–27 Settembre 2008, Vercelli, Demonte, Montà), Torino, 45–85.

Jakob, Michael (2005), Paesaggio e letteratura, Firenze.

– (2009), Paesaggio, Bologna.

Petroncelli, Elvira (2019) (Hrsg.), Il paesaggio. Un tema transdisciplinare, Napoli.

Rouveret, Agnès (2004), *Pictos ediscere mundos*. Perception et imaginaire du paysage dans la peinture hellénistique et romaine, Ktèma 31, 325–344.

Sachs, Wolfgang (2002), Ambiente e giustizia sociale. I limiti della globalizzazione, Roma.

–/Morosini, Marco (Hrsg.) (2011), Futuro sostenibile. Le risponte eco-sociali alle crisi in Europa, Milano.

Settis, Salvatore (2004), Il futuro del ‚classico‘, Torino.

Steiner, George (2006), Una certa idea di Europa, Milano [s. auch: Steiner, George (2015), The Idea of Europe. An Essay, New York].

Thomas, Jean François (2006), L'expression de la notion de paysage en latin: observations sémantiques, Revue de Philologie 80, 105–125.

Valenti, Rossana (2011), Il latino dentro e oltre la scuola. Memoria, indentità, futuro, Napoli.

Teil 4:
Europa und die Klassische Philologie heute

Antike übersetzen: Eine zentrale Aufgabe der Klassischen Philologie für Europa

Nina Mindt

Wenn wir über die Modalitäten nachdenken, mit denen die Antike Impulse für ein heutiges und morgiges Europa geben kann, müssen wir uns auch fragen, was denn die Medien sind, in denen Antike begegnet. Eine grundlegende Art der Überlieferung und somit auch des Kontakts bilden die antiken Texte selbst. Wenn wir uns dann aber fragen, in welcher Zugangsform diese antiken Texte heute genutzt werden, ist die Antwort: oft in Übersetzungen.[1] Es ist kein unmittelbarer Kontakt mit den antiken Texten, es ist eine vermittelte Antike – die Antike muss übersetzt werden, sie muss kommuniziert werden: Denn das Übersetzen von einer Sprache in eine andere, also die interlinguistische Übersetzung oder Übersetzung im engen Sinne,[2] ist ein verbaler Kommunikationsakt, eine Neuartikulation der Botschaft in einer anderen Sprache. Die Übersetzung stellt eine

---

1 Auf die Vermittlung der Antike durch Übersetzungen hat auch Weissengruber 2005 bei einer der AKME-Veranstaltungen ähnelnden Tagung im Jahre 2003 hingewiesen.
2 Für die verschiedenen Formen der Übersetzung (intralingual, d.h. Übersetzung einer Sprachstufe in eine andere derselben Sprache; interlingual: Übersetzung von einer Sprache in eine andere; semiotisch: Übersetzung von einem Zeichensystem in ein anderes) s. Jakobson 1959.

grundlegende und wichtige Form der Überlieferung, der Rezeption und der Transformation dar.[3]

Im ersten Teil des Beitrags werden, nach einer kurzen Reflexion über die Übersetzung als Begriff und als Forschungsgegenstand, einige historische Schlaglichter die Bedeutung von Übersetzungen in der europäischen Geschichte beleuchten, so dass die europäische (wenn nicht gar globale) Dimension dieses Prozesses deutlich wird. Im zweiten Teil wird dann die Aufgabe der Klassischen Philologie auf diesem Gebiet skizziert: Da ein immer größeres und vielgestaltigeres Publikum (darunter auch an den antiken Quellen interessierte Kollegen anderer universitärer Disziplinen) die antiken Texte nur in Übersetzung rezipieren kann, muss die Klassische Philologie die Herausforderung zu dieser Form von Überlieferung und Vermittlung annehmen und sich dabei der Verantwortung bewusst werden. Dazu gehört eine wissenschaftlich konsistente und kohärente Methodenreflexion. Den Schlussteil bilden einige Reflexionen zu Grundlagen einer solchen lateinischen Translatologie.

1. Die Bedeutung des Übersetzens in der europäischen Kulturgeschichte

Übersetzungen nehmen eine wichtige Rolle in der Geschichte der Transformationen, der Neumodellierungen und der intertextuellen Beziehungen ein, die die europäische Kultur charakterisieren. Umberto Eco hat nicht umsonst gesagt, die Sprache Europas sei die Übersetzung.[4]

Übersetzungen als eine Art der Überlieferung, Rezeption und Transformation der Antike sind nicht nur eine Kommunikationsform zwischen verschiedenen Zeiten – die Antike und die jeweilige Gegenwart –, sondern sie sind auch transnationale, europäische, ja globale Phänomene. Wenn im Folgenden die europäische Dimension hervorgehoben wird, begründet sich dies mit dem Thema des Projektes

---

3 Für das Transformationskonzept, verstanden als produktive Rezeption mit Auswirkungen dieses Prozesses sowohl für die Referenz- wie auch die Zielkultur s. Bergemann u.a. 2011.
4 Umberto Eco hat einige seiner Aufsätze und Vorträge zum Thema des Übersetzens und der Übersetzung herausgegeben in: Eco 2003.

AKME (Antike Konzepte für ein modernes Europa) und keinesfalls mit einer eurozentristischen Haltung.

Die Notwendigkeit des Übersetzens bestand schon immer, in ganz praktischen Belangen, etwa bei Dokumenten, aber auch in kulturellen Belangen, bei Wissenstexten und Literatur. Wichtige Werke von einer Sprache in eine andere bzw. in andere Sprachen zu übersetzen hat merklich zur Entwicklung einer globalen Weltkultur beigetragen. Übersetzen ist eine Art unsichtbarer kultureller ‚Motor‘. Die Übersetzungsgeschichte ist häufig mit anderen Formen inter- bzw. transkulturellen Austauschs verwoben.[5] ‚Übersetzen‘ oder ‚Übersetzung‘ ist daher zu einem Schlüsselbegriff in der Diskussion um Interaktion, Transformation und Transfer geworden. Mit dem sog. *translational turn* in den Sozial- und Kulturwissenschaften wurde die Übersetzung ein Synonym für Austauschprozesse insgesamt.[6] Zugleich hat sich in der Translationswissenschaft wiederum ab den 1990er Jahren eine regelrechte Wende hin zu kulturellen Fragestellungen vollzogen (s.u.).

Einige Beispiele sollen an dieser Stelle genügen, um die Rolle des Übersetzens in der europäischen Kulturgeschichte zu illustrieren: Schon die Antike selbst war stark von Übersetzungsprozessen beeinflusst.[7] Der Kern der westlichen Antike hat sich anhand von Übersetzungen herausgebildet. Man kann die griechisch-römische Antike als eine Übersetzungsepoche bezeichnen: *vertere* ist eine zentrales Konzept der römischen Kultur, das Übersetzen ist ein konkreter Prozess unter den vielfältigen Formen der Imitation, Nachahmung und kreativer Anverwandlung griechischer Modelle.[8] Die lateinische Literatur hat ihren Anfang anhand von Übersetzungen genommen. Nicht zufällig sind die Überlegungen, die Cicero, Horaz, Plinius d.J., Quintilian und Hieronymus (der Schutzheilige der

---

5 Zu transkulturellen Effekten in der Antike selbst und zu solchen, die aus dem Vergleich mit der Antike erwachsen, s. den Beitrag von Leoni Janssen in diesem Band.

6 S. Bachmann-Medick 2009.

7 S. etwa McElduff/Sciarrino (Hrsg.) 2011.

8 S. Bettini 2012. Das Buch hat große öffentliche Aufmerksamkeit erfahren. Eine entsprechende neuere Veröffentlichung im deutschen Sprachraum fehlt. Die Reflexionen von Schleiermacher *Ueber die verschiedenen Methoden des Uebersetzens* (1813) sind noch immer grundlegend: Schleiermacher selbst bevorzugte die Methode, den Leser zum Schriftsteller zu bewegen und ihm den Eindruck zu vermitteln, den er beim Lesen des Originals erhalten hätte.

Übersetzer) zu dieser Tätigkeit unternommen haben, bis heute eine aufmerksame Lektüre wert.[9]

Ein regelrechtes Ereignis auf dem Gebiet des Übersetzens war zweifelsohne die ‚Übersetzung der Siebzig', die *Septuaginta*, mit all ihren erzählerischen Ausschmückungen, begonnen mit den Berichten im Aristeas-Brief und bei Philon von Alexandrien, gefolgt von weiteren Ausschmückungen durch christliche Autoren.[10] Das Legendenhafte, das sich um diese Übersetzungsleistung rankt, unterstreicht die Bedeutung umso mehr. Zugleich wird dabei deutlich, dass damit Idealvorstellungen der Übersetzung verbunden sind, der Wunsch nach einer vollkommenen Übersetzung, welche den Ausgangstext ersetzt.[11]

Eine wichtige Funktion von Übersetzungen besteht im Austausch und in der Weitergabe von Wissen, bereits in der Antike selbst und dann von der Antike bis ins moderne Europa. Ideen und Konzepte aus dem Orient haben die westliche Kultur seit dem sechsten vorchristlichen Jahrhundert stark beeinflusst, als sich die ersten Handelskontakte zwischen Indien und dem Mittelmeerraum festigten. Viele philosophische und wissenschaftliche Schriften wiederum sind im neunten nachchristlichen Jahrhundert aus dem Griechischen ins Arabische übersetzt worden. Die arabischen Übersetzungen der antiken Texte, die sog. *Graeco-Arabica*, haben sich dann wieder im elften Jahrhundert nach Christus in ganz Europa als Übersetzungen aus dem Arabischen verbreitet. Das antike Wissen kehrte gewissermaßen auf diesem Weg nach Europa zurück, vor allem durch die Mittlerrolle Spaniens. Die sog. ‚Schule von Toledo' übernahm die Übersetzung aus dem Arabischen ins Lateinische und dann in die romanischen Sprachen. Dieser Prozess legte den Grundstein für die Entwicklung der europäischen Renaissance. Man kann also sagen, dass sich die kulturelle Identität Europas (einige sprechen gar von der kulturellen Einheit Europas) in der Frühen Neuzeit auf der Basis eines zirkulierenden Werke-Cor-

---

9 Zur Übersetzungspraxis und -reflexionen der Römer s. McElduff 2013; s. auch Traina 1989, Seele 1995 und Powell 2007. Wichtige Texte zum Thema des Übersetzens sind versammelt bei Störig (Hrsg.) 1963 und Nergaard (Hrsg.) 1993.
10 S. dazu Jellicoe 1978, 41–47, Brodersen 2008, 39–42, Bettini 2012, 202–239.
11 S. Bettini 2012, der im neunten Kapitel diese Legende als Suche nach der perfekten Übersetzung analysiert. Eine Kontextualisierung der *Septuaginta* als Übersetzungsdokument hingegen unternimmt Rösel 2008.

pus gebildet hat, welches durch das Mittel der Übersetzungen verbreitet und große Bedeutung in verschiedenen Staaten erhalten hat.

Es existiert demnach eine europäische Dimension des Übersetzens und es sind daher auch zu Recht schon entsprechende Verbindungen zwischen ‚Übersetzung'/‚Übersetzen' und dem modernen Konzept ‚Europa' gemacht worden, etwa vom Forschungsprojekt „Greco, Arabo, Latino. Le vie del sapere"[12] oder vom Projekt „Tradurre nell'Europa del Rinascimento"/„Translating in Renaissance Europe"[13].

Diese Untersuchungen gehören zu Übersetzungsstudien (*translation studies*), welche historische Übersetzungen analysieren und kontextualisieren, häufig als *Descriptive Translation Studies*[14], die in den 1990er Jahren den o.g. *cultural turn* in der Translationswissenschaft bewirkten und bis heute einen starken Zweig dieser facettenreichen Disziplin bilden. Solche Untersuchungen sind zweifelsohne von großer Wichtigkeit, um den Ablauf historischer Übersetzungsprozesse nachzuvollziehen und um zu erkennen, wie durch Übersetzungen konstruktive Prozesse zwischen verschiedenen Kulturen vonstattengehen. Der Sonderforschungsbereich 644 „Transformationen der Antike" (Berlin, 2005–2016), der sich in einem Unterprojekt auch mit dem Übersetzen beschäftigte, hat für den reziproken Prozess der Selbst- und Fremdkonstruktion der Referenz- und Aufnahmekultur den Begriff der Allelopoiese geschaffen. Das Konzept der Transformation und der Allelopoiese erlaubt es uns, solche historisch-kulturellen Prozesse sehr genau zu beschreiben.[15]

Hier möchte ich jedoch vorschlagen, nicht in die Vergangenheit zurückzuschauen, sondern den Stand der Dinge in der Gegenwart zu beleuchten und über zukünftige Forschungsbewegungen nachzudenken.

12 S. http://learningroads.cfs.unipi.it/history-missions/[Stand: 09.09.2020].
13 S. http://www.renaissancetranslation.eu/?lang=en [Stand: 09.09.2020]; s. auch Bernard-Pradelle 2016.
14 Zentrale Beiträge dieser Schule der *translation studies* sind Bassnett/Lefevere 1990; Lefevere 1992; Toury 1995; Hermans 1999.
15 Das Unterprojekt B7 („Übersetzung der Antike") innerhalb des SFB 644 hat die Praxis und Theorie des Übersetzens aus den alten Sprachen ins Deutsche von 1800 bis in die Gegenwart untersucht; s. insbes. Kitzbichler/Lubitz/Mindt 2009, Kitzbichler/Lubitz/Mindt (Hrsg.) 2009 und Kitzbichler/Stephan (Hrsg.) 2016. Zum Nutzen übersetzungshistorischer Forschung für die Entwicklung einer lateinischen Translatologie s. Mindt 2020b.

2. Die Antike übersetzen. Eine Aufgabe der Klassischen Philologie für die Gegenwart und Zukunft

a) Das Übersetzen und die Klassische Philologie

Die Übersetzung aus den antiken Sprachen stellt einerseits noch immer eine zentrale Lehr- und Prüfungsform dar, wo auch immer diese Sprachen unterrichtet werden, vom schulischen Anfangsunterricht bis zu den universitären Abschlussprüfungen. Andererseits nimmt die Übersetzung einen immer größeren Stellenwert innerhalb der Wissenschaft ein: Es ist nicht mehr vorauszusetzen, dass alle möglichen Leser von Monographien und Aufsätzen der Klassischen Philologie und ihren Nachbardisziplinen in der Lage sind, flüssig Latein und Griechisch zu lesen. Die griechischen und lateinischen Texte aus Antike, Mittelalter und Neuzeit finden heutzutage in Übersetzungen ihre größte Verbreitung.[16] Da die Übersetzung weithin von einem immer größer werdenden Publikum anstelle des ausgangssprachlichen Textes rezipiert wird, erhält das Übersetzen aus den antiken Sprachen einen hohen Stellenwert und die Klassische Philologie eine Verantwortlichkeit für die Überlieferung und Verbreitung der Texte, die in ihrem Zuständigkeitsbereich liegen. Dieser Bedeutung der Übersetzung steht allerdings eine unterentwickelte wissenschaftliche Reflexion dieser Tätigkeit innerhalb der Klassischen Philologie selbst gegenüber.

Der deutsche Gräzist Ulrich von Wilamowitz-Moellendorff schrieb im Vorwort seiner Übersetzung des *Hippolytos* von Euripides: „Die Übersetzung eines griechischen Gedichtes ist etwas, was nur ein Philologe machen kann, ist aber doch nichts philologisches [sic].“[17] Der italienische Klassische Philologe Marcello Gigante unterstrich:[18]

La mediazione di un classico non è definitiva, come non è definitiva la critica. Omero resta, i suoi traduttori si succedono. [...] La traduzione è opera imperfetta e incompiuta, un'opera aperta: senza

---

16 S. Ludwig 1991; Korenjak 2016, 177 und 255.

17 Wilamowitz-Moellendorff 1891, 1. Die berühmtesten Aussagen von Wilamowitz zum Übersetzen, u.a. als eine Form der Metempsychose, finden sich in seinem Beitrag „Was ist übersetzen?“ (1925).

18 Gigante 1991, 166.

coronidi o colofoni. Domani è un altro giorno: ricomincia la vita nuova del classico antico.

> Die Vermittlung eines Klassikers ist nicht definitiv, ebenso wie es die Kritik nicht ist. Homer bleibt, seine Übersetzer folgen aufeinander. [...] Die Übersetzung ist ein unvollendetes Werk, ein offenes Werk: ohne Koronis oder Kolophon. Morgen ist ein neuer Tag: Es beginnt das neue Leben des antiken Klassikers.[19]

Um klassischen Texten ein neues Leben zu geben, braucht es stets neue Übersetzungen, denn Übersetzungen sind zeitlich gebunden und altern, ja veralten. Die Übersetzungen von Wilamowitz beispielsweise hatten zu ihrer Zeit einen großen Erfolg, heute aber funktionieren sie nicht mehr. Das Übersetzen ist eine Aufgabe, die jede Generation aufs Neue übernehmen muss. Wie muss man heutzutage übersetzen, und welche Rolle müssen die Philologen dabei auf sich nehmen? Der Latinist Manfred Fuhrmann, der auch außerhalb des eigenen Faches bekannt war, stellte sich diese Frage und antwortete:[20]

> Niemand mehr ist verpflichtet, das Altertum einzig und allein als etwas Erhabenes, Monumentales, Ideales, Entrücktes zu verstehen, als herausragendes Paradigma der Weltgeschichte, als bewundernswürdiges Dokument der Weltvernunft. Die professionellen Vermittler, die Philologen, würden kaum noch ernst genommen, wenn sie sich wie einst reglementierend und strenge Auslese haltend zwischen die Antike und uns Heutige stellen wollten; sie gleichen eher geduldigen und bescheidenen Handlangern, die durch Übersetzungen und Kommentare, durch Einführungen und Namensregister das pure Textverständnis zu ermöglichen und zu erleichtern suchen.

Um das reine Textverständnis zu ermöglichen, um die antiken Texte verständlich und lesbar zu machen, muss die Klassische Philologie entspre-

---

19 Übersetzung von der Verfasserin.
20 Fuhrmann 1990, 37. Zu Fuhrmann, auch zu seinen Übersetzungen und Übersetzungsreflexionen, s. Mindt 2008.

chende Kompetenzen vorweisen, um diese so wichtige Rolle auf dem Gebiet entsprechend ausfüllen zu können. Die Tätigkeit des Übersetzens hat jedoch bisher noch immer nicht den Wert und die Anerkennung innerhalb des Faches, die sie verdienen müsste. Wissenschaftler und Forscher der Klassischen Philologie und der Altertumswissenschaften – in Englisch *Classics* – sollten sich aber der Übersetzung ernsthaft annehmen. Denn das Übersetzen ist einer der kulturellen Akte, durch die ein Werk den Status eines Klassikers erhält – und behält. Wir Philologen sollten unsere Klassiker als Teil eines europäischen Kanons in adäquater Weise vermitteln, die sowohl den Texten selbst wie auch den Lesern von heute und morgen gerecht wird.

b) Das Übersetzen aus dem Lateinischen: Grundlagen einer lateinischen Translatologie

Für das Übersetzen aus dem Griechischen und Lateinischen fehlt bisher ein Ansatz, den man wirklich als translatologisch bezeichnen könnte. Aus der Perspektive der Latinistik sei hier kurz der Forschungstand zum Übersetzen aus dem Lateinischen skizziert:[21]

Das Übersetzen aus dem Lateinischen ist ein komplexes Forschungsfeld, das erst noch genau zu bestimmen ist und das eine multidisziplinäre Perspektive und Kompetenzen in verschiedenen Disziplinen erfordert. Die Ergebnisse der Translationswissenschaft und Übersetzungsforschung (*translation science/translation studies*) müssen für das Lateinische fruchtbar gemacht werden, sowohl sprach- wie literaturwissenschaftlich. Ebenso müssen entsprechende zielsprachliche Kompetenzen vorhanden sein. Die Zusammenführung der für das Übersetzen aus dem Lateinischen relevanten Teildisziplinen ist bisher weitgehend ausgeblieben.

Ein erster Schritt, um eine solche umfassende Perspektive einzunehmen, ist im Juni 2018 an der Bergischen Universität Wuppertal mit dem Workshop „Übersetzen aus dem Lateinischen. Aufgaben. Fragen. Konzepte" unternommen worden, wo translationswissenschafliche, sprachwissenschaftliche, literaturwissenschaftliche, didaktische und übersetzungspraktische Perspektiven berücksichtigt wurden.[22] Gleichzeitig sind dabei die Lücken deutlich hervorgetreten.

---

21 S. ausführlicher Mindt 2020a.
22 S. Freund/Mindt (Hrsg.) 2020.

Wenn über die Übersetzungsmethode diskutiert wird, fällt häufig der Begriff ‚treu‘, doch diese Kategorie ist viel zu vage: treu was und wem gegenüber? Die Translationswissenschaft verwendet die Termini Äquivalenz und Adäquatheit. Die Klassische Philologie muss sich anderen Disziplinen öffnen, deren Überlegungen zum Übersetzen zur Kenntnis nehmen und dort, wo es sinnvoll ist, wie in diesem Fall, auch deren Terminologie anwenden.[23] Ebenso werden häufig dichotomische Kategorien gebraucht: frei – wörtlich, verfremdend – assimilierend.[24] Solche Kategorien sind sehr nützlich, um bestehende Übersetzungen in ihrer Grundausrichtung einzuordnen, aber sie implizieren den Eindruck, als gäbe es eine klare richtige Entscheidung bei der Wahl der Übersetzungsmethode. In der Translatologie wird diese ideologische Diskussion als vorwissenschaftlich eingestuft.[25] Ich würde die Nützlichkeit dieser Fragestellung nach Grundtypen der Übersetzung nicht so vollständig in Frage stellen, aber natürlich gibt es nicht eine einzig universal anwendbare richtige Methode für das Übersetzen, die man auf alle lateinischen Texte anwenden kann: Vielmehr ist für jeden einzelnen Text (und Abschnitt!) eine adäquate Übersetzungsstrategie zu wählen, und häufig wird in der Praxis auf Mischformen zurückzugreifen sein.

Es muss mehr Gewicht auf die Textlinguistik und Pragmatik gelegt werden, da die Übersetzungsentscheidungen stark von Texttypen abhängen.[26] Das Übersetzen ist eine komplexe Kommunikationsform, die quasi verdoppelt ist: Zum kommunikativen Dreieck von Autor – (Ausgangs-) Text – Leser (des Ausgangstextes) kommt ein paralleles Kommunikationsdreieck von Übersetzer – Zieltext – Leser des Zieltextes hinzu.[27] Je nach spezifischem verdoppeltem Dreieck ist eine entsprechende Übersetzungsentscheidung zu treffen. Die Analyse, die für neuanzufertigende Übersetzungen vorzunehmen ist, muss ebenso genau sein wie eine, die bei vorliegenden Übersetzungen vorgenommen wird: In den *translation*

---

23 Zu formaler und dynamischer Äquivalenz s. Nida/Taber 1982. Zu unterschiedlichen Äquivalenzbegriffen s. auch Koller ⁵1997.
24 Zur (Nicht-)Sichtbarkeit des Übersetzers s. Venuti 1995 sowie schon Berman 1984, mit Ausführungen u.a. zu Schleiermacher.
25 S. etwa Sinner im Erscheinen sowie Sinner 2019.
26 Für die zentrale Rolle der Texttypologie für Übersetzungsentscheidungen s. Reiß 1971 und Reiß/Vermeer 1984; zur übersetzungsrelevanten Textanalyse s. Nord 2004.
27 S. Poiss/Kitzbichler/Fantino 2016, v.a. 373, mit Anlehnung an Münzberg 2003, 137.

studies gibt es detaillierte Kriterien zu Übersetzungsanalyse und -kritik. Historische Übersetzungsforschung analysiert nicht nur den textlichen Aspekt, sondern kontextualisieren die Übersetzungen auch – ebendies ist für neue Übersetzungen zu berücksichtigen. Daher müssen zentrale Fragen des Übersetzers sein: Für wen übersetze ich? Wer liest die Texte? Wie setzt sich das anzunehmende Publikum zusammen? – Welche Texte übersetze ich? Was interessiert? – Wie übersetze ich? Welcher Aspekt des Textes ist mir wichtig?

Die Latinistik muss also den Kontakt und den Austausch mit der Translationswissenschaft und Übersetzungsforschung verbessern und deren Ergebnisse auf die lateinischen Texte anwendbar machen. Doch die Latinistik sollte nicht nur auf andere Disziplinen schauen; sie muss auch Untersuchungen auf dem Gebiet der Lateinischen Linguistik selbst vorantreiben und die übersetzungsrelevanten Ergebnisse stärker sichtbar und anwendbar machen. Auch wenn in den letzten Jahren Fortschritte in der Lateinischen Linguistik erzielt wurden,[28] fehlt eine Translationsgrammatik bisher noch.

Die Klassische Philologie sollte zudem testen, ob die Instrumente der *digital humanities* sinnvoll für Übersetzungsprozesse genutzt werden können und inwieweit vielleicht neue, spezifischere entwickelt werden müssen. Dies könnte die instrumentelle Kompetenz stärken, denn die sprachliche Kompetenz stellt nur eine von vielen notwendigen Kompetenzen dar, um eine professionelle Übersetzung herzustellen, wie zurecht von der modernen Translationsprozessforschung betont wird.[29]

Kurzum: Übersetzen bedeutet nicht einfach, ein Wort durch ein anderes zu ersetzen, einen Satz durch einen anderen, einen Text durch einen anderen. Übersetzen ist auch eine Aktivität kulturellen Austauschs. Es sind professionelle Übersetzungen vonnöten, um unsere Texte an die Kultur des gegenwärtigen und zukünftigen Europas weiterzugeben. Dazu

28 Wichtige Publikationen der letzten Jahre, aus denen man Konsequenzen für das Übersetzen ziehen kann, sind: Devine/Stephens 2006; Baldi/Cuzzolin (Hrsg.) 2009–2011; Hoffmann 2010; Spevak 2010; Oniga/Iovino/Giusti (Hrsg.) 2011, darin vor allem Balbo 2011; Devine/Stephens 2013; Pinkster 2015; Pinkster 2016; Dankckaert 2017; Hoffmann 2018. Zur sprachwissenschaftlichen Perspektive des Übersetzens aus dem Lateinischen s. Hoffmann 2020 und Liebermann 2020 in Freund/Mindt (Hrsg.) 2020.
29 S. die Forschungsgruppe „Process in Acquisition of Translation Competence and Evaluation": PACTE 2003.

brauchen wir eine Professionalisierung des Übersetzungsprozesses, eine Translationsgrammatik und eine Translatologie der Alten Sprachen. Kulturelle und linguistische Perspektive müssen zusammenlaufen.[30] Dann können wir entscheiden, welche Antike wir für das kollektive Gedächtnis wollen, für die aktuelle und zukünftigen Generationen Europas, und wie wir diese durch adäquate Übersetzungen vermitteln können.

30 Zur Übersetzungsforschung als Bindeglied zwischen Sprach-, Literatur-, und Kulturwissenschaft vgl. Albrecht (2008).

Literaturverzeichnis

Albrecht, Jörn (2008), Wiedergeburt der Philologie aus dem Geiste der Übersetzung? Die Übersetzungsforschung als Bindeglied zwischen Sprach-, Literatur- und Kulturwissenschaft, in: Christoph Strosetzki (Hrsg.), Übersetzung. Ursprung und Zukunft der Philologie?, Tübingen, 45–64.

Bachmann-Medick, Doris (2009), The Translational Turn, in dies. (Hrsg.), Translation Studies, Special Issue, Band 2, H. 1, London, 2–16.

Balbo, Andrea (2011), Pragmatic Aspects of Teaching Translation Methods from Latin to Italian, in: Renato Oniga/Rossella Iovino/Giuliana Giusti (Hrsg.), Formal Linguistics and the Teaching of Latin. Theoretical and Applied Perspectives in Comparative Grammar, Newcastle upon Tyne, 371–392.

Baldi, Philip/Cuzzolin, Pierluigi (Hrsg.) (2009–2011), New Perspectives on Historical Latin Syntax, 4 Bände, Berlin.

Bassnett, Susan/Lefevere, André (1990), Translating, History and Culture, London.

Bergemann, Lutz u.a. (2011), Transformation. Ein Konzept zur Erforschung kulturellen Wandels, in: Hartmut Böhme u.a. (Hrsg.), Transformation. Ein Konzept zur Erforschung kulturellen Wandels, München, 39–56.

Berman, Antoine (1984), L'épreuve de l'étranger. Culture et traduction dans l'Allemagne romantique: Herder, Goethe, Schlegel, Novalis, Humboldt, Schleiermacher, Hölderlin, Paris. (auf Italienisch: Berman, Antoine (1997), La prova dell'estraneo. Cultura e traduzione nella Germania romantica, trad. it. di G. Giometti, Macerata.)

Bernard-Pradelle, Laurence (2016), Translating: the art of interpreting ancient texts, Encyclopédie pour une histoire nouvelle de l'Europe. (online unter: https://ehne.fr/en/article/european-humanism/cultural-heritage/translating-art-interpreting-ancient-text [Stand: 28.08.2019].

Bettini, Maurizio (2012), Vertere: un'antropologia della traduzione nella cultura antica, Torino.

Brodersen, Kai (2008), Aristeas. Der König und die Bibel, Griechisch/Deutsch, übersetzt und herausgegeben von Kai Brodersen, Stuttgart.

Danckaert, Lieven (2017), The Development of Latin Clause Structure: A Study of the Extended Verb Phrase, Oxford.

Devine, Andrew M./Stephens, Laurence D. (2006), Latin Word Order. Structured Meaning and Information, Oxford.

– (2013), Semantics for Latin: An Introduction, Oxford.

Eco, Umberto (2003), Dire quasi la stessa cosa. Esperienze di traduzione, Milano (auf Deutsch: Quasi dasselbe mit anderen Worten: Über das Übersetzen, aus dem Italienischen von Burkhart Kroeber, München 2006).

Freund, Stefan/Mindt, Nina (Hrsg.) (2020), Übersetzen aus dem Lateinischen als Forschungsfeld. Aufgaben, Fragen, Konzepte, Tübingen.

Fuhrmann, Manfred (1990), Die Griechen, die Römer und wir Heutige, in: 3000 Jahre Gegenwart. Zur Bibliothek der Antike im Deutschen Taschenbuch Verlag, München, 23–44.

Gigante, Marcello (1991), Tradurre in prosa, tradurre in poesia, in: Salvatore Nicosia (Hrsg.), La traduzione dei testi classici. Teoria prassi storia, Atti del Convegno di Palermo 6–9 aprile 1988, Napoli, 139–166.

Hermans, Theo (1999), Translation in Systems: Descriptive and System-Oriented Approaches Explained, Manchester.

Hoffmann, Roland (2010), Latin Word Order Revisited. Information Structure of Topic and Focus, in: Peter Anreiter/Manfred Kienpointner (Hrsg.), Latin Linguistics Today, Innsbruck, 267–280.

– (2018), Lateinische Linguistik. Morphosyntax und Syntax in einzelsprachlicher und typologischer Perspektive, Hamburg.

– (2020), Der Vorgang des Übersetzens aus dem Lateinischen aus der Sicht heutiger linguistischer Theorien, in: Stefan Freund/Nina Mindt (Hrsg.), Übersetzen aus dem Lateinischen als Forschungsfeld: Aufgaben, Fragen, Konzepte, Tübingen, 143–173.

Jakobson, Roman (1959), On Linguistic Aspects of Translation, in: R.A. Brower (Hrsg.), On Translation, Harvard, 232–239. (auf Deutsch: Jakobson, Roman (1974), Linguistische Aspekte der Übersetzung, in ders., Form und Sinn. Sprachwissenschaftliche Betrachtungen, München 154–161; auf Italienisch: Jakobson, Roman (1994), Aspetti linguistici della traduzione, in Saggi di linguistica generale, a cura di Luigi Heilmann, trad. di Luigi Heilmann e Letizia Grassi, Milano, 56–64.)

Jellicoe, Sidney (1978), The Septuagint and Modern Study, Ann Arbor.

Kitzbichler, Josefine/Lubitz, Katja/Mindt, Nina (2009), Theorie der Übersetzung antiker Literatur in Deutschland seit 1800, Berlin.

– (Hrsg.) (2009), Dokumente zur Theorie der Übersetzung antiker Literatur in Deutschland seit 1800, Berlin.

–/Stephan Ulrike (Hrsg.) (2016), Studien zur Praxis der Übersetzung antiker Literatur. Geschichte – Analysen – Kritik, Berlin.

Koller, Werner (⁵1997), Einführung in die Übersetzungswissenschaft, Wiesbaden.

Korenjak, Martin (2016), Geschichte der neulateinischen Literatur: vom Humanismus bis zur Gegenwart, München.

Lefevere, André (1992), Translation, Rewriting, and the Manipulation of Literary Fame, London.

Liebermann, Bianca (2020), Schnittstellen zwischen Systemlinguistik und Translatologie – Problemorientierte Beispielanalyse, in: Stefan Freund/Nina Mindt (Hrsg.), Übersetzen aus dem Lateinischen als Forschungsfeld: Aufgaben, Fragen, Konzepte, Tübingen.

Ludwig, Walther (1991), Über die Folgen der Lateinarmut in den Geisteswissenschaften, Gymnasium 89, 139–158.

McElduff, Siobhán/Sciarrino, Enrica (Hrsg.) (2011), Complicating the History of Western Translation: The Ancient Mediterranean in Perspective, Manchester.

– (2013), Roman Theories of Translation. Surpassing the Source, New York.

Mindt, Nina (2008), Die Antike und ihr Vermittler. Manfred Fuhrmann als Übersetzer, Berlin.

– (2018), Tradurre l'antichità: una funzione fondamentale della filologia classica per l'Europa", in: Atene&Roma n.s. 12, 3–4 (2018), 341–351.

– (2020a), Übersetzen aus dem Lateinischen als Forschungsfeld – auf dem Weg zu einer lateinischen Translatologie?, in: Stefan Freund/Nina Mindt (Hrsg.), Übersetzen aus dem Lateinischen als Forschungsfeld: Aufgaben, Fragen, Konzepte, Tübingen, 19-32.

– (2020b), Translation (history) studies: ‚Übersetzungstheoriegeschichte' und Übersetzungsforschung aus latinistischer Perspektive. Standortbestimmung und Konsequenzen, in: Stefan Freund/Nina Mindt (Hrsg.), Übersetzen aus dem Lateinischen als Forschungsfeld: Aufgaben, Fragen, Konzepte, Tübingen, 35–39.

Nergaard, Siri (Hrsg) (1993), La teoria della traduzione nella storia, Milano.

Münzberg, Franziska (2003), Die Darstellungsfunktion der Übersetzung. Zur Rekonstruktion von Übersetzungsmodellen aus dem 18. Jahrhundert, Frankfurt.

Nida, Eugen/Taber, Charles (1982), The Theory and Practice of Translation, Leiden.

Nord, Christiane (2004), Textanalyse und Übersetzen, Theoretische Grundlagen, Methode und didaktische Anwendung einer übersetzungsrelevanten Textanalyse, Heidelberg.

Oniga, Renato/Iovino, Rossella/Giusti, Giuliana (Hrsg.), (2011), Formal Linguistics and the Teaching of Latin. Theoretical and Applied Perspectives in Comparative Grammar, Newcastle upon Tyne.

PACTE (2003), Building a Translation Competence Model, in: Fabio Alvres (Hrsg.), Triangulating Translation. Perspectives in Process Oriented Research, Amsterdam, 43–66.

Pinkster, Harm (2015), The Oxford Latin Syntax, vol. 1: The Simple Clause, Oxford.

– (2016), Developments in Latin Syntax after the Publication of Szantyr, in: V. Patrizia Cordia/Alessandro Parenti (Hrsg.), Problemi e prospettive della linguistica storica, Atti del XL Convegno della Società Italiana di Glottologia, Trento, 75–92.

Poiss, Thomas/Kitzbichler, Josefine/Fantino, Enrica (2016), Reflexionen über ein mögliches Instrumentarium zur Analyse von Übersetzungen griechischer und lateinischer Texte, in: Josefine Kitzbichler/Ulrike Stephan (Hrsg.), Studien zur Praxis der Übersetzung antiker Literatur. Geschichte – Analysen – Kritik, Berlin, 361–401.

Powell, Jonathan G. F. (2007), Translation and Culture in Ancient Rome: Cicero's Theory and Practice of Translation, in: Harald Kittel u.a. (Hrsg.): Übersetzung – Translation – Traduction. Ein internationales Handbuch zur Übersetzungsforschung, Band 2, Berlin, 1132–1137.

Reiß, Katharina (1971), Möglichkeiten und Grenzen der Übersetzungskritik. Kategorien und Kriterien für eine sachgerechte Beurteilung von Übersetzungen, München.

–/Vermeer, Hans Josef (1984), Grundlegung einer allgemeinen Übersetzungswissenschaft, Tübingen.

Rösel, Martin (2008), Schreiber, Übersetzer, Theologen: Die Septuaginta als Dokument der Schrift-, Lese- und Übersetzungskulturen des Judentums, in: Martin Karrer/Wolfgang Kraus, (Hrsg.), Die Septuaginta – Texte, Kontexte, Lebenswelten. Internationale Fachtagung veranstaltet von Septuaginta Deutsch (LXX.D), Wuppertal 20.–23. Juli 2006, Tübingen, 83–102.

Schleiermacher, Friedrich Daniel Ernst (1813), Ueber die verschiedenen Methoden des Uebersetzens, in: ders., Kritische Gesamtausgabe, 1. Abteilung, Band 11 (Akademievorträge), herausgegeben von Martin Rössler, Berlin 2002, 67–93 (s. auch in: Kitzbichler, Josefine/Lubitz, Katja/Mindt, Nina (Hrsg.) (2009), Dokumente zur Theorie der Übersetzung antiker Literatur in Deutschland seit 1800, Berlin, 59–81).

Störig, Hans-Joachim (Hrsg.) (1963), Das Problem des Übersetzens, Darmstadt.

Seele, Astrid (1995), Römische Übersetzer. Nöte, Freiheiten, Absichten. Verfahren des literarischen Übersetzens in der griechisch-römischen Antike, Darmstadt.

Sinner, Carsten (2020), Ein translatologischer Blick auf die Übersetzung aus dem Lateinischen und die theoretische Auseinandersetzung mit der Übersetzung aus dem Lateinischen, in: Stefan Freund/Nina Mindt (Hrsg.), Übersetzen aus dem Lateinischen als Forschungsfeld: Aufgaben, Fragen, Konzepte, Tübingen, 61–97.

– (im Erscheinen), Traductologie, in Lidia Becker/Sandra Herling/Holger Wochele (Hrsg.), Manuals of Romance Linguistics. Manuel de linguistique populaire, Berlin.

Spevak, Olga (2010), Constituent Order in Latin Prose, Amsterdam.

Toury, Gideon (1995), Descriptive Translation Studies and Beyond, Amsterdam.

Traina, Alfonso (1989), Le traduzioni, in: Guglielmo Cavallo u.a. (Hrsg.): Lo spazio letterario di Roma antica II: La circolazione del testo, Rom, 93–123.

Venuti, Lawrence (1995), The Translator's Invisibility, New York.

Weissengruber, Rainer (2005), Die Vermittlung der Botschaft der Menschen der Antike, in: Gherardo Ugolini (Hrsg.), Die Kraft der Vergangenheit. Mythos und Realität der klassischen Kultur/La forza del passato. Mito e realtà della cultura classica, Akten der deutsch-italienischen Tagung des Centrum Latinitatis Europae (Berlin, 29–30 November 2003), Hildesheim, 111–120.

Wilamowitz-Moellendorff, Ulrich von (1891), Euripides. Hippolytos, Berlin.

– (1925), Was ist übersetzen?, in ders., Reden und Vorträge, 4. umgearbeitete Auflage, Band 1, Berlin, 1–36 (s. auch: Kitzbichler/Lubitz/Mindt (Hrsg.) (2009), Dokumente zur Theorie der Übersetzung antiker Literatur in Deutschland seit 1800, Berlin, 325–349).

Dionysos in Athen.
Die politische Tragödie und die „Nüchternheit zweiter Ordnung"

Hans J. Lietzmann

> Die Griechen sind uns nicht bloß ein nützlich historisch zu ken-
> nendes Volk, sondern ein Ideal.[1]

In der Notiz Wilhelm von Humboldts von 1806 kristallisiert sich die
weit verbreitete Interpretation des idealistischen 19. Jahrhunderts und
seiner intellektuellen ‚Mandarine' heraus. Doch die realgeschichtliche
Interpretation der politischen Institutionen und der tatsächlichen gesellschaftlichen Dynamiken der Antike sind in den Anschauungen der
Alten Geschichte äußerst ambivalent. Auch in der Altphilologie ist sie
systematisch unterentwickelt. Aber sie ist auch in der Politikwissenschaft
enorm bruchstückhaft, sowohl in der gegenwärtigen Debatte als auch in
den Formen der älteren „Lehre von der Politik", dem traditionsreichen
Mitglied der Philosophischen Fakultät des 16. und 17. Jahrhunderts. Mit
einer Tradition bis in das 19. Jahrhundert hinein standen hier Fragen der
normativen und ethischen Orientierung im Vordergrund.

---

1 Wilhelm von Humboldt 1907, 609.

Dionysos in Athen.
Die politische Tragödie und die „Nüchternheit zweiter Ordnung"

237

Aus der je eigenen Perspektive der unterschiedlichen Wissenschaften sind jeweils prekäre Missverständnisse und Fehlinterpretationen eher die Regel als die Ausnahme. So legt beispielsweise die zeitliche und regionale Eingrenzung der „Antike" auf das Athen des 8. bis 4. vorchristlichen Jahrhunderts und dann das spätere Rom, wie es in der Politikwissenschaft üblich ist, den Grundstein für vielfältige Fehlinterpretationen;[2] denn sie absolutiert und überhöht institutionelle Strukturen, die einer sehr spezifischen politisch kulturellen Konstellation entsprachen, die weder in der Zeit davor noch in der späteren Folge stilbildend wirken konnten. Aber auch die Altphilologie und die Alte Geschichte unternehmen idealistische Parallelisierungen, z.B. in der Übersetzung der Πολιτέια als „Staat" oder des Νόμος als „Verfassung", die völlig fehlgeleitete, nämlich nationalstaatliche Assoziationen und Verständnisse zementieren; sie verstellen ein angemessenes Verständnis sowohl der komplexen Dynamiken der antiken gesellschaftlichen Realität als auch der Konnotationen, denen eine gegenwärtige Politik und Verfassungsstaatlichkeit ausgesetzt sind.

Wenn wir hingegen die Institutionen und Konflikte im Griechenland der klassischen Epoche in den Rahmen ihrer politischen Dynamiken stellen, so verstehen wir sie aus ihrem sozialen Sinn heraus. Daraus können sich erstaunliche Perspektiven auch für unsere gegenwärtigen Fragen in Deutschland und Europa ergeben.

1. Der Epochenbruch der Athener Πόλις

Tatsächlich war die klassische Epoche in Athen eine Zeit des Umbruchs und des Überganges. Sie begann damit, dass eine alte, aristokratische Form der Herrschaftsausübung ihre Wirkungskraft verlor und dass eine neue Organisation der Öffentlichkeit sich peu á peu durchsetzte. Der Areopag, der ursprüngliche Rat der reinen Adelsherrschaft, verlor unter Solon und den sich fortsetzenden Reformen zunehmend seine einflussreiche Stellung als institutionell-politisches Entscheidungsgremium. Er wurde sukzessive auf ein interfamiales und informatives Schiedsgericht zurückgestuft und durch neue Entscheidungsgremien verdrängt. Die alte Form

---

2 Nippel 1992; Klöckner 1992.

des Legitimitätsglaubens erodierte und neue Wege der Vertrauensbildung in die politische Führung bahnten sich an. Dies stand in unmittelbarem Zusammenhang mit dem Zusammenbruch und dem Legitimationsverlust des regionalen Adels in Attika und der Auflösung der rein patrimonialen Lebensformen; im Zuge neuer Handelsökonomien und einer wesentlich erweiterten ökonomischen Tätigkeit der städtischen Gesellschaft und ihren Herausforderungen, hatten sich neue Formen der ethischen Interpretationsmacht und der politischen Entscheidung herausgebildet. Es beruhte dies – anders als die Philologie es in ihrer textorientierten Perspektive verständlicherweise in den Blick bekommt – nicht allein auf der Leistung einer intellektuellen Elite, sondern es war Kern einer „Sozialgeschichte des politischen Denkens [...], [des] intellektuelle[n] Vordringen[s] einer ganzen Gesellschaft", die sich von Grund auf und auf breiter Basis „politisierte".[3]

Zunächst stand im Zentrum dieser Entwicklung das Orakel von Delphi, das noch lange Zeit eine bestimmende Rolle einnahm. Die Priesterschaft dieser Delphi-Theologie vertrat eine weitgespannte und in der Bevölkerung tief verankerte, quasi-religiöse Sicht auf die Wirklichkeit sowie deren ethisch-politische Beurteilung. An die Stelle der traditionellen, aristokratisch-autoritativen Hierarchien waren „Weisheiten" und Interpretationen getreten, die sich auf die Lebensführung, die wirtschaftliche Struktur, die Ernährung und alle Fragen des Alltags bezogen. Formuliert wurden sie von einer priesterlichen Elite, deren – wie man meinte – tiefere Einsicht sich aus den Regeln der Gottheiten und deren Vorstellung von Welt und Polis ableiteten. Es sind dies Frühformen einer bürgerlichen Vergesellschaftung, wie wir sie aus vielen Gesellschaften kennen; meist verbinden sie sich mit Religion und mit „Räten der Weisen" oder „Hütern der Verfassung". Ihr Hintergrund ist der Niedergang rein autoritativer Strukturen und der entstehende Bedarf an Argumenten. Es verdeutlicht, dass Herrschaft nurmehr als „begründet" hingenommen wurde; Autoritäten sind auf Überzeugungskraft angewiesen. Dass dies zunächst religiöse oder normative Gründe sind, ist ein erster, aber wichtiger Schritt zu neuen Formen politischer Herrschaft. In Platons Überhöhung des Νόμος als einer göttlichen Ordnung fand auch dieser Wandel seine traditionelle

3 Meier 1980, 70, 72, 73.

Dionysos in Athen.
Die politische Tragödie und die „Nüchternheit zweiter Ordnung"

239

Gestalt; dass Platon diese Ordnung überhaupt – durch dazu berufene Personen, z.B. der Philosophen – der Auslegung zugänglich erachtete, darin bestand seine Modernität. Dass er diese Interpretation einer sehr exklusiven Gruppe von Menschen zuerkannte, darin kann man seine Konventionalität erkennen.

Schon in der eher empirisch ausgerichteten Sammlung von Verfassungsentwürfen, wie sie von Aristoteles berichtet wird, sehen wir dann allerdings einen weiteren großen Entwicklungsschritt. Die „Politisierung" ergreift nun die gesamte Struktur der Polis-Ordnung; der Inhalt und auch die Kompetenz zur Gestaltung des Νόμος wird universeller. Nicht mehr nur normative Begründungen aus dem Äther einer göttlichen Ordnung bestimmen die Richtigkeit und Akzeptanz politischer Herrschaft, sondern die gesamte politische Organisationsstruktur wird Gegenstand der Interpretation. Und diese Interpretation ist nicht dem Arkanum der Philosophen vorbehalten, sondern wird Gegenstand gesellschaftlicher Debatten: der Öffentlichkeit der „politischen" Agora. Die heterogene Vielzahl der mehr als hundert Verfassungen, die Aristoteles aus dem gesamten Mittelmeerraum zusammenträgt, lässt ihre „Kontingenz", d.h. die unterschiedlichsten Möglichkeiten politischer Ordnung sichtbar werden. Dass sie – für Aristoteles und auch seine Zeitgenossen – in das Gesichtsfeld treten und aufmerksam wahrgenommen werden, ist der deutliche Hinweis auf die dynamische Sozialgeschichte des politischen Denkens jener Zeit. Das, was Christian Meier zu Recht als die „Politisierung" der Polis beschreibt, ist die Überformung der gesamten politischen Ordnung mit einer nicht mehr nur normativ-esoterischen, von Priestern und Weisen „erkannten" und interpretierten traditionellen Ordnungs„vorstellung", sondern es ist die konkrete, institutionell verfestigte und „künstliche" Ordnung der Polis.[4] Wie ein „künstlicher Gott" wird der Νόμος selbst Gegenstand der Beratung und Entscheidung. Das Ergebnis der „politischen" Aushandlung gilt für alle Menschen und sozialen Schichten der Stadtgesellschaft und ist verbindlich. Es entspricht dem neuen Selbstverständnis der Bürger der Polis, die sich jenseits der Pluralität ihrer individuellen und familiären Lebensführung auf eine übergeordnete gemeinsame, politische Ordnung verständigen wollen. Eine Ordnung, die unabhängig von ihren je unter-

4 Meier 1980, 150.

schiedlichen moralischen, ethischen, ökonomischen und partikularen Interessen Gültigkeit hat: Die „politischen" Bürger Athens haben ein Lebensgefühl der Gemeinsamkeit jenseits ihr Partikularität entwickelt. Und die Erkenntnis, dass aus der partikulären lebensweltlichen Orientierung, ihren Verbindlichkeiten für das Leben der Generationen und Familien, nicht unmittelbar auf eine allgemeingültige politische Ordnung geschlossen werden kann, wird zum Kern dieses „Modernisierungs"- oder Entwicklungsprozesses in der klassischen Epoche der Athener Polis. Sie ist eine Gesellschaft im Übergang. Und sie zeigt alle Anzeichen einer solchen Transformationsgesellschaft. Im Guten wie im Problematischen.

Denn natürlich vollzieht sich dieser Prozess nicht reibungslos. Die Gleichzeitigkeit des Ungleichzeitigen, die Reibungsverluste zwischen dem Überkommenen und dem Neuen imprägnieren die gesamte Politik und die Gesellschaft. Die Athener Gesellschaft geriet durch ihre rasante ökonomische und regionale Entwicklung immer wieder in Widersprüche zu ihren traditionellen und ethischen Paradigmen. Die Maßstäbe hielten mit der Entwicklung nicht mit; und die von außen sich aufdrängenden Probleme gerieten mit den überkommenen Anschauungen in Konflikt.[5] Es entstand Unsicherheit, welche Kriterien angelegt werden sollten: die ethischen aus der vor-politischen Tradition oder die politisch-vertraglich ausgehandelten. Die alten Regeln der familialen und aristokratischen Gesellschaften, Blutrache und Fehde oder das Patriarchat erhoben immer wieder ihr Haupt; in den Lebenswirklichkeiten und Überzeugungen der Menschen dauerten sie weiter fort; sie ragten immer aufs Neue in die politisch gestaltete, vernunftorientierte Ordnung hinein. Die Rationalisierung der Politik bringt die Enttraditionalisierung unmittelbar mit sich. Das politisch Abstrakte stritt mit dem ethisch Konkreten.

Das selbstbewusste Athener Bürgertum gestaltete seine Politik nach seinen rationalen Erfordernissen; sie schufen sich eine enttraditionalisierte „Performanz" und sicherten sich dadurch die geistige und reale Beweglichkeit für grundlegend neue Möglichkeiten und Horizonte. Zugleich wurde diese neue Rationalität aber auch zu einem Gestalter der Athener Lebenswelt selbst; die Familien, die Einzelnen und ihre eigene ethische „Performanz" gerieten in den Sog dieser Rationalität. Nicht nur

5 Meier 1985, 14.

Dionysos in Athen.
Die politische Tragödie und die „Nüchternheit zweiter Ordnung"

241

die Bürger gestalteten ihre Umwelt, sondern die neue Umwelt gestaltete auch die Lebenswelt der Stadt. Wir haben es deshalb hier mit nicht weniger als einem „Epochenbruch" oder einer „Sattelzeit" zu tun. Das bedeutet, dass eine Epoche der grundlegenden Umorientierung von Struktur und Denken ganzer Regionen entsteht.

Die Größe, die Klugheit und Besonderheit der Athenischen Politik und der gesamten Gestaltung der „Πολιτεία" bestand nun darin, vor dieser Herausforderung nicht die Augen zu verschließen, sondern sich ihr – historisch gesehen gewiss nicht ganz freiwillig, aber nolens volens – gestalterisch zu stellen. Das gesamte politische System der Athener Bürger war auf eine strukturelle Balance dieser Ungleichzeitigkeiten hin ausgelegt. Und hier kommen die Gleichzeitigkeit und das räumliche Nebeneinander von Politik und Theater in der Athener Polis in den Blick.

Doch zuvor ist es nötig, einen Blick auf die Performanz der europäischen Politik der letzten Jahre unserer eigenen Zeit zu werfen.

2. Der epochale Umbruch der Europäischen Integration

Der europäische Integrationsprozess begann unmittelbar nach dem 2. Weltkrieg mit einem Ausschuss unter der Leitung der Vereinten Nationen, der sich mit dem Aufbau der „zerstörten Gebiete in Europa" befassen sollte. Geldgeber, wie z.B. die Vereinigten Staaten von Amerika und auch die UN, bestanden auf ein gemeinsames Beratungsgremium der hilfsbedürftigen Nationalstaaten in Europa. Aus diesen ersten institutionellen Wurzeln entfaltete sich in einem vielgestaltigen Prozess die spätere – rein ökonomisch orientierte – Europäische Wirtschaftsgemeinschaft (EWG). An ihrer Wiege standen zahlreiche Protagonisten, die versucht hatten, eine umfassende politische – nicht nur wirtschaftliche – Vereinigung Europas voran zu treiben. Sie alle scheiterten an den nationalistischen Vorbehalten, vornehmlich in Frankreich und Großbritannien. Die EWG war ein Zweckbündnis, das den europäischen Handel, die Schwerindustrie sowie die zivile atomare Forschung europaweit vereinigte. Es tat dies, ohne dass ein wesentlicher Einfluss auf die Lebenswelten der europäischen Gesellschaften stattfand. Die Beschränkung auf ökonomischen Handel und Wandel beließ die Einwohner der Nationalstaaten bei ihren jeweiligen ethischen, ideologischen und politischen Nationalkulturen und Eigenarten: Die jeweiligen „Spleens" dauerten fort, ohne von dem integrativen Europa erfasst oder imprägniert zu werden. Aller Fortschritt wurde in quasi-internationalen Verhandlungen zwischen den Regierungen der europäischen Mitgliedsstaaten ausgehandelt, ohne dass dieser „intergouvernementale" Verhandlungsmodus als eine neue Gestaltungskraft von den Bürgerinnen und Bürgern Europas wahrgenommen wurde. Die europäische Integration war ein Prozess, der den Menschen so uninteressant und peripher war, wie es uns heute noch für die WTO (World Trade Organisation), die WHO (World Health Organisation) oder der ICJ (International Court of Justice) erscheint: für die wenigen, die von deren Entscheidungen betroffen sind, evident besonders; für alle anderen kaum existent. Die Europäische Integration wurde in dieser Zeit getragen von einer breiten Unterstützung in den Mitgliedstaaten, – einem „permissive consensus" wie die European Studies sagten. Einer Zustimmung, die auf einem Gefühl der Nicht-Betroffenheit und Duldung dieser Verhandlungspraxis der Regierungen beruhte, die nahe bei einem Gefühl der Langweile und des Langmutes lag.

Mit dem Vertrag, den die Regierungen dann allerdings in Maastricht 1992 aushandelten, verließ das vereinigte Europa die „Intergouvernementalität" und wurde „supranational". D.h. ab diesem Moment wurde von den zentralen europäischen Entscheidungsarenen aus unmittelbar in die europäischen Nationalstaaten und ihre Gesellschaften hinein entscheiden. Lebensmittelbeschaffenheit, Ackerbau, Arbeits- und Streikbedingungen, Naturschutz, Reisefreiheiten und Passregularien, Gesundheitsvorschriften und die Sexualpolitik, die Gleichstellung von Männern und Frauen wurden nicht mehr nach den regionalen Befindlichkeiten und Vorlieben, sondern nach gesamteuropäischen, rational ausgehandelten, gemeinsamen Kriterien verbindlich geregelt. Das, was sich hier als „European Governance" entwickelte, trat in unmittelbare Konkurrenz zu den jeweiligen nationalstaatlichen Eigenheiten und Ideologemen. Vom Reinheitsgebot für deutsches Bier, französischer Stopfgänseleber, britischen Streikverboten oder skandinavischen Sozialprivilegien bis hin zu irisch-katholischen wie polnischen Abtreibungsregeln erodierten die nationalstaatlichen Wertigkeiten.

Dionysos in Athen.
Die politische Tragödie und die „Nüchternheit zweiter Ordnung"

243

Während die europäischen Gesellschaften in ihrer Mobilität und ihrem Konsum, in ihrer landwirtschaftlichen Versorgung und ihrem industriellen Handel, in ihren Bildungspraktiken und ihren kulturellen Selbstwahrnehmungen ganz selbstverständlich zusammenrücken, bleiben sie doch in dem Selbstverständnis ihrer politischen Organisationsform, der Wahl ihrer politischen Vertretungen und ihrer individuellen Vorlieben regional und divergent. Während sie selbstverständlich auf die Internationalisierung ihres Einkaufsverhaltens im Internet oder die grenzüberschreitenden Angebote bei Urlaub und Service setzen, wünschen sie sich doch auch die ebenso kitschig-provinzielle Wärme des Tante-Emma-Ladens oder des urigen Biergartens um die Ecke. Das ist alles menschlich, selbstverständlich und nachvollziehbar. Es ist die personale, liebenswerte Irrationalität in einer sich rationalisierenden Umwelt. Doch benötigt es einen Ort, an dem die dadurch entstehenden Konflikte zur Sichtbarkeit und zum Austrag gebracht werden können. Das war in Athen so und ist Europa nicht anders.

Auch Europa erlebt hier einen grundlegenden „Epochenbruch", der sich langsam auch in das Bewusstsein der europäischen Gesellschaften vorarbeitet. Die Dominanz der europäischen Regierungspolitik, die für viele ganz unverhofft und überraschend erschien, führte zu Empörung und Opposition – zu einem „restrictive dissensus". Der Verlust nationalstaatlicher Eigenarten, die Erosion regionaler Spezifika und die Auflösung von liebgewonnenen Traditionen hat vielerorts eine sozial-kulturelle Implosion zur Folge.[6] Regionalismen wie in Katalonien oder der Brexit in Großbritannien sowie die Renationalisierungen in vielen osteuropäischen Staaten müssen als Folge dieses Epochenbruches und seiner Bewusstwerdung verstanden werden; ebenso wie das Anwachsen der nationalistischen, traditionalistischen, patriotisch-regressiven und völkischen Parteien in fast der gesamten europäischen Union.

Auch hier sprechen wir von einem Prozess der europäischen „Politisierung".[7] Vordringlich ist damit zwar nicht der Übergang von einer religiös-ethischen Priesterherrschaft, wie im Athen der klassischen Epoche, zu einem Prozess der Politisierung zu verstehen; sondern es handelt sich um die Ablösung einer technokratischen Elitendominanz, die frei-

6 Lietzmann 2011.
7 Becker/Schramm 2014.

lich auch bisweilen ökonomistisch-religiöse Züge annahm durch eine umfassend politische und den gesamten Lebensraum erfassende politische Gestaltung. In Athen wie im Europa der Gegenwart handelt es sich aber gleichermaßen um die Auflösung regionaler und familialer Selbstverständigungen durch eine Entscheidungsstruktur, die übergeordnete und rationale Kriterien zur Grundlage der gesamtgesellschaftlichen Gestaltung bis hinab in die persönlichen Verhältnisse macht.

Eine der Schwierigkeiten des europäischen Epochenbruchs liegt in den unterschiedlichen Akteuren. Denn die nationalstaatlichen Regierungen scheuen davor zurück, ihre tatsächliche Mitgestaltung der europäischen Politisierung einzuräumen. Während sie kontinuierlich daran beteiligt sind, in den Entscheidungsgremien der Brüsseler EU-Zentrale die Rationalisierung eines gesamteuropäischen Projektes voranzutreiben, verhalten sie sich in ihren nationalen Arenen wie die Gralshüter der je nationalen Ethiken und Vorlieben. Während sie als transnationale Realpolitiker wirken, versuchen sie sich die inner-nationale Ethik als Image zu erhalten. Diese pharisäerhafte Imagepflege verhindert die Erkenntnis, dass sich Politik unter den gegebenen Voraussetzungen und angesichts der realen Herausforderungen nicht anders als transnational und damit zugleich als pluralistisch und rationalitätsschonend wirkungsvoll gestalten lässt.

Die Unmöglichkeit, innerhalb der politischen Strukturen der Europäischen Integration oder zumindest im Kontext der europäischen Rationalität auch die je eigenwilligen und ebenso traditionalen wie identitätsstiftenden Lebensformen zumindest zu ihrem Ausdruck – wenn schon nicht zur vollen Wirkung – zu bringen, lässt diesen Prozess der Politisierung als gegen die Menschen, gegen die Gesellschaften und gegen die traditionalen und politischen Traditionen gerichtet erscheinen. Und diese verweigerte Möglichkeit, die Ethiken zum Ausdruck zu bringen sowie die Unfähigkeit, den Konflikten zwischen den übergeordneten Rationalitäten und den ihnen ausgesetzten persönlichen Orientierungen, die ganz unvermeidbar in jeder politischen Gemeinschaft entstehen, zu einem plastischen Austrag zu verhelfen, lässt diese Konflikte unausgetragen im Untergrund der politischen Struktur zersetzend wirken. Sie wirken wie „Alp", ein schlechter Traum, der auf den realpolitischen Notwendigkeiten lastet und deren Legitimität zerstört. Er zerstört zugleich das Geborgenheitsgefühl der betroffenen Bürgerinnen und Bürger sowie ihre Identifikations-

Dionysos in Athen.
Die politische Tragödie und die „Nüchternheit zweiter Ordnung"

245

möglichkeit mit einem politischen Europa und mit der – insgesamt kaum streitigen – europaweiten Struktur der politischen Vereinheitlichung.

3. Das Dionysos-Theater und die Athenische Politik

Eine Arena für den Austrag dieses Konfliktes schuf sich die Athenische Politik in dem Dionysos-Theater und der theatralischen Praxis der Tragödien. In seiner unmittelbaren räumlichen Verbindung mit der rationalen Akropolis und der Agora verband sie die menschliche Dimension der ideellen Lebensführung mit den operativen Debatten um eine rationale Gestaltung der Πόλις – τὰ πολιτικά: der Politik.

Tatsächlich ging es hier um die Frage der gesellschaftlich geltenden „Wahrheit". Galt das priesterlich ausgelegte Dekret des Νόμος und seiner Grundsätze oder galten die ausverhandelten Regelungen der Agora? Welche Wahrheit verdrängte die andere? Oder galten sie nebeneinander? Und wenn ja, wie? Dies ließ sich für die nahe Lebenspraxis der Menschen nicht

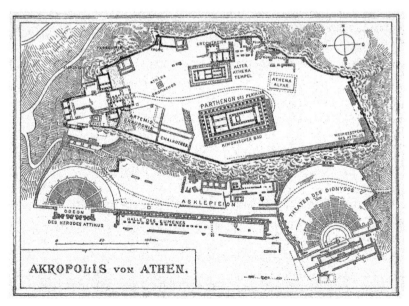

Abbildung 1: Die Akropolis von Athen.

durch eine autoritative Regelung der Politik gestalten, sondern bedurfte einer eigenen Form, einer eigenen Struktur und eines eigenen Ortes.

Wie Kinder zur Vorbereitung auf die Erwachsenenwelt auf Märchen und Sagen angewiesen sind, um sich der Härte des Daseins und ihrer Widersprüche zu wappnen, so scheint die Einwohnerschaft der Athener Polis auf die Tragödie und das Theater angewiesen. Und es gehört zu den herausragenden und viel zu selten gewürdigten Großtaten der klassischen Politik in Athen, dass sie das unmittelbare Nebeneinander der apollinischen Politik der Athener Agora und des tragischen Dionysos-Theater nicht nur passiv duldete, sondern aktiv nachbarschaftlich gestaltete.[8] Die strukturell angelegte Nachbarschaft und das unmittelbar räumliche Beieinander der Akropolis und des an seiner Flanke errichteten Dionysos-Theaters sind Ausdruck sowohl des tiefgreifenden kulturellen Konfliktes jener Epoche als auch der kulturellen Klugheit seiner Protagonisten, diesem Konflikt einen prominenten Platz in der politischen Kultur einzuräumen. Der Ort der rationalen politischen Aushandlung und der Ort der mythischen Wahrheiten und der emotionalen Zerrissenheit werden nicht in getrennte Welten und getrennte Wahrnehmungen verwiesen, sondern koexistieren mit je eigenem Recht und eigener Anerkennung in ein und derselben Hemisphäre. Nicht die Verdrängung des Konfliktes, sondern seine Austragung auf je eigenen Arenen gibt dem existentiellen Zweifel, in dem die Menschen der griechischen Entwicklungsdynamik lebten, ihren spezifischen Ausdruck.

Die Errichtung des Dionysos-Theaters und die institutionelle Verankerung des Musiktheaters war Gegenstand einer ausdrücklich politischen Entscheidung. Es gab die verbindliche Anordnung, dass pro Jahr dreimal drei Tragödien aufgeführt werden mussten, die in einem ausgeklügelten Verfahren ausgewählt wurden.[9] Für diesen Wettbewerb strömten seit Beginn des hier wichtigen 5. Jahrhunderts alljährlich im März drei Tage lang ca. 15.000 Menschen in das Dionysos-Theater am Fuße der Akropolis. So nahm in etwa ein Drittel der Athener Bevölkerung an diesem periodischen Ereignis teil; und die Teilnahme war somit wesentlich zahlreicher, als es für gültige Abstimmungen zu zentralen Fragen von Krieg und Frieden auf der rationalen Agora formal vorgeschrieben war, sowie

---

8   Buraselis 2018; Lietzmann 2005; Thunich 1992; Meier 1988.
9   Vgl. hierzu und zum Folgenden Thunich 1992; Meier 1988.

Dionysos in Athen.
Die politische Tragödie und die „Nüchternheit zweiter Ordnung"

247

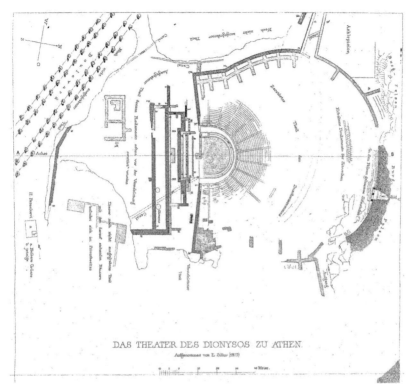

Abbildung 2:   Das Theater des Dionysos zu Athen.

um ein Vielfaches zahlreicher als die Zahl derer, die tatsächlich an den Beratungen auf der Agora teilnahmen: das Theater war „populär" und ein Kult des Jedermann. Dionysos galt insofern – in Abgrenzung zu Apollo – als der „demokratische Gott".[10]

Durch diesen Theaterwettbewerb wurden alle wesentlichen ethischen Fragen und alle Konflikte zwischen formalem athenischen Recht und privater, familialer und priesterlicher Ethik angesprochen; formales Recht stand gegen materielles Recht; Politik gegen Moral. Die Tragödien stellten den kulturellen Rahmen dafür her, dass Politik und Sakrales, Öffentliches

10   Zitiert bei Gerolemou 2011, 342.

und Privates, Rationales und Mythisches miteinander in Konflikt und ins Gespräch kamen. Fast alle griechischen Sagen sind uns durch solche Dramen überliefert, von denen in den Jahren dieses 5. Jahrhunderts etwa 1500 verfasst werden.

Zugleich spielt eine große Rolle, dass alle jene Tragödien, die uns heute bekannt sind, lediglich die Libretti einer musiktheatralischen Darstellungsform waren. Tragödien waren Singspiele, die musikalisch vorgetragen wurden. Die menschliche und allzu-menschliche Ethik trat auf im Medium der Musikalität. Sie stand zugleich als die geeignete Ausdrucksform für Emotion und Gefühligkeit. Es ist deshalb richtig, wenn Nietzsche und Carl Fuchs schreiben, dass die „Geburt der Tragödie (sich) aus dem Geist der Musik" entwickelte.[11] In der Musik kommt die ganze Einheit der Sinne zum Tragen; es verbinden sich das Kognitive und das Emotionale zu einer eigenen, besonderen Substanz. So stehen in der musikalischen Tragödie nicht mehr nur alleine das (emotionale) Dionysische und das (rationale) Apollinische sich antipodisch gegenüber, sondern es bildet sich hier ein eigenartiges, neues Verhältnis der beiden, von Natur und Kultur, heraus, das beide Seiten gleichermaßen berücksichtigt und bedient. Die Musikalität ermöglicht die Bewahrung der kulturellen, zivilen und politischen Errungenschaften ebenso wie das „Sich-Verlieren-Können" in der Amnesie, in der „geglückten Unverantwortlichkeit", wie Arnold Gehlen dies anthropologisch benennen würde.[12]

Musiktheater erlaubt – und darin liegt seine zutiefst politische Funktion – die Unterbrechung des zivilisatorischen Alltags und seiner Zumutungen. Es gibt Raum für das Eingedenken über die personale Richtigkeit des Geschehens und zu einer Distanz zu den abverlangten rationalen Verpflichtungen. Das Musiktheater tut dies aber nicht alleine als „Pause" im politischen Geschehen, als „Nebenkriegsschauplatz" oder als bloßes, folgenloses Anhängsel an einen als unverfügbar geltenden politisch-rationalen Prozess. Sondern es schafft dem Enthusiasmus und dem Nicht-Rationalen eine Stimme im Zuge des politischen Strukturierungsprozesses selbst. Es verschafft damit dem Nicht-Utilitaristischen innerhalb der sozialen Beziehungen und dem Momentum des Mitmenschlichen eine eigene, hörbare Stimme. Denn wie selbstverständlich öffnet sich das Theater,

---

11　Lietzmann 2005.
12　Zitiert bei Kaden 2004, 75.

Dionysos in Athen.
Die politische Tragödie und die „Nüchternheit zweiter Ordnung"

249

zumindest die Tragödie, auch den außerästhetischen Erfahrungen, – sie verbindet gesellschaftliche Realität mit deren ästhetischer Reflexion.[13] Deren Wirkung ist nicht folgenlos für den rationalen Entscheidungsprozess, sondern fordert das Gehört-Werden und die Berücksichtigung seiner emotiven Elemente ein. Der Raum der musikalischen Dramen und des Theaters schafft erst die soziale Kohärenz, ohne die keine rationale Entscheidung auskommen und ohne die keine politische Planung zu einer von Menschen getragenen Durchführung gelangen kann. Dass die Musik dabei wesentlich auch dem Oppositionellen, also dem Unangepassten eine Stimme leiht, gerade das gehört , wie Adorno sagt, zu „ihrem gesellschaftlichen Wahrheitsgehalt".[14] Ihr liegt ihrem Ursprung nach an einer „Kündigung des Gesellschaftsvertrages". Ihre ureigene Wahrheit besteht darin, dass sie unabhängig von politischen Normen „ohne gesellschaftliche Deckung etwas wesentlich seiner Qualität nach Neues" artikuliert.[15]

Indem also die musische Institution der griechischen Tragödie den politischen Institutionen gefühlspolitisch gegenübertritt, sorgt sie für die gegenseitige Integration von Politik und Ethik. Sie artikuliert die Verbundenheit der Gesellschaft mit mannigfaltigen nicht-utilitaristischen und affektgeladenen Orientierungen. Und sie bringt diese affektiven Bindungen unmittelbar ins Spiel. Sie ist das politisch unverzichtbare Sprachrohr des gesellschaftlichen „nomologischen Wissens", das auch Max Weber benennt.[16] So wie der Νόμος als traditionales und konventionales Orientierungsmuster auch noch in die rational gestaltete Welt der Athenischen Politik hineinragt und das Denken und Fühlen der Menschen beeinflusst, so ist das Theater der Ort, an dem dieses Νόμος-logische, d.h. das Webersche nomologische Wissen sich artikulieren kann. Es handelt sich dabei um ein ordnendes Erfahrungswissen aus konkretem Erleben. In ihm verbinden sich persönliche und familiäre Routinen und Praktiken; es handelt sich um ein Amalgam aus persönlicher und gesellschaftlicher Praxis. Es beinhaltet orientierende Mythen und Weltbilder, Sagen und Moralen, Maxime, intuitive Regeln und Maßstäbe des sozial Zulässigen und Unzulässigen. Es sind dies also die Regeln „intuitiver Richtigkeit" und „so-

---

13 Lehmann 2014.
14 Adorno 1967, 90.
15 Adorno 1967, 89.
16 Weber 1906, 276f.

zialer Stimmigkeit", die notwendiger Teil jedweder politischen Strategie werden müssen, damit diese reale soziale Wirksamkeit entfaltet. Je größer die Rationalität und die rationale Notwendigkeit politischer Planungen erscheinen, umso dringender und drängender stellt sich die Frage nach deren sozialer Einpassung und Maßstabsgerechtigkeit. Ja, man kann es so formulieren, dass in den halb-sakralen Regungen, wie sie sich in den Tragödien offenbaren, und ihren „nicht-utilitaristischen und dionysischen sozialen Praktiken [...] *das eigentliche soziale Substrat"* der politischen Gesellschaften aufscheint.[17] Es ist dies die „dunkle", zumindest die subkutane Seite der Politik, ohne die diese freilich nicht existieren kann.

4. Das „nomologische Wissen" in Europa und das Gebot einer „Nüchternheit zweiter Ordnung"

Der Europäischen Union fehlt bislang ein Medium, in dem sich diese nicht-rationalen und transgressiven Emotionen ihrer Bürger artikulieren können. Ein Forum, auf das sich die symbolischen Bedürfnisse richten können.

Nachdem sich das vereinigte Europa Schritt für Schritt aus einer technokratischen Kooperation der Fachleute und der ökonomischen Interessenträger gebildet hatte, ist es in den vergangenen fünfundzwanzig Jahren in eine Phase eingetreten, in der es den unmittelbaren Lebensformen der Menschen unmittelbar begegnet. Die politischen Gesellschaften der Europäischen Union werden mittlerweile substanziell geprägt von den rationalisierenden Beschlüssen der Institutionen der EU und sie spüren ein ebenso dringendes wie drängendes Bedürfnis, nun auch selbst der EU ihren nomologischen Stempel aufzudrücken. Zumindest aber bedarf es einer Arena, in der der vitale Konflikt zwischen den supranationalen und europaweit-zentralen Beschlüssen und den regionalen und spezifischen Handlungsformen der sozialen Peripherien und ihrer Einwohner zum Austrag gebracht werden.

Die Sichtbarkeit und die Erkennbarkeit der pluralistischen und heterogenen, emotionalen Bindungen, die trotz der und gegen die euro-

17 Moebius 2008, 6; H.v.m., H.J.L.

Dionysos in Athen.
Die politische Tragödie und die „Nüchternheit zweiter Ordnung"

251

päische Kooperation bestehen, ist ein dringendes Erfordernis. Und dies unter zwei gewichtigen Gesichtspunkten: Sowohl benötigt die Europäische Union selbst ein eindrückliches Wissen über die divergenten, emotionalen Bindungen als auch Rituale in den mitgliedsstaatlichen Städten, Regionen und Peripherien. Denn ohne dieses Wissen werden politische Planungen abstrakt und unwirksam bleiben; sie richten sich an eine europäische Gesamtgesellschaft, die in diesen Planungen selbst nicht berücksichtigt ist. Die Passung der Planungsvorhaben bliebe dem Zufall überlassen und würde in aller Regel scheitern. Zudem wäre die Anknüpfung an bestehende Erwartungen und sinnliche Bereitschaften ein wesentliches Erfolgskriterium, wenn die europäischen Planungen an ihre Umsetzung gehen.

Aber auch die Gesellschaften selbst benötigen ein Forum der europäischen Politik, in dem sie sich ihrer selbst gewiss und sichtbar werden. Gesellschaften können sich nur dann mit den Institutionen ihres politischen Systems identifizieren, wenn sie sich in ihnen wiederfinden. Sie fühlen sich zugehörig nur dann, wenn sie sich in den politischen Umständen, den politischen Repräsentanten und den politischen Entscheidungen regelrecht wiedererkennen und ihre wesentlichen Maßstäbe und Orientierungen in diesen aufgehoben sehen.[18] Die Herausbildung ihres eigenen „gesellschaftlichen Imaginären", das heißt einer emotional gesättigten und symbolisch erfahrbaren Form des Politischen, ist erforderlich, damit die politischen Einheit nicht nur „bloß virtuell", sondern lebensweltlich erfahrbar und damit akzeptabel wird.[19] Eine politische Organisation muss für die Menschen sinnlich erfahrbar und mit deren eigenen „nomologischen", ursprünglichen, regionalen und kulturellen Kriterien kompatibel sein, um nicht abgelehnt zu werden.

Wie in der klassischen Epoche Athens ist die Zeit einer fraglos akzeptierten, autoritativen, politischen Herrschaft in Europa längst abgelaufen. Die Mitgliedsstaaten der Europäischen Union leben spätestens seit der Mitte des 20. Jahrhunderts in pluralistisch und repräsentativ geordneten, politischen Systemen. Diese sind aber bislang nationalstaatlich organisiert. Sie haben eine starke Binnenorientierung auf das „Nationale" herausgebildet und symbolisch überhöht. Diese diversifizierte nationale

---

18 Lietzmann 2018, 2019.
19 Castoriadis 1975.

Eigenperspektive erschwert den symbolischen Schulterschluss mit anderen – früher konkurrierenden – Nationalstaaten. Aus diesem nationalen Denken und seinen Stereotypen bilden sich viele Paradigmen des heute wirksamen, nomologischen Wissens in Europa. Die nationalstaatlich gegründeten Gesellschaften betreiben einerseits willentlich und bereitwillig die europäische Einigung; aber sie verharren auch noch weiterhin in den konventionellen Orientierungen der vorgängigen Epoche. Das ist weder verwunderlich noch sonderbar.

Auch Europa befindet sich daher, wie das frühe Athen in einer transformativen Phase. Es ist eine Gesellschaft im Übergang. Und es benötigt daher die Hilfestellungen, die eine jede Gesellschaft (und jeder Mensch) in Zeiten des Überganges benötigt. Es bedarf eines Platzes sowohl für das Neue, als auch für das Überkommene. Gesellschaften sind da (wie die Menschen, die in ihnen leben) aus einem „krummen Holz".

Die Athener Gesellschaft hat für diese Transformationsepoche eine kulturell aufgeklärte und kluge Lösung gefunden. Sie hat den transgressiven und nicht-rationalen Energien, die Athen und seine Bürgerschaft erfüllten, mit dem Dionysos-Theater einen festen institutionellen Platz eingeräumt. Sie hat diesen Ort auch politisch ehrenhaft in unmittelbarer Nachbarschaft zu der neu gewonnenen Rationalität am Fuße der Akropolis eingerichtet. Sie hat ihn mit einer regelmäßigen zeitlichen Ressource, den jährlichen Festspielen, ausgestattet; aber sie hat ihn auch auf diese jährliche, ortsgebundene Ressource beschränkt. Das nomologische Wissen bekam seinen Platz und seine Anerkennung. Es bekam zugleich seine Rolle und seine Beschränkung. Die Gleichzeitigkeit des Ungleichzeitigen – das Nebeneinander von Emotion und Rationalität, von gesellschaftlicher Konvention und politischer Dynamik – war kulturell instituiert und sie hat geholfen, das kulturelle Leben wie auch die politische Entwicklung in einem erstaunlichen Maße miteinander in einen Ausgleich zu bringen.

Die Europäische Gesellschaft steht in diesem Transformationsprozess noch ganz am Anfang. Und sie leidet unter den erschwerten Bedingungen einer wesentlich höheren Pluralität und Ausdifferenzierung des nomologischen Denkens in Europa. Nicht nur, dass unter den europäischen Mitgliedsstaaten keine einheitliche nomologische Orientierung und Verständigung eingespielt ist. Obendrein ist es so, dass der traditionelle Kontakt der Mitgliedsstaaten in unterschiedlichster Weise von Kon-

Dionysos in Athen.
Die politische Tragödie und die „Nüchternheit zweiter Ordnung"

253

kurrenzen und Gegnerschaften geprägt war, wie zum Beispiel die frühere „Erbfeindschaft" zwischen Frankreich und Deutschland, der nie gänzlich versiegte Argwohn zwischen Großbritannien und dem Kontinent oder die im „Kalten Krieg" gepflegte Gegnerschaft zwischen Ost- und Westeuropa. Dennoch ist es ein unabdingbares Erfordernis für den Austrag der je nationalen Nomologismen, einen rationalen, institutionellen Ort einzurichten.

Dies ist ein lebendiges Erfordernis der politischen Kulturen der Völker Europas; aber es ist auch vitales Erfordernis der rationalen Gestaltung der Europäischen Union. Es ist dies die Notwendigkeit, das nomologische Denken und die rationale Planung, das kulturelle Wissen und die politische Planung unter einen Hut zu bringen. Beides, Rationalität und Emotionalität, verhalten sich in politischen Gesellschaften reziprok zueinander: Rationalität provoziert die emotionale Reaktion und die sinnliche Orientierung fordert die rationale Gestaltung heraus. Rationalität und Emotionalität wirken jeweils wie ein Stachel im Fleisch des anderen.

Aber emotionale Sinnlichkeit und strukturierte Planung wirken auch komplementär: Die sinnliche Phantasie ist zu ihrer Realisation darauf angewiesen, in eine strukturierte Umsetzung einbezogen zu werden. Und die technisch-rationale Planung bedarf der kreativen Spannung, um die alltagspraktischen Grenzen zu überwinden, die jeder Fortentwicklung scheinbar im Weg zu stehen scheinen. Sinnliche Rationalität und umsetzungsstarke Sinnlichkeit sind die Dynamiken, die Gesellschaften am Leben erhalten. Die verhindern, dass sie in träumerische Phantasterei oder ödem ‚Muddling-Through' versacken.

Das klassische Athen hat einen Vorschlag zu einer „Nüchternheit zweiter Ordnung" gemacht, indem es der kulturellen Phantasie ihrer Bürgerschaft, den Hoffnungen und Ängsten, den intimen, familiären und moralischen Orientierungen eine strukturierte Bühne und einen „politischen" Ort schuf. Er wirkt mit den schriftlich überlieferten Libretti der griechischen Tragödien bis heute in der europäischen Kultur stilbildend.

Eine solche „Nüchternheit zweiter Ordnung" ist in der Europäischen Union bislang eine offene Fehlstelle, ein Desiderat: ein Forum, in dem auch die nationalen (selbst die nationalistischen) und kosmopolitischen, die regionalen und die föderalen, die kulturalistischen, geschmacklichen und sozialen Sonderheiten einen Ausdruck finden können. Eine Arena, in der die Besonderheiten und Sonderlichkeiten, an denen Europa nicht wenige hat, zu einem kulturellen Ausdruck und zugleich zu einer Anerkennung ihrer sozialen Realität kommen, wäre Ausdruck dieser nüchtern geplanten Ermöglichung ihrer kulturellen Sichtbarkeit. Eine solche „Nüchternheit zweiter Ordnung" hätte – wie an der Athener Akropolis und in der Athener „Πόλις" insgesamt – nicht zur Folge, dass diese vielfältigen Sonderlichkeiten eine unmittelbare, gesamteuropäische Wirksamkeit entfalten. Das ist nicht geplant und auch nicht sinnvoll. Es geht nicht um die Herstellung gesamtgesellschaftlicher Gültigkeit, sondern um Wahrnehmung partial-gesellschaftlicher Realitäten. Europa lebt wie Athen in einer Realität polykontextualer Welten und unterschiedlichster Gegenwarten. Beide Gesellschaften – Athen wie Europa – sind Gesellschaften des Überganges und leben sowohl in Resten des Gestrigen als auch in divergenten Gegenwärtigkeiten und vielfach unterschiedlichen Vorstellungen einer wünschbaren Entwicklung. Alle diese Vorstellungen sind nicht Vorstellungen „an sich", sondern werden artikuliert und geglaubt und gelebt von Menschen dieser Länder. Mit diesen Vorstellungen legitimer Weise sichtbar zu werden, hat eine zentrale politische Bedeutung und schafft die soziale Kohärenz. Es schafft den Menschen einen Ausdruck ihrer selbst und auch als Teil derjenigen politischen Gemeinschaft, deren unabdingbarer staatsbürgerlicher Teil sie ebenso sind, wie diese nur aufgrund ihrer bürgerschaftlich partizipativen Kooperation lebt und wirkt.

Dionysos in Athen.
Die politische Tragödie und die „Nüchternheit zweiter Ordnung"

255

Literaturverzeichnis

Adorno, Theodor W. (1967), Zur Konzeption einer Musiksoziologie, in: Hans Mayer (Hrsg.), Vorlesungen zur Ästhetik 1967–1968, Zürich, 83–96.

Becker, Peter/Schramm, Lucas (2014), Die Politisierung der EU. Zur Genese eines Forschungsansatzes, SWP-Zeitschriftenschau 2, Berlin.

Buraselis, Kostas (2018), Die antike Demokratie – Vorbild für die Gegenwart, in: PHOENIX online, online unter: https://www.phoenix.de/sendungen/gespraeche/forum-demokratie/forum-demokratie-die-antike-demokratie--vorbild-fuer-die-gegenwart-a-174582.html [Stand: 25.02.2019].

Castoriadis, Cornelius (1975), L'institution imaginaire de la société, Paris [Zitiert nach der deutschen Ausgabe: Gesellschaft als imaginäre Institution, Frankfurt a.M. 1984].

Gerolemou, Maria (2011), Bad Women, Mad Women. Gender und Wahnsinn in der griechischen Tragödie, Tübingen.

Giebel, Marion (2010), Der Gott der Verwandlung, in: Hermann Jung/Michael A. Rappenglück (Hrsg.), Symbolon. Jahrbuch der Gesellschaft für wissenschaftliche Symbolforschung, Band 17.

Gransow, Thomas, Athen und die Halbinsel Attika/Akropolis: Odeion und Dionysostheater/Tragödie und Bühnenaufbau, online unter: http://www.thomasgransow.de/Athen/Akropolis/Dionysos-Theater.html [Stand: 2.4.2018].

Humboldt, Wilhelm von (1907), Gesammelte Schriften, Band 7/2, als Neudruck 1968 herausgegeben, Berlin.

Kaden, Christian (2004), Das Unerhörte und das Unhörbare. Was Musik ist und was Musik sein kann, Stuttgart.

Klöckner, Jürgen (1992), Die Gestaltung der Akropolis unter Perikles, Praxis Geschichte 4, Köln, 29–34.

Lehmann, Hans-Thies (2014), Drama, Tragödie und Auslaufmodell Stadttheater (Interview mit Arno Widmann), in: Frankfurter Rundschau online, Artikel vom 26.8.2014, online unter: https://www.fr.de/kultur/drama-tragoedie-auslaufmodell-stadttheater-11054005.html [Stand: 25.02.2019].

Lietzmann, Hans J. (2005), Politik und Musik. Gemeinsamkeit und Differenz, in: Ute Canaris (Hrsg.), Musik//Politik. Texte und Materialien, Bochum, 47–74.

– (2011), European paths of Politicization. National political and civic cultures and European politics, in: Kari Palonen/Tapani Turkka/Claudia Wiesner, European Citizenship and Politics, Jyväskylä.

– (2018), Citizenship, Democracy and the Iconology of Politics: A Plea for an Iconological Turn in Democratic Theory, in: Anna Björk/Claudia Wiesner/Hanna-Mari Kivistö/Katja Mäkinen (Hrsg.), Shaping Citizenship. A Political Concept in Theory, Debate, and Practice, New York, 55–70.

– (2019), Kulturen politischer Partizipation, in: Hans J. Lietzmann (Hrsg.), Politische Kulturforschung reloaded, Bielefeld.

Meier, Christian (1980), Die Entstehung des Politischen bei den Griechen, Frankfurt a. M.

– (1985), Politik und Anmut, Berlin.

– (1988), Die politische Kunst der griechischen Tragödie, München.

Möbius, Stephan (2008), Über die kollektive Repräsentation des Lebens und des Sakralen, in: Karl Siegbert Rehberg (Hrsg.), Die Natur der Gesellschaft: Verhandlungen des 33. Kongresses der Deutschen Gesellschaft für Soziologie in Kassel 2006, Frankfurt a.M., 4673–4683 (hier zitiert nach www.stephanmoebius.de/MOEBIUSDurkheim-Nietzsche.pdf [Stand: 25.2.2019].

Nippel, Wilfried (1992), Die politische Kultur der Griechen, in: Praxis Geschichte 4, Köln, 4–10.

Rosa, Hartmut (2016), Politik ohne Resonanz. Wie wir die Demokratie wieder zum Klingen bringen, in: Blätter für Deutsche und Internationale Politik 6, 89–100.

Thunich, Martin (1992), Mehr als nur Vergnügen – das Theater der Griechen, in: Praxis Geschichte 4, Köln, 35–39.

Weber, Barbara (2018), Erfolgsmodell Demokratie. Eine Staatsform in der Krise, in: Deutschlandfunk online, Artikel vom 27.12.2018, online unter: https://www.deutschlandfunk.de/erfolgsmodell-demokratie-eine-staatsform-in-der-krise.1148.de.html?dram:article_id=436189 [Stand: 22.2.2019].

Dionysos in Athen.
Die politische Tragödie und die „Nüchternheit zweiter Ordnung"

257

Weber, Max (1906), Kritische Studien auf dem Gebiet der kulturwissen-
schaftlichen Logik., in: Gesammelte Aufsätze zur Wissenschaftslehre,
Tübingen [4]1973, S. 215–290.

Abbildungsnachweis

Abbildung 1: Akropolis von Athen, in: Richard Maisch ([3]1905), Griechische Altertumskunde. Neu bearbeitet von Franz Polhammer, Leipzig,
185.
Abbildung 2: Das Theater des Dionysos zu Athen. Aufgenommen und
gezeichnet von Ernst Ziller, Stich von H. Bültemeyer, in: Zeitschrift
für Bildende Kunst (1878), Band 13, 205.

Wissenschaft und Öffentlichkeit. Die Klassische Philologie und die Diskussionen um Europa

Klaus Meier

Die jüngste politische Stiftung in Deutschland trägt den Namen „Desiderius Erasmus Stiftung". Sie steht ideell der „Alternative für Deutschland" (AfD) nahe, wurde 2015 von dieser Partei gegründet und 2018 als parteinahe Stiftung anerkannt. Es ist bizarr, dass ausgerechnet eine rechtsnationalistische Partei sich des großen Humanisten bemächtigt, eines Europäers und Weltbürgers. Doch die wenigsten Menschen wissen um Erasmus von Rotterdam, um seine Zeit und seine Schriften. Wer könnte hier besser öffentlich aufklären als die Wissenschaft, die sich mit der Antike und der Wirkungsgeschichte der Antike beschäftigt? Also Klassische Philologen oder Historiker? Die emeritierte Professorin der niederländischen Universität Leiden Nicolette Mout ergriff deshalb in der Frankfurter Allgemeinen Zeitung im Juni 2018 mit einem Gastbeitrag das Wort und klärte darüber auf, dass es genügend Gründe gibt, „dem Gebrauch seines Namens durch diese politische Stiftung entgegenzutreten – Gründe, die im Leben und Werk des großen Humanisten selbst zu finden sind". Sie

Wissenschaft und Öffentlichkeit.
Die Klassische Philologie und die Diskussionen um Europa

259

schreibt: „Sein Vaterland war ganz Europa, sein Arbeitsfeld die Welt. Und für Patriotismus hatte er kein Gespür."[1]

Der Gastbeitrag von Nicolette Mout in einer großen Tageszeitung ist ein Beispiel dafür, wie notwendig und sinnvoll es ist, dass sich die Wissenschaft öffentlich – also außerhalb der Scientific Community – zu Wort meldet und sich in aktuelle Themen der Zeit einmischt und zur Aufklärung beiträgt. In einer Zeit der gezielten Desinformation, der Manipulation durch Fake News, Verzerrungen von Fakten und Relativierung historischer Wahrheiten ist es eine zentrale Aufgabe der Wissenschaft, evidenzbasiertes, gesichertes Wissen öffentlich sichtbar zu machen und damit zu einer aufgeklärten Gesellschaft beizutragen. Je distanzloser, skrupelloser und aggressiver im öffentlichen und politischen Raum kommuniziert wird, umso mehr muss die Wissenschaft – auch und vor allem durch eigene Beteiligung – daran erinnern, dass nur ein faktenbasierter Diskurs die Basis für demokratische Entscheidungen und ein friedvolles Zusammenleben sein kann.

Dieser Beitrag soll dazu ermutigen. Nach einer Analyse des Verhältnisses zwischen Wissenschaft, Medien und Öffentlichkeit im ersten Kapitel werden Anknüpfungspunkte für die Klassische Philologie herausgearbeitet und Möglichkeiten in traditionellen Massenmedien wie in neuen digitalen Öffentlichkeiten aufgezeigt.

1. Wissenschaft in den Medien

Die Thematisierung von Wissenschaft in den Medien ist geprägt durch Naturwissenschaft, Medizin und Technik. Die Geisteswissenschaften spielen eine kleinere Rolle. Folgende drei Typen können grundsätzlich unterschieden werden:[2]

Wissenschaft im engeren Sinn: Über neue Studien, Publikationen und Forschungserkenntnisse berichten Pressemitteilungen, die von Universitäten und Forschern selbst initiiert werden und die möglicherweise von Zeitungen oder Rundfunkanstalten für Beiträge

---

1 Mout 2018.
2 Vgl. Meier 1997, 22–44; 2006.

aufgegriffen werden. Zielgruppe ist häufig ein fachlich interessiertes Publikum, das selbst schon Bezüge zu der betreffenden Wissenschaft hat – also zum Beispiel Studierende und Absolventen eines Faches, Lehrer oder Fachkollegen. Oder im lokalen und regionalen Bereich sind es alle Menschen, die sich für die örtliche Hochschule interessieren. In vielen größeren Redaktionen wie vor allem bei öffentlich-rechtlichen Rundfunkanstalten oder überregionalen Tageszeitungen gibt es Ressorts oder zumindest einzelne Journalisten, die über Themen aus der Wissenschaft berichten[3]; in Lokalredaktionen sind einzelne Redakteure mehr oder weniger für die örtliche Hochschule zuständig.

Themen der aktuellen Medienagenda: Viele Themen der Zeit haben in irgendeiner Form mit wissenschaftlichem Wissen zu tun oder können damit in Verbindung gebracht werden. Wissenschaftler dienen dann den recherchierenden Journalisten als *Experten*. Das heißt, sie tauchen in Form von Interviews oder Zitaten in Sendungen oder Zeitungen auf, um aktuelle Ereignisse, Themen oder Entwicklungen einzuordnen oder zu interpretieren und zu bewerten. Bekannte Beispiele sind Themen wie Klimawandel, Erdbeben, erneuerbare Energien, neue Heilmethoden gegen Krebs, Alzheimer und Parkinson – aber auch aktuelle politische und gesellschaftliche Trends und Entwicklungen. Wissenschaftler werden dann in der Regel nicht zu ihren speziellen Forschungsgebieten oder jüngsten Publikationen befragt, sondern Auslöser ist ein Thema, zu dem der Wissenschaftler als Experte identifiziert wurde, auch wenn er sich selbst womöglich gar nicht als Experte speziell für dieses Thema sehen würde. Gerade Regionalzeitungen und lokale Radio- und Fernsehsender greifen bei der Bewertung eines aktuellen Themas lieber auf einen Wissenschaftler vor Ort zurück als auf einen Forscher einer anderen Stadt oder gar eines anderen Landes. Voraussetzung ist allerdings, dass der Wissenschaftler bereits eine gewisse öffentliche Bekanntheit über die Wissenschaft hinaus hat oder zumindest leicht im Internet recherchierbar ist, d.h. die eige-

3 Vgl. Meier 2008.

Wissenschaft und Öffentlichkeit.
Die Klassische Philologie und die Diskussionen um Europa

261

ne Webseite sollte allgemein verständlich und informativ sein und Foto, Themenprofil und Kontaktdaten zur Verfügung stellen. Bei Gastbeiträgen – wie der oben genannte Artikel von Nicolette Mout – können Wissenschaftler auch selbst auf Redaktionen zugehen. Wichtig dabei ist, dass man als Wissenschaftler auf ein aktuelles Thema schnell reagiert, darauf klar Bezug nimmt und schon auf den ersten Blick eine mutige Bewertung als Orientierungsleistung liefert.

Nutzwert, Rat und Orientierung: Bei diesem Typ der Thematisierung von Wissenschaft treten Wissenschaftler als *Ratgeber für den Alltag* auf, traditionell zum Beispiel als Psychologen, Mediziner oder Pädagogen, zunehmend aber auch als Philosophen. Beispiele für Fragestellungen: Zehn Tipps für eine gelungene Partnerschaft – Wieviel Computer/Smartphone verträgt mein Kind? – Ist Biokost wirklich besser? – Auch: Was ist die Welt? Wer bin ich? Welche Werte zählen heute noch? – Oder ganz konkret: Welches Buch sollte ich als nächstes lesen? Welche Sprachen soll mein Kind in der Schule lernen? Welche Entscheidung ist in einer konkreten zwischenmenschlichen Situation ethisch besser? – Wichtig hierbei ist, dass man sich als Wissenschaftler auf den Blickwinkel der alltäglichen Lebenswelt einlässt, unter dem vermeintlich Nebensächliches enorme Bedeutung haben kann – und umgekehrt wissenschaftlich Bedeutsames recht nebensächlich sein kann.

Generell – und auch für die Geisteswissenschaften – gilt, dass es wenige *visible scientists* gibt, die Wissenschaft populär vermitteln und bei aktuellen Themen gefragt werden, auch weil sich nur wenige Wissenschaftler auf die Risiken einlassen können und wollen. Wer in die Öffentlichkeit tritt, muss vereinfachen und zuspitzen, muss die Menschen dort abholen, wo sie sind, muss unter Umständen auch klare Bewertungen vornehmen, anklagen und Forderungen aufstellen. Wissenschaftler laufen deshalb Gefahr, von Kollegen aus der Wissenschaft nicht unbedingt als seriös anerkannt zu werden, weil sie die Bereitschaft mitbringen, „gegen das traditionelle Selbstverständnis der Wissenschaft zu verstoßen"[4], und eine Menge Zeit für Tätigkeiten aufbringen, die „nicht innerhalb der üblichen akademischen Anerkennungsrituale zu verwerten"[5] sind.

2. Anknüpfungspunkte für die Klassische Philologie

Wie kann diese Analyse des Verhältnisses zwischen Wissenschaft, Medien und Öffentlichkeit nun für die Klassische Philologie genutzt werden? Das traditionelle Bild der Klassischen Philologie in der deutschen Öffentlichkeit ist geprägt durch das Schulfach Latein und das Stereotyp des verschrobenen, verstaubten Wissenschaftlers. Zum Schulfach Latein muss sich die Klassische Philologie sicherlich auch künftig immer wieder zu Wort melden. Aber es gibt weitere Chancen einer Popularisierung der Klassischen Philologie: Wir leben in gesellschaftlichen Umbruchzeiten mit erheblichen Unsicherheiten, zu deren Klärung und Aufklärung die Wissenschaft Erfahrungen und Orientierungsleistungen beitragen kann, die in der Literatur der Antike aufscheinen. Kernfragen einer populären Wissenschaft sind: Was interessiert die Menschen, welche Sorgen und Hoffnungen haben sie? Mögliche Antworten der Klassischen Philologie nehmen Bezug auf die in der Literatur überlieferten Sorgen und Hoffnungen, Perspektiven und Lösungsvorschläge von Menschen der Antike. Dazu einige Beispiele:

Wissenschaft im engeren Sinn: Die Kommunikations- und Marketingaktivitäten der Hochschulen sind in den letzten Jahren erheblich quantitativ gestiegen und wurden größtenteils auch qualitativ verbessert. Die Klassische Philologie sollte Kontakt in der Universität zu entsprechenden Stellen aufbauen und halten – und nicht nur Medienkontakte nutzen, sondern sich an entsprechenden Veranstaltungen beteiligen, die eine breite Öffentlichkeit anpeilen, wie zum Beispiel einem „Tag der offenen Tür" oder einer „Nacht der Wissenschaft". Das Bundesministerium für Bildung und Forschung (BMBF) hat seit einigen Jahren Initiativen laufen, die die

4 Peters 1994, 175.
5 Selke/Treibel 2018, 11.

Wissenschaft und Öffentlichkeit.
Die Klassische Philologie und die Diskussionen um Europa

263

Sichtbarkeit kleiner Fächer erhöhen sollen. Für das Jahr 2019 wurde zum Beispiel das Projekt „Kleine Fächer-Wochen an deutschen Hochschulen" ausgeschrieben.

Themen der aktuellen Medienagenda: Was ist Europa? Warum brauchen wir Europa? Woher kommt das „Abendland"? Was ist „Heimat"? Was ist „Menschlichkeit"? Was bedeutet „Demokratie"? – Es gibt hier erhebliche Anknüpfungsmöglichkeiten für Klassische Philologen an aktuelle (Medien-)Ereignisse wie Politikeraussagen und politische Debatten, Ausstellungen in Museen, Demonstrationen, Preisverleihungen etc.

Themen mit Nutzwert: In der Literatur der Antike gibt es erhebliche Fundgruben, die auch heute Ratschläge mit praktischem Nutzwert im Alltag bieten können. Entsprechende Transfertexte fokussieren häufig auf Fragen wie „How to", „Wie wir...", „Was wir...". Zum Beispiel: „Was wir von den alten Griechen/Römern lernen können", „Was uns die alten Römer zu Liebe/Trauer/Freundschaft etc. sagen". Nicht zuletzt auch die Mythen und Geschichten der Helden der Antike bieten hier Anknüpfungspunkte, weil sie zum Teil über moderne Darstellungen in (Jugend-)Büchern und Filmen zumindest dem Namen nach einem breiten Publikum bekannt sind.

3. Formate digitaler Wissenschaftskommunikation

In der digitalen Medienwelt sind die wissenschaftlichen Experten und Ratgeber nicht auf journalistische Berichterstattung angewiesen, sondern kommunizieren direkt mit Zielgruppen: über eigene Blogs oder Auftritte auf Twitter, Facebook oder Instagram. Klassische Philologen können sich in kurzen Geschichten mit aktuellem Bezug oder mit Nutzwert äußern (mit Bezug zu klassischer Literatur). Hier ist die Vernetzung in den Social Media wichtig: Man kann mit Studierenden beginnen und das Netzwerk ausweiten auf Absolventen und dann auf interessierte Multiplikatoren wie Lehrer und Journalisten etc. Letztlich werden Wissenschaftler, die auf diese Art digital veröffentlichen, auch von Journalisten bei aktuellen Recherchen kontaktiert, weil die Wissenschaftler in Google-Recherchen auffallen: Man merkt schnell, dass sie etwas zu sagen haben und komplizierte Sachverhalte knapp auf den Punkt bringen und erzählen können. Die öffentliche Wahrnehmung funktioniert gerade in der Anfangsphase am besten, wenn man wenige Themen intensiv bespielt und sich bei diesen Themen nicht in wissenschaftlichen Details verzettelt.

Literaturverzeichnis

Meier, Klaus (1997), Experten im Netz. Maklersysteme als Recherchehilfe für Journalisten im Wissenschaftsbereich, Konstanz.

– (2006), Medien und Märkte des Wissenschaftsjournalismus, in: Winfried Göpfert (Hrsg.), Wissenschafts-Journalismus. Ein Handbuch für Ausbildung und Praxis, Berlin, 37–54.

– (2008), Für und Wider des Lebens im Getto. Wissenschaftsjournalisten in den Strukturen einer Redaktion, in: Holger Hettwer/Markus Lehmkuhl/Holger Wormer/Franco Zotta (Hrsg.), WissensWelten. Wissenschaftsjournalismus in Theorie und Praxis, Gütersloh, 267–278.

Mout, Nicolette (2018), Sie müssten Erasmus nachträglich verbiegen, in: Frankfurter Allgemeine Zeitschrift online, Artikel vom 30.06.2018, online unter: https://www.faz.net/aktuell/feuilleton/debatten/warum-der-name-erasmus-fuer-eine-afd-nahe-stiftung-unpassend-ist-15666505.html [Stand: 25.08.2019].

Peters, Hans Peter (1994), Wissenschaftliche Experten in der öffentlichen Kommunikation über Technik, Umwelt und Risiken, in: Friedhelm Neidhardt (Hrsg.), Öffentlichkeit, öffentliche Meinung, soziale Bewegungen, Opladen, 162–190.

Selke, Stefan/Treibel, Annette (2018), Relevanz und Dilemmata Öffentlicher Gesellschaftswissenschaften – ein Dialog über Positionen, in: Stefan Selke/Annette Treibel (Hrsg.), Öffentliche Gesellschaftswissenschaften. Grundlagen, Anwendungsfelder und neue Perspektiven, Wiesbaden, 1–17.

Beiträgerinnen und Beiträger

Stefan Freund ist Professor für Klassische Philologie/Latein an der Bergischen Universität Wuppertal.

Giuseppe Germano ist Professor für Mittelalterliches und Humanistisches Latein an der Università degli Studi di Napoli Federico II.

Anonietta Iacono ist wissenschaftliche Angestellte für Mittelalterliches und Humanistisches Latein an der Università degli Studi di Napoli Federico II.

Leoni Janssen promoviert an der Bergischen Universität Wuppertal über kulturelle Bildung im Lateinunterricht und unterrichtet an einem Wuppertaler Gymnasium.

Jochen Johrendt ist Professor für Mittelalterliche Geschichte an der Bergischen Universität Wuppertal.

Hans J. Lietzmann ist Professor für Politikwissenschaft/Politische Theorie und European Politics an der Bergischen Universität Wuppertal.

Rosaria Luzzi wurde an der Università degli Studi di Napoli Federico II promoviert und unterrichtet Latein und Griechisch am Gymnasium.

Klaus Meier ist Professor für Journalistik an der Katholischen Universität Eichstätt-Ingolstadt.

Nina Mindt ist Privatdozentin für Klassische Philologie an der Humboldt-Universität zu Berlin.

Valerio Petrucci promoviert an der Bergischen Universität Wuppertal über Bilingualität bei Martial.

Katharina Pohl ist Akademische Rätin in der Klassischen Philologie an der Bergischen Universität Wuppertal.

Rossana Valenti ist Professorin für Lateinische Sprache und Literatur sowie Lateindidaktik an der Università degli Studi di Napoli Federico II.

Stefan Weise ist Juniorprofessor für Klassische Philologie/Griechisch an der Bergischen Universität Wuppertal.

Register